掌媒

手机化生存

毛玉西　罗迪　著

南方日報出版社
NANFANG DAILY PRESS
中国·广州

图书在版编目（CIP）数据

掌媒：手机化生存 / 毛玉西，罗迪著. —广州：南方日报出版社，2019.3

ISBN 978-7-5491-1915-8

Ⅰ. ①掌… Ⅱ. ①毛… ②罗… Ⅲ. ①移动电话机—传播媒介—研究 Ⅳ. ①G206.2

中国版本图书馆CIP数据核字（2018）第284677号

ZHANGMEI：SHOUJIHUA SHENGCUN

掌媒：手机化生存

著　　者： 毛玉西　罗　迪
出版发行： 南方日报出版社
地　　址： 广州市广州大道中289号
出 版 人： 周山丹
责任编辑： 刘志一　李　沁
封面设计： 肖晓文
责任技编： 王　兰
责任校对： 王　燕
经　　销： 全国新华书店
印　　刷： 广州市尚铭印刷有限公司
开　　本： 889mm×1194mm　1/32
印　　张： 11
字　　数： 260千字
版　　次： 2019年3月第1版
印　　次： 2019年3月第1次印刷
定　　价： 42.00元

投稿热线：（020）87360640　读者热线：（020）87363865

序

Preface

本书第一作者是我以前在广州日报工作时的老同事，还是山东同乡。无论是在广州工作期间，还是我赴复旦大学任教之后都一直保持沟通、联系与来往，我对作者性格算是有比较深的了解。虽然如此，收到作者书稿并认真看完一遍之后，我还是对作者有了一个全新的认识：在繁忙的工作之余，他还能写出这么“厚重”的一本读物，让如今专职从事媒体学术研究的我不由得心生敬意。

看完后，我认为此书有以下三个鲜明的特点。

第一个特点是敏锐性。

如今，我们每个人都深陷于“掌媒”之中：早上睁眼打开手机、晚上睡前也在看手机，智能手机似乎已经成为我们身体的一个器官，将来还会成为融入人体的

“第二智脑”。“身处这样的媒介环境，对我们来说到底意味着什么？”诸如此类大家都能感觉到却说不清楚的问题的追问与反思，正是本书探讨的问题。而在对问题的抓取上，则充分显示出作者这位资深媒体从业者的敏锐性。

能够敏锐地抓住这个问题，大概有两方面的原因：一方面是作者的工作背景。作者在广州日报工作15年有余，亲身经历了几大主流媒介的变迁——从第一媒介的报刊，到第二媒介的广播，到第三媒介的电视，到第四媒介的电脑，再到如今作为第五媒介的手机（本书也称其为“新新媒介”），作者都有切身的体察与感悟。不了解历史就把握不了现在和未来，正因作者的这种特殊经历，对“手机化生存”体悟才会更加深刻。另一方面是作者的责任心。作者充分肯定了“手机化生存”的积极意义，特别是对于中国而言，在前几次媒介革命中，中国始终是一个“后知后觉”角色，但在这次“新新媒介”革命中，中国把握住了大好机遇。面对这样的技术革命，我们当然要张开双臂欢迎。与此同时，作者对当前的崭新媒介态势又表现出深深的忧虑，因为这是一个比“娱乐至死”电视时代更加疯狂的时代，“刷屏速览”“碎片至死”是它的基本特征。此情此景面前，作者表现出强烈的责任心，做出了理性化分析，提出了建设性意见。

第二个特点是严谨性。

这也是很出乎我意料的一个特点。作者长期从事新闻实务工作，特别是长时间做夜班编辑工作，由此生发诸多感想是自然而然的事情。同时，作者本科和研究生阶段的专业也不是新闻传播学。在他这样的学习与工作背景之下，我原本以为本书内容会以作者“所思所想”为主，没有想到作者对新闻传播学的一些经典著述很是熟稔，大部分篇章都在“引经据典”，很好地增强了论述的严谨性，从而使本书的论述更加具有说服力。

书中这样的例子随处可见。比如，第一章对五组概念的细致辨析，就很好地显示了作者论述的严谨性。这些看起来意思上接近的概念其实有着明显不同，就算是从事学术研究的人，很多时候也在模糊地使用；作者在阅读相关文献的基础上，对这些基本术语进行了一一“阐释、界定、修正”。由此可以看出，作者在构思和写作本书的过程中是下了大力气的，既有对媒介现实的高度关注和深入思考，同时还阅读了大量新闻传播学的经典著作和近年的研究文献。这样一来，就使得本书大部分论述不至于陷入“自说自话”的状态，所得出的判断和结论大多有据可查，立论有比较可靠的基础。

第三个特点是通俗性。

作者在“后记”中谦虚地提到，这本书有些“三不像”，不像学术作品、不像调查作品、不像新闻作品。我倒是觉得，“三不像”恰恰不是本书缺点，反倒是一大优点。书写出来是给人看的，特别是对于本书，我的理解是针对普通大众的，因为我们每个人都处在这个高度媒介化的社会中，每个人对手机的深度依赖都有切身体会。在这样的环境之下，阅读本书可以让公众反思自己的手机依赖、提高自己的媒介素养，能从更深层次上看待“手机化生存”的本来面目。因此，深入浅出、通俗地表达和呈现是本书的又一大特点。

从效果上看，这个目的也基本达到。我本人就是用一天的时间很愉快地看完本书，带给我的收获和启发很大。这几年，我转入学界工作，看了很多“很专业”论述新媒体一类的书，有些书写得玄而又玄，看起来让人头疼不已。而这本书带给我的，却是完全不同的阅读体验，在轻松愉悦中能得到很多启发。通俗不是肤浅，通俗是用日常语言把深奥道理讲清楚；要做到这一点，既需要对实践的把握，还需要对理论的把握，需要把实践与理论很好地结合起来。在这一点上，本书基本做到了，从中也可以体会到作者这些年的勤学、用心与刻苦。

从我的体会来说，基于长期媒体实践工作的扎实磨练，很好地培养了作者甄别、归纳、凝练大量报刊（包括网络）资料及其数据的主动性、敏锐性、自觉性。本书所涉猎的六个鲜明主题，都是当今社会的炙热话题，也是学术研究的重要课题；作者对有些篇目论述多少还有一些“点到为止”，期待作者今后顺着这些主题继续深入观察、思考、立著。

是为序。

窦锋昌

（复旦大学新闻学院研究员、高级记者）

2018年12月15日

前言

Preface

当今这个“掌媒”时代，智能手机对我们的日常生活所造成的潜移默化的负面影响，已经在我们身边不断上演。笔者目睹过以下三个真实的生活场景：

场景一：

面对试卷模仿造句子，7岁男孩写下：“爸爸白天上班，晚上回家看手机。”

我的一位同事有一个懵懂男孩，2017年读小学二年级。有一次，发下来的考试试卷中有这样一个题目：模仿例句“朱德同志白天挑粮上山，晚上还常常整夜整夜地研究怎么跟敌人打仗。”造一个句子。

于是乎，这位7岁男孩在试卷中写下了这样一句话：“爸爸白天上班，晚上回家看手机。”

场景二：

面对爸爸关闭电脑小游戏的那一刻，5岁男孩表现出失控一般“暴跳如雷”……

2017年8月的一个周末，我陪爱人在办公室加班，同事家5岁男孩在办公室空闲的电脑上玩小游戏。

他爸爸温和地说：“时间到了，不可以再玩了！”结果，孩子立刻显得紧张不安，高声喊道：“不可以！不可以！……”在他爸爸强行关掉电脑之后，孩子立刻变得“暴跳如雷”，开始不停地用小手使劲“啪啪”敲打键盘，显得情绪失控、暴躁不已。笔者作为旁观者，对小小孩子失控之后的“爆发力”，都感到有些惊讶不已……

同事摇着头无奈地说：“平时我父母帮忙带孩子的时间多，为了让孩子安静不闹，他们经常让他自己玩平板电脑，久而久之就有些上瘾，我现在正在想办法让孩子如何有节制地玩游戏，不过孩子似乎不听我讲什么道理，还真没有什么好办法，只能慢慢引导他……”

场景三：

面对关掉手机动画片时，3岁左右的小女孩立马变得眼泪汪汪……

2017年11月，笔者在广州大学城的一家餐厅吃饭时，邻桌一家三口等着上菜，一个大约3岁左右的小女孩，一直安静地盯着她爸爸的手机——手机横着放在小碟旁，用桌面的饭碗支撑着。笔者偷偷地瞟过几眼，小女孩一直在目不转睛、津津有味地看儿童动画片。

过了一会，可能是饭菜上来了，女孩的爸爸温和地说：“现在我们要吃饭了，爸爸要关掉了！”结果，女孩开始扭动屁股，“哇哇”地大哭起来，脸上眼泪汪汪、鼻涕连连，有些不依不饶……时间过了好久，这个小女孩才算安静下来。

上述三个日常生活场景，对家中有初成长孩子的很多家长来说，似乎都不会感到陌生。无论是主动还是被动、自觉还是不自觉、情愿还是不情愿，我们已经完全离不开平板电脑、电子产品、智能手机等便利的移动化“掌媒”。我们的日常生活完全被裹挟于移动互联网时代的巨流漩涡而无法自拔。

从笔者个人体验来说，多年来自己一方面享受着手机媒介带来的种种便利，另一方面还一直对手机媒介心存芥蒂。笔者只是觉得，出生于20世纪七八十年代的一代人，似乎始终无法像90后、00后、“数字土著”们那样熟练地把玩手机，无法完全做到与报刊等“传统媒介”一刀两断，同时也无法完全做到与手机等“新新媒介”日夜厮守。当然，笔者也切身感觉到手机已经在影响自己的生活、习惯、思维。伴随着智能手机等“掌媒”对日常生活的全面渗透，我们每个人读书的时间越来越少，读“屏”的时间越来越多，“走”读式快览行为越来越普遍，被智能手机“绑架”的程度也越来越深……这到底是媒介时代变迁的自然结果，还是我们偏好“见异思迁、喜新厌旧”媒介技术的必然结果？乍看上去，两者因素好像都存在。

作为17年来一直在传统媒体工作的从业者，笔者还深切地感觉到，最近四五年来，基于手机媒介的迅速普及，人类迎来了信息传播信源最杂、速度最快、范围最广、舆论最噪的一个时期。当然，近四五年也是传统媒体发展最糟糕的一个时期。因为变化之快、转型之慢、盈利之难，让传统媒体的生存发展步履维艰，暂时还看不到光明的崭新未来。

彷徨在新旧传播媒介急剧更迭、变革、发展的这几年，自然成为自己观察与思考周边人、身边事、社会场到底如何变化的一大契机。从2014年开始，笔者还有幸参与由罗迪博士主持的国家社科青年基金项目“微时代环境下大学生思想行为研究”课题（项目号：14CK030）的全国大学生实证调研。伴随这项调研工作的持续开展，笔者再次隐约感觉到——智能手机正在对90后、00后等年轻一代产生显著的深远影响。由此机缘，这项课题调研也一直推动着笔者持续地关注、审视、反思“掌媒生存、依赖、沉迷”的社会现象。

对于本书的逻辑框架，主要是沿着媒介变迁这条主轴，聚焦探寻手机与生活如何深度关联这个核心话题，试图跳出“书斋派”表达晦涩、论述考究、长篇大论的学术风格，无论是标题拟定、用词表述、文本逻辑、观点阐释，基本采取化整为零、化繁为简、短小精悍的叙事方式，打通传播学相关流行理论与现实生活现象之间的关联，围绕当今社会“掌媒（手机）依赖”这个话题，深入浅出地剖析了六个方面的主题——媒介移动化、手机器官化、社交屏幕化、阅读碎片化、隐私公开化、舆论共振化。每个大主题框架下分成若干小篇目，皆从不同侧面与视角作为切入点，兼顾宏观、中观、微观三个层面一一展开，深刻透析当今移动互联时代“掌媒生存、在线至死”的残酷社会现实。

本书从媒介批判的视角出发，全面展示了当今社会“新新媒介”建构的崭新生活场景，深刻解析了掌媒（手机）依赖对我们的生活场域、思想行为在无形中产生的“控制、渗透、奴役”。本书认为，面对我国与西方社会同步甚至还略有超前地步入崭新的“掌媒”时代，我国国民如何做到对智能手机保持足够清醒的认知、审视、反省，关乎每一个人的媒介素养，关乎每一个家庭的生活质量，关乎整个国家的社会发展。

目录

CONTENTS

01

第一章

移动互联

——媒介移动化

02 第二章 形影不离
——手机器官化

第三章 永远在线 03
——社交屏幕化

04 第四章 支离破碎
——阅读碎片化

05 第五章 无处可隐
——隐私公开化

06 第六章 同谱共振
——舆论共振化

第一章 移动互联

——媒介移动化

▶ 场景一：爱迪生如何看待手机?

2013年5月15日，诺贝尔物理学奖得主杨振宁与文学奖得主莫言在北京大学展开过一场名为“科学与文学的对话”。

当时，杨振宁说道：“我常常在想一个问题，假如今天把爱迪生突然请回来，让他在21世纪生活一个礼拜，什么东西是他感到不可思议的？你认为会是什么？”

莫言回答道：“手机。”

▶ 场景二：每个人都在与手机“对话”

在微信朋友圈中，夫妻双方可能天天为对方点赞；在实际生活中，两人却各自坐在沙发一角，各自玩手机。数年未见的朋友相聚一堂，却拿着手机互相点赞，早已不是相谈甚欢。

▶ 场景三：每个人都痴迷于“@来@去”

谩骂在“@来@去”中升级；谣言在“@来@去”中扩散。

隐私在“@来@去”中暴露；人品在“@来@去”中扭曲。

人缘在“@来@去”中乏味；交情在“@来@去”中随意。

思考在“@来@去”中短路；大师在“@来@去”中平庸。

第一节

新新媒介?
高频出现的五组术语

媒介还是媒体？网络媒体还是网络媒介？第五媒体还是手机媒体？新媒介还是新新媒介？社交媒体还是社会化媒体？……面对移动化“掌媒”日益融入我们的日常生活，有太多的基本概念层出不穷，亟待更新与阐释。

本节所梳理与阐释的五组核心概念，都是构成本书所有章节高频率出现及其使用的一些基本术语，也是构成移动互联网时代“新新媒介”图谱的重要组成部分。当然，随着新媒介的急速变迁，其中很多术语使用正在或者已经被淘汰。

面对移动掌上媒介（体）日益融入我们的日常生活，传播学范畴的很多概念或术语层出不穷，人们正在不断接触来自移动化“掌媒”时代形形色色的新概念、新术语、新表达。随着新传播技术的发展与更迭，几年前很多学者分析认可的概念、范畴、范式都亟待阐释、界定、修正。

一、“媒介”与“媒体”

在新闻传播学范畴中，媒介与媒体是两个相互交叉的核心概念，以媒介为出发点更多建构着传播学体系，以媒体为出发点更多建构着新闻学体系。笔者认为，媒介与媒体构成了融通“传播学+新闻学”理论与实践层面的两个基础性核心术语。

一般来说，英语Medium一词（复数形式为Media），可以翻译为“媒介”或者“媒体”，两者原本可以相互通用，含义包括两个层面：一是媒介层面，指信息传递的载体、中介物、工具等介质；二是媒体层面，指信息采集、加工和传播的媒体机构。如今，从全球传播学范畴看，“媒体”与“媒介”早已经不再混用，都具有了明确内涵指向：“媒体”就是指向第二个含义层面；“媒介”就是指向第一个含义层面。

“媒介”作为传播学领域的一个基础概念，核心内涵在“介”，主要强调沟通、桥梁这一特质，具体指传播信息资讯的载体、介质、工具等，即信息传播中携带和传递信息的一切“有形”（或“无形”）工具。“媒体”作为新闻学领域的一个基本概念，核心内涵在“组织”，具体是指传播信息的机构，即信息传播过程中携带和传递信息的一切“可见、有形”组织。

笔者认为，相比“媒体”来说，“媒介”内涵更为丰富立体，指向更为宏观多维，表述具有更强的历史纵深感。从以上基本区别出发，“媒介”与“媒体”术语应用到现实生活，就比较容易区别使用。比如，我们一般会使用“传统媒体”（报刊、广播、电视）之说，较少使用“传统媒介”之说；我们可以使用“网络媒体”，有时也会使用“网络媒介”（互联网媒介）指向“无形介质”；一般使用新媒体或自媒体，一般不用“自媒介”说法。“传统媒体”除了与“网络媒体”对应使用之外，往往还经常与“新兴媒体”（新媒体）术语对应使用。

二、“网络媒体”与“网络媒介”

“网络媒体”又被称为“互联网媒体”，就是借助国际互联网这个信息传播平台，以台式电脑以及便携式移动设备（智能手机为代表）等为终端，以文字、声音、图像等形式传播新闻信息的一种数字化、多媒体的传播形态。相对于早就诞生的报刊、广播、电视三大传统媒体而言，“网络媒体”是互联网兴起后一个比较笼统的概念。学者刘钢（2001）从广义和狭义两方面对“网络媒体”的定义是：遵循TCP/IP协议传送数字化信息的计算机通信网络，这是广义的概念；狭义的概念，即指通常的新闻网站。一般而言，在PC互联网时代，“网络媒体”作为对应于“传统媒体”（报刊、广播、电视）的一个比较概念，已经被广泛接受与使用。

相比较而言，提及“网络媒介”（互联网媒介），可能会与传统意义上的“广播媒介”“电视媒介”发生重叠——毕竟，传统意义上的“广播媒介”“电视媒介”一旦搭上互联网，其实皆可纳入网络媒介范畴。在互联网兴起的初期，PC网络时代还依靠“猫”（modem音译，意为“调制解调器”，用于拨号即ADSL宽带上网必须使用）的“插线”上网时期，继之前的广播媒体（媒介）、报刊媒体（媒介）、电视媒体（媒介）之后，“网络媒体”（网络媒介）一度被当作相对独立的传播媒体（媒介）。

从PC互联网转型发展到移动互联网之后，“网络媒介”说法显得过于宽泛，具体指向更加不清晰，这个概念开始变得较少被使用。与报刊、广播、电视“可见、有形”的具体载体相比，网络本来就是一种“不可见、无形”的虚拟空间，需要借助“可见、有形”的渠道（平台）才会有明确指向。尽管多年前很多论著或者论文还在以“网络媒介”的说法为核心主题或者标题关键词，但“网络媒介”如今已经较少使用，“网络媒介”实际指向被更加具体、更加明确的“移动媒介”“PC媒介”等术语所替代。

值得一提的是，加拿大传播学大师马歇尔·麦克卢汉（Marshall McLuhan，1911—1980）[①]在论著《理解媒介——论人的延伸》中将人类媒介划分为两类：一是机械媒介，指代复制、传输、交流过程通过机械运动实现，人类经历了书信、马车、汽车、飞机等演变过程；作者认为机械媒介的进步是对运动过程的优化。二是电子媒介，通过采用电磁感应实现，以电力发明为起点，人类经历电话、电报、广播、电视等演变过程。在麦克卢汉眼中，电子媒介是利用电子技术实现的，泛指电报、广播、电话、电视与互联网。当然，20世纪六七十年代，麦克卢汉重点观察的媒介场域，基本还是以电波介质为基础的电报、电话、电视媒介。

① 关于传播学界大师麦克卢汉的简要概述，以及他对媒介技术的深邃洞察观点，本书其他章节还会多次提及。

三、“第五媒体”与“手机媒体”

相对于三大传统媒体（报刊、广播、电视）来说，互联网作为新兴的“第四媒体”一度备受关注。曾几何时，PC互联网刚坐稳“第四媒体”交椅，“第五媒体”就成为争论焦点。声称是“第五媒体”的传播形态有：数字广播、网络电视、手机短信、手机报等等。2002年10月在搜狐科技大会上，有人曾对“第五媒体”下过一个这样的定义：第五媒体是基于报刊、广播、电视、网络（互联网）四大媒体之后，以个人移动终端为平台，以人机之间、人人之间的互动为传播方式，以海量信息和快速普及的通信网络为依托的新兴媒体。

2004年前后，国内有一大批学者因手机报、手机短信的初步兴起，探讨过“第五媒体”概念。比如，学者陈力丹曾在《试看传播媒介如何影响社会结构——从古登堡到“第五媒体”》（2004）一文中提及，从2003年起，两种新的传播媒介开始被学界注意，这就是被称为“第五媒体”的手机短信以及DV。回头来看，14年前备受关注的“手机报”“手机短信”“彩铃彩屏”，都不过是互联网发展中的沧海一粟，在经过短短两三年的繁荣之后，这些之前被看好的媒体形态很快消亡。

如果深入分析，所谓“手机媒体”，严格说来极其不准确。因为提及“媒体”背后，一定是“机构化、组织化、个体化的机构或单位”，“手机媒体”因手机端口所承载内容形态的变化不定，其术语指向过于模糊、笼统与泛化。比如，最初的手机短信、手机报，到如今的手机App、新闻客户端、手机视频、手机电视等等，其实都可以被纳入“手机媒体”框架之内。从严格意义上说，“手机媒体”实际上是指向手机移动端口的“新媒体”或者“自媒体”——基于手机媒介之上产生的更个人化或个体化的传播形态。

四、“第五媒介”与“新新媒介”

PC互联网及其电脑显然不是传播媒介的终结形式，新媒介和新传播形态层出不穷，越来越多体积更小、传播方式更具创新意义的传播载体不断出现。20世纪与21世纪之交的10年间，手机一下子风靡全球，其传播能力在某些方面甚至超越PC互联网、PC电脑，成为人们生活中最重要的信息沟通媒介。与“手机媒体”或者“第五媒体”指向模糊不清相比，“手机媒介=第五媒介”的说法，则被广泛认可与应用。

因为除了具备最基本的通话功能之外，手机借助移动网络还被赋予娱乐、社交、阅读、看电视、听广播等媒介传播功能，故手机被誉为继报刊、广播、电视、PC电脑（互联网）之后的“第五媒介”，一定程度上与报刊、广播、电视、电脑四种媒介相互渗透。从目前看，智能手机作为狭义上的“第五媒介”之说已被广泛认可。当然，从广义层面看，智能手机、iPad等移动互联便携式设备，皆可被涵盖于广义上的“第五媒介”之列。

值得一提的是，美国学者保罗·莱文森（Paul Levinson，1947—　）曾在《新新媒介》（2010）一书中开创性地提出当代媒介的“三分说”：一是旧媒介（old media）——互联网诞生之前的一切媒介，如书籍、报刊、广播、电视等；二是新媒介（new media）——互联网上的第一代媒介，如网站、电子书等；三是新新媒介（new new media）——互联网上的第二代媒介，如中国的博客、微博，西方的Facebook、YouTube等。在莱文森看来，那些把新一代媒介称为“社会化媒介”或Web 2.0的看法都是错误的，因为人类历史上所有媒介都具有社会性，“社会化媒介”之说不妥。莱文森还预言，新新媒介未来的发展方向，不是“后”新新媒介，也不是“新”新新媒介，而是新新媒介的“超级版”（“仿生版”）。在莱文森看来，“新新媒介”范式可以包容今后所有任何的新兴媒介形态，不需要再创造新的术语。

通过莱文森的媒介“三分说”，我们可以看出，“新新媒介”之说，实则更指向当今各类社交平台所建构起来的社交媒介。当我们迎来移动互联的“掌上媒介”时代之际，以微信为代表的移动端口社交平台、App软件应用、新闻客户端等最新的媒介载体，的确皆可纳入“新新媒介”之列。笔者认为，因其概念内涵的包容性、表述上的通俗性、界定上的准确性，“新新媒介”之说可以作为移动互联、在线社交时代的一个基础术语。

五、“社交媒体”与“社会化媒体”

有的学者考证指出，我国“社交媒体”概念最早出现在2007—2008年间。当时中国互联网初具规模，PC电脑方兴未艾；网络上流传着安东尼·梅菲尔德（Antony Mayfield）所著《什么是社会化媒体》（*What Is Social Media*）的网络电子书，将社交媒体定义为：一种给予用户极大参与空间的新型在线媒体。这些媒体具有参与、公开、交流、对话、社区化、连通性特点，赋予每个人创造并传播内容的能力。

这本书聚焦新兴媒体的具体对象，正是2004—2006年间在美国崛起的Facebook、Twitter两大社交媒体。伴随中国2009—2010年微博、2011—2012年微信先后崛起，很多学者专门撰文指出，“Social Media”一词若译为“社会化媒体”，指向太过笼统、模糊，因为任何媒体其实都是“社会化”媒体，译为“社交媒体”更准确、更传神。伴随社交媒体的深入拓展，“社交媒体”的说法逐步取代“社会化媒体”，成为使用频率最广泛的一个概念，逐渐被学术界以及传媒界普遍接受。

还有一个有趣插曲：世界上最大的社交平台Facebook一直不承认自己是一家“媒体公司”。2018年4月10日，因隐私泄露丑闻一事，Facebook公司CEO马克·扎克伯格“单刀赴会”接受听证质询。面对美国国会参议员丹·苏利文（Dan Sullivan）抛出的一个尖锐问题：“你提到你们是一家科技公司、一个平台。但有人说，你们是世界上最大的媒体集团或出版商，对吧？”扎克伯格随后答复：“我同意我们对内容负责，但我们不提供内容。当人们问我们是媒体公司还是出版商时，我认为他们真正想问的是：我们是否对平台上的内容有责任？答案显然是肯定的。但我认为这不符合我们的核心，我们的核心仍然是一家科技公司。”这从一个侧面表明，“社交媒体”是否属于严格意义（传统意义）上的“媒体”，的确存有一定争议。扎克伯格的回答，显然巧借传统意义上人们对媒体的认知，回避了Facebook的媒体属性、公共属性，有意突显了自身的商业属性、科技属性。

上述有关媒介（媒体）变迁的五组术语，看似互不关联，实则构成媒介与媒体相互交织、多重交叉的一条主线、一个基本框架。对此，笔者尝试进一步梳理，如示意图1-1所示：

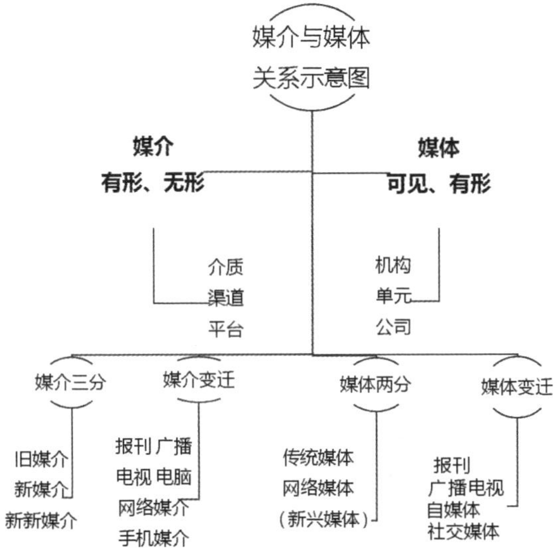

示意图1-1　媒介与媒体关系示意图

从示意图1-1可以看出，目前我们还缺乏一个能够“融通、统领、串联”手机媒介、社交媒体（或自媒体）的一个泛在性描述术语。笔者认为，“掌媒”一词可以用来囊括两大方面：一是泛指“掌上媒介”，比如智能手机、Kindle、iPad、微软Surface，还可以用来指向狭义的“手机媒介”；二是泛指“掌上媒体”，比如社交媒体、自媒体，还可以指向具体的微信公众号、App新闻客户端等。根据具体的语境与场域不同，“掌媒”到底是指向“掌上媒介”还是“掌上媒体”，都是比较容易区分的。概而言之，我们所处的这个移动互联新时代，其实正是“掌媒”时代。

总而言之，阐释、界定、修正上述五组基础性术语，是构成本书所有章节的基本前提，否则就容易陷入概念或术语使用的随意、混乱与滥用。而上述这些术语应用的快速变化，也构成了移动互联网时代“新新媒介”图景的组成部分。

第二节

媒介力量，如何影响人类文明？

每一次媒介变革，都会对人类社会产生深刻影响。从报刊到广播，从电影到电视，从PC互联网到移动互联网，从PC电脑到智能手机，在100多年的媒介发展历程中，从来没有哪个时期像今天这样面临如此剧变。

21世纪以来，“新新媒介”的传播力量异乎寻常地突出。媒介技术的进步，总体适应和满足了人类社会发展的需要，对人们的生活方式、行为方式，甚至是思想观念产生了深刻影响。从媒介批判的视角看，针对电视普及之后大众媒介对人类产生的“殖民、奴役、异化”现象，我们应该时刻保持足够的警惕、审视与反省。

当前，视频直播热闹非凡，好像谁不赶这个趟，谁就被淘汰出局；大数据热得发烫，什么事要是黏上它，肯定有深刻内涵。上述不过只是人类媒介技术发展到最新阶段的一个缩影。简单梳理人类发展历史上的媒介变迁，探寻媒介与文明、媒介与环境、媒介与文化之间的紧密关系，不仅是探究手机媒介对人类产生深远影响不可或缺的宏观背景、论证支点、理论源点，也是一件十分有意义的回顾之旅。

媒介技术，人类进步的标签

谈及人类历史上媒介及其技术的变迁，很多西方传播学大师早就洋洋洒洒写过无数论著，媒介技术也成为媒介研究的一个重要领域，形成了标签化的“技术决定论”学派，尽管这一学派的很多学者否认自己持有“技术决定论”观点。加拿大经济史学家、多伦多传播学派的鼻祖哈罗德·英尼斯（Harold Adams Innis，1894—1952）从媒介研究的独特视角出发，以动态的历史眼光，开创性地对媒介与文明互动关系展开过考察。为此，英尼斯有这样的考察结论：一种新媒介的长处，导致一种新文明的产生。

一般来说，人类媒介传播经历过五个发展阶段——口语传播时代、文字传播时代、印刷传播时代、电子传播时代、信息传播时代（电子传播时代与信息传播时代内涵上有所交叉）。这种划分是基于传播媒介技术的不同发展阶段决定，一一对应不同的人类文明发展阶段——“口语传播时代”对应的是蛮荒的石器文明时代；“文字传播时代”对应封建文明时代；“印刷传播时代”对应人类进入世俗文明时代；“电子传播时代”对应着现代工业文明；发展演变中的“信息传播时代”则对应着后现代文明，一种多元化的文明，从中可以看出技术、媒介与人类社会存在深刻的互动关系。

如果套用互联网发展进程的“1.0时代、2.0时代……”这样的标准体系，我们可以对媒介变迁进行更形象的四个阶段划分：1.媒介1.0时代，主要以口头传播、骑马送信、飞鸽传书、烽火传播、皇帝诏书、造纸术等为载体的传播形态；2.媒介2.0时代，主要以报纸、杂志、广播、电视为载体的传播形态；3.媒介3.0时代，主要以PC互联网与电脑为无形载体与有形载体的传播形态；4.媒介4.0时代，主要以移动网络与智能手机为无形载体与有形载体的传播形态。

如示意图1-2所示——

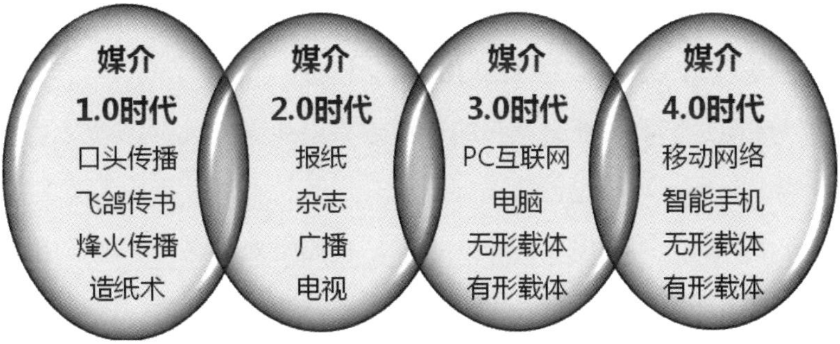

示意图1-2　媒介变迁的四个阶段

媒介及其技术的变迁，从宏观视野上意味着人类文明的进步发展，这也是麦克卢汉考察人类媒介变迁得出的一个核心论断——媒介是社会发展的基本动力，媒介是区分不同社会形态的标志；每一新媒介的产生与运用，都宣告我们人类进入了一个新时代；媒介史即人类文明史。在麦克卢汉等人合著的《媒介与文明》中，他们考察了人类媒介史和文明史之间的关联，借用《芬尼根的守灵夜》中的“十个惊雷”故事，暗喻人类文明的十大技术变革（旧石器时代到新石器时代、衣服用作武器、专门化、市场和果蔬园艺、印刷术、工业革命、部落人回归、电影、汽车和飞机、电视），以此渐次阐释媒介技术对人类文明进程的影响。此外，他还在20世纪50年代出版的代表作《理解媒介》一书中，详细介绍了他对26种媒介技术的看法，从“媒介技术哲学”层面阐释了人类每个阶段媒介技术的里程碑性质与意义，揭示了媒介技术及其发展对人类社会心理、文化变迁，甚至社会历史发展的重大意义。

媒介环境，形塑我们的行为

环境是影响人社会意识的重要因素。马克思认为：“人创造环境；同样，环境也创造人。”从一定意义上讲，我们人类早就进入了“媒介即环境”的媒介世界。我们所处的媒介环境，由媒介以及传递的信息和符号内容所构成；营造的社会情境，是社会的传播环境、信息环境和文化环境。

媒介技术的演变，一次次地改写了我们关于人类所处环境的认识，“媒介环境”逐渐成为一个影响巨大的生存景观。作为日常生活不可忽略的外部环境，“媒介环境”是媒介环境学研究的一大理论命题。截至20世纪20年代，媒介环境学派已经是继传播经验学派、传播批判学派之后，形成学派“三足鼎立”的一个学派，它以人、技术与文化的三角关系为研究重点。“媒介环境学”主张泛媒介论、泛技术论、泛环境论、泛文化论，把媒介环境分为三个层次：符号环境、感知环境和社会环境。早在1968年，美国媒介批判家尼尔·波兹曼（Neil Postman，1931—2003）[①]就指出，除了现实环境之外，我们还生存在一个由语言、技术和其他符号组成的媒介环境中，它塑造了“我们头脑中的图像”。媒介作为环境已经深刻影响到了社会中的每一个人，成为每个人社会化生存的重要环境因素。正如麦克卢汉所说，任何技术都倾向于创造一个新的人类环境。很大程度上，媒介环境由一个社会的媒介技术特别是主导性媒介技术所形塑。

具体来说，媒介环境学派非常关注媒介对人类文明的双重影响。麦克卢汉从实证视角研究过媒介对人的感知、心理和社会的影响；莱文森分析了媒介对认识的影响以及“新新媒介”所带来的诸多弊端；尼尔·波兹曼透析过电子媒介（尤其是电视媒介）对童年的影响及对印刷文化的侵蚀；梅罗维茨则借助“媒介情境”理论，沿着“新媒介—新场景—新行为”的逻辑思路，阐释了如下观点——电视媒介让人们从旧有的近距离场景，进入一种跨越时空的宽广场景，人们的行为随着场景的改变而改变，从而解析

---

① 尼尔·波兹曼，世界著名的媒体文化研究者和批评家，生前一直在纽约大学任教，在纽约大学首创媒体生态学专业，他的两部最著名作品——《娱乐至死》（*Amusing Ourselves to Death*）、《童年的消逝》（*The Disappearance of Childhood*），都深刻表达了对西方媒介体制转型忧虑与反思，成为当今研究媒介生态、媒介（电视与网络）批判等方面不可绕过的必读作品，本书此后的很多章节，都会涉及波兹曼的有关观点及这两部著作。

了媒介（尤其是电视媒介）对社会日常生活的诸多影响。可以说，“媒介环境学派”众多学者对媒介影响的研究，都涉及新媒介所带来的利弊影响。

近年来，随着移动媒介技术的发展，人类所处的媒介环境发生了革命性变化，形成了一个迥然有别于以往的全新媒介环境。与传统媒介以及PC互联网相比，移动互联网放大了媒介环境和情境意义，将整个社会和个体裹挟其中，成为当代我们日常生活的仪式和景观。作为一种集所有媒介优势于一体的“新新媒介”中的重要一员，智能手机的诞生、普及、渗透，使得人类的感知环境、符号环境与社会环境都有了崭新特征，使沉浸于其中的使用者的感知、思考、思维不可避免地受到潜移默化的影响，进而对使用者的人际交往、生活学习、消费娱乐等行为产生最广泛的形塑作用。①

媒介文化，重塑我们的生活

清晰地阐述“媒介文化”这个概念，在很多学者看来都是“难以完成的使命”，毕竟媒介与文化之间一直是“剪不断，理

---

① 以下各个章节具体阐释手机媒介对人类所产生的巨大影响，这里不再赘述。

还乱”。[①]媒介技术在更迭中，往往反映社会整体的文化面貌。各种媒介一经出现，其实就在参与一切意义重大的社会文化变迁。而文化总是表现出深刻的传媒印记，媒介不仅传播文化，而且还制约文化、规定文化、生成文化。特定时代的社会文化，总是借助一定的媒介与媒介技术得以传播、沉淀、流传。从本质上看，媒介本身塑造了全新的生活方式，文化也在传播中对新媒介特性进行妥协、依赖、扭曲，无形中大大改变了价值取向、文化内容、表达形式。

从人类社会发展的历史看，媒介作为承载人类文明的载体，其每一次技术的变革和进步，都对社会的政治、经济、文化的发

① 之所以说很难清晰地阐释“媒介文化”概念，最起码的一个追问就是：“Media Culture”一词，到底是译为“媒介文化”，还是译为“媒体文化”？笔者通过检索发现，目前，中文学术期刊涉及该术语使用时，基本都在混搭使用“媒介文化”与“媒体文化”两个术语。道格拉斯·凯尔纳（Douglas Kellner）所著的代表作之一*Media Culture*，就被译为《媒体文化——介于现代与后现代之间的文化研究、认同性与政治》（商务印书馆，2004年）。对于凯尔纳学术思想的研究，有的学者使用“媒体文化研究”术语——比如，王蔚的《媒体文化研究的进路——道格拉斯·凯尔纳访谈录》（参见《文艺研究》，2014年第7期）；有的学者却在使用“媒介文化研究”术语——比如，曾一果的《重建批判的媒介文化研究——道格拉斯·凯尔纳的“媒介文化研究”》（参见《国际新闻界》，2010年第3期）。基于“媒介”与“媒体”两个概念内涵存在高度重叠与交叉，“媒介文化”与“媒体文化”术语的混搭使用，也就在所难免。笔者在这里无意深究“媒介文化”与“媒体文化”术语的区别。基于“媒介文化”术语指向更为宏观立体、更具包容性的内涵与外延，对于凯尔纳的《媒体文化》一书的书名，笔者认为译为《媒介文化》更符合原著语境。当然，涉及有关直接引语时，本章节还是遵从原译本的表述，同样存在“媒介文化”与“媒体文化”混用的情况。

展产生巨大的作用，推动了文化交流、发展和转型，深刻影响人们的行为模式和价值意识。马克思很早就敏锐地意识到技术（特别是媒介技术——印刷术）对文化的渗透：“火药、指南针、印刷术——这是预告资产阶级社会到来的三大发明。火药把骑士阶层炸得粉碎，指南针打开了世界市场并建立了殖民地，而印刷术则变成新教的工具，总的来说变成科学复兴的手段，变成对精神发展创造必要前提的最强大的杠杠。”美国传播学者詹姆斯·凯瑞（James W. Carey，1934—2006）在所著《作为文化的传播》（中译版，2005）一书中说过：“传播的起源及其最高境界，并不是指智力信息的传递，而是建构并维系一个有秩序、有意义、能够用来支配和容纳人类行为的文化世界。”

可以说，每一次媒介变革，都会深刻改变文化传播模式和文化自身形态。比如，语言的发明，提高了人类交流和理解的能力，使人类经验的交流和共享成为可能，对人类文化的发展具有里程碑的意义，人类由此进入“口传文化阶段”；文字的出现、印刷术的发明推动了人类文化、教育的普及和社会进步，使人类文化传播在数量和质量、空间和影响力上有了质的飞跃，对社会、思想文化的变革产生了重大影响。

鉴于媒介对文化的深度拓殖，“媒介文化”术语已经进入了学者的理论视野和大众的观察视野。所谓媒介文化，内涵侧重于媒介在当代社会所引发的信息方式和生活方式的变革，主要是指20世纪五六十年代以来，以现代传媒和电脑科技为技术支持的、以资本为商业驱动力的、以饱含资讯和价值的光电影像或虚拟互动为主要内容的蓬勃发展的大众文化产品，及其外围性生产、传播与消费活动。从理论层面看，媒介文化概念的提出，突出了文化与传播媒介之间的相互联系，强调了文化的传媒呈现方式，以及传播媒介对社会文化的产生和发展的拓殖和影响，同时表明了传媒本身成了一种文化系统，消解了“文化”和“传播”之间的具体界限。

随着20世纪电子媒介（泛指电报、电话、广播、电视与互联网）的发展，媒介与文化之间的互动联系更加紧密，“文化媒介化”特征日益明显。可以说，电子媒介的出现，是人类传播历史上的一次空前革命，深刻影响了文化传播、形态及其人类生活方式。从拓殖领域来看，电子媒介开始占据了文化和传播体系的中心位置，并拓殖于消费领域、休闲领域、娱乐领域，让传播和文化凝聚在一起，将每一个人裹挟其中，媒介文化成为文化、政治、社会生活中的主导力量。正如美国学者道格拉斯·凯尔纳（Douglas Kellner）在所著《媒体文化》（中译版，2004）一书中所指出的：“媒体文化的强大的建构力量已经使它深入到了一种重大的社会变迁之中，它不仅促成了一种新的文化形态与技术手段的生成，而且直接构成了它们的内在组成部分。”从拓殖程度来看，媒介技术对文化的介入，不仅为他者传播文化，更重要的是创造自己的文化，比如，电影文化、电视文化、网络文化、消费文化等等。硕士生朱楠在论文《论媒介文化在新文化建构中的作用》（2005）一文中认为，现代传播媒介作为一个社会辐射力很强的文化装置，具有极强的“聚合力”和“扩张性”，不仅影响到文化传播范围、内容及速度，成为文化传播的强大推动力，而且现代传播媒介的诸多特点已进入文化的深层结构，使当代文化呈现出媒介化特征。

20世纪80年代以来，媒介文化的一个显著变化，就是转向符号化、视觉化的“视觉文化”。在媒介形态呈现、内容表达与受众吸引方面，视觉形象正在起到核心作用，正在取代文字成为媒介传播的强势符号，使得媒介文化呈现出一些鲜明的崭新时代特征。比如，信息传播形态的符号化、动漫化、视觉化，内容表达的碎片化、简短化、浅显化，文化批判的极端化、喧嚣化、多元化，等等。

媒介批判，电视媒介是起点

我们必须清醒地看到，媒介变迁代表人类文明进步的同时，也对人类产生了深远的负面影响。伴随媒介4.0时代的到来，新新媒介如何奴役人类的深邃洞察、预警预言，在很多思想家、哲学家与传播界大师的重要论著中都出现过。

比如，后现代媒介理论的代表人物、法国思想家让·鲍德里亚（Jean Baudrillard，1929—2007）曾以当代美国社会作为“靶向”，在后现代语境之下从仿真（Simulation）、超真实（Hyperreality）和内爆（Implosion）三个关键词出发，以思辨性的审视视角，对人类的技术媒介社会形态进行了深刻批判，认为媒介已经逐步沦为“拟像”以及“仿真”的机器，痛斥大众媒介及其技术对人类的奴役与压制。在后现代媒介语境之下，如果说马歇尔·麦克卢汉是以一种更乐观的态度看待媒介技术对人的影响，那么鲍德里亚则是以一种更悲观的态度看待媒介技术对人的奴役。

再比如，尼尔·波兹曼在其《娱乐至死》一书中，以考察人类历史上传播媒介的变迁和发展为主线，阐释了每一种媒介给我们带来的不同影响。他一方面赞扬了15世纪繁荣起来的印刷机文化，另一方面抨击了19世纪后期迅猛发展的信息文化，认为文化正以娱乐的方式呈现，人类心甘情愿成为娱乐的附庸，最终成为“娱乐至死”的物种。尼尔·波兹曼一再警醒世人：不要在这个充满信息垃圾的世界中迷失，不要成为娱乐的俘虏。

这里不再一一列举“后现代语境”下媒介批判的更多观点。如果深入梳理媒介批判的思想，我们就可以发现，电视媒介之前的所有媒介变迁，多少都整体代表人类文明的跨越发展，传播学界大师们很少触及来自媒介异化视角的批判。而电视媒介的诞生与普及，一方面代表人类文明进步的同时，从此也带来了生活、消费、文化、娱乐、传播等诸多社会场域的深刻变革，这些都是后现代语境之下“媒介批判”思潮关注的重要节点、重点靶向，随后相关“媒介批判”思潮一直延续到如今的移动互联网时代。20世纪以来，“新新媒介”的传播力量显得异乎寻常地突出。从传统的报刊、广播、电视到PC电脑，再到以智能手机为核心载体的移动媒介，人类所拥有的传播媒介正在不断丰富多元，大众传播媒介的影响力、渗透力、主导力不断强化。

笔者认为，20世纪60—80年代间，西方传播学各个学派对有关媒介批判的深邃洞察，依然在影响、左右着21世纪第二个十年移动互联“掌媒”时代的“新新媒介”世界，成为对当前新兴媒介观察与批判的论证逻辑起点、理论探寻支点、思想观念源点。从全球的视野看，电视媒介之后的互联网自诞生之际，就一直深刻影响着人类社会结构，改变着社会变迁的进程。从媒介批判的视角看，对于网络对人类产生的“殖民、奴役、异化”现象，我们应该时刻保持足够清醒的警惕、审视与反省。

随着智能手机的普及与渗透，人类已经迈入“媒介化社会、掌媒化生存”阶段，呈现出“媒体媒介化、媒介社交化”一体化交融的特征，手机媒介宛然完成了对人类社会与文化的深度“控制、渗透、异化”。至此，如何从理论与现实结合的思辨视角，研究、观察、规避手机媒介对人类思想行为产生的负面影响，已经是摆在世人面前的一项紧迫的现实课题。

第三节

掌媒时代，智能手机“横行天下”

无论是从全球还是国内视野看，以便携式平板电脑与轻便式智能手机为主要代表的“掌媒”移动端口已经崛起，崭新的移动互联“掌媒”时代已经到来。随着手机更加便携、更加智能、用途更广，对时时在线的普罗大众来说，“第五媒介”智能手机正在横行天下，成为人们日常最不可或缺的“媒介之王”。

智能手机这个“囊中之物”，裹挟着人类太多的日常生活需求。广袤的“地球村”用户已经从“魔匣”（电视）、“魔框”（电脑）之中走出，重新走进一种崭新的、更具魅力的“魔屏”之中。

近年来，PC门户时代已经过去，移动互联的大门已经打开。随着移动互联网的发展，以智能手机为主的移动终端设备开始超越台式固定电脑，成为最普遍、最直接、最便捷的上网终端，移动化媒介成为信息传播的主渠道。

电脑媒介的“五次浪潮”

从电脑媒介看，迈克尔·塞勒（Michael Saylor）所著的《移动浪潮——移动智能如何改变世界》（中译版，2013）一书中，从信息处理的视角出发，为我们描述了一个由移动互联引发的伟大革命，着重从技术进步的单一视角，讴歌信息技术进步、人类文明进步，把电脑媒介变迁梳理为“五次浪潮”，笔者概括如下：

第一次浪潮——大型电脑。迈克尔·塞勒从19世纪聪明的查尔斯·巴贝奇发明一台机械计算机（用来制作对数和三角的数学表）说起，谈及了二战期间盟军需要迅速并精确计算炮弹的弹道来射中目标，从而迫切需要新电脑。于是，科学家们研发了第一台现代电子计算机埃尼阿克（电子数字积分计算机），早期的大型电脑制造成本高昂，运行时需要处处小心，而且耗能巨大。

第二次浪潮——小型电脑。基于从真空管到晶体管研发的进步，诞生了芯片、集成电路（IC），两者的产生让小型电脑的出现成为可能。1965年，美国数字设备公司研发出PDP-8，取得了第一次商业成功，小型电脑的低价与小巧直接引发了电脑新应用的井喷；1974年，英特尔成功推出了第一台商用微处理器——英特尔4040，让组装电脑成为可能。

第三次浪潮——台式电脑。1975年，《大众电子学》杂志的封面文章介绍过第一台台式电脑“牛郎星”，震惊了世界。之后，盖茨创建的微软公司为第一台IBM个人电脑研发出DOS操作系统，让台式电脑成为商务办公不可或缺的必备。

第四次浪潮——互联网个人电脑。传统的个人电脑是“孤立无援”的，但这种孤立没有持续很久。1969年10月29日，阿帕网诞生，阿帕网很快就变成一个活跃的社交网络，华丽转型为商用互联网，“上网”的个人电脑开始让地球变成“地球村”。

第五次浪潮——移动互联网。1984年，苹果公司推出Macintosh电脑及其鼠标界面，彻底改变了电脑，成为iPad的前身；2007年1月，乔布斯在数字世界研讨博览会上发布iPhone，随后iPhone风靡全球。2009年，移动互联网设备销量达到4.5亿部，超过个人电脑销量达到的3.06亿台。至此，人与机器、人与网络终于实现了最完美的结合，包括智能手机在内的移动设备界面操作，甚至简单到“连猫狗都会用”的便捷程度。

时任美国微战略公司的董事长兼首席CEO，迈克尔·塞勒眼中的《移动浪潮》场景，基本是从如何推动人类进步的视角展开的，展示了移动互联网革命给人类带来的“正面”（或者说“A面”），这也是他作为一名技术工程师观察媒介技术发展的专业优势所在。

手机媒介“横行天下”

互联网发展之初，传播学者丁柏铨曾在《中国当代理论新闻学》（2004）一书中，通过对比三大传统媒介（报纸、广播、电视）后认为，“网络媒介”对利用网络接受询问信息者的要求颇为苛刻，书中提出的理由如下——

阅读报纸无需专门的设备条件，一报在手，只要有相应的文化水平即可阅读。

收听广播者，只需要配备一台收音机即可收听广播，接受询问信息。广播媒介对于接受者的文化水平几乎没有压力。

收看电视者，需要配备电视机和接收天线，具备了这些条件就可以收看电视节目。

网络媒体集多媒体的优势于一身，它对网络使用者的要求最高：不仅要求有上网的条件（有电脑、有网络），而且要求有上网的技术。以上两个方面的条件，实际上就对利用网络接收新闻信息的人做出了限制。

14年后回头再看，上述结论及其表述显然已经不合时宜，忽略了影响人类生活的媒介本质——媒介即人的延伸或扩展。伴随“按钮式、傻瓜化、智能化”的移动互联技术的完善、无处不在的Wi-Fi网络的普及，小型电脑、智能手机等便携移动化媒介，已经完全变得如同报刊、广播、电视、电脑四大媒介一样，触手可及、简单便捷——只需要轻轻点击、滑动翻页等拇指动作，就可以做到“一览众山小，点评天下事”。这也恰恰说明，深度走进人类生活、“奴役、控制、异化”人类生活的媒介技术（载体），从来都是唾手可得的，否则就不可能变成大众媒介，更不可能深度融入人类的日常生活。

作为广义上的“第五媒介”家族的核心代表——手机媒介，与报刊、广播、电视、电脑传统媒介相比，其不可撼动的强势地位日益清晰，手机媒介正以其高速、即时、互动与融合的媒介一体化特征，让原本牢不可破的电视媒介“魔匣”都甘拜下风。伴随移动通信技术、便携式硬件与软件的革命性变革，手机媒介实现了与报刊、广播、电视、电脑等传统媒介的高度融合，衍生出能够“打包装下”信息海洋（手机报、手机微博、新闻客户端）、社交生活（微信朋友圈）、娱乐世界（手机游戏、手机视频、手机电视）、在线消费（移动支付、在线预订）等立体多元的崭新媒介形态。对普通民众来说，因为具有上述足够丰富的“需求特质”，手机与用户之间才得以形成牢不可破的黏性关系。相对于传统媒介的核心竞争力所在，“第五媒介”手机的最大特征就是能让用户不离不弃。事实的确已经证明，智能手机承载着无孔不入的信息、娱乐、消费、社交等等日常需求，成为集合人类几乎所有生活需求于一体的“微型智脑”。

“掌媒”时代已经到来

当广义的电脑媒介变迁迈入“第五次浪潮”，智能手机开始具备“硬件上具有CPU、软件上具有操作系统、功能上走向智能化”的本质特征之时，广大用户“移动化+在线化+智能化”的崭新生存空间被构建起来。

笔者认为，移动互联的“掌媒”时代已经到来，它以移动互联网技术为技术基础，以智能手机、iPad等便携式工具为有形媒介，以“三微一端”（微博、微信、微视频、新闻客户端）等平台为信息渠道，以移动碎片化内容（文、图、符号、音视频）为表达形态，以万物互联、时时在线、移动消费等生活方式为连接入口。随着下一步智能互联的发展，智能手机这个小小的“囊中之物”，裹挟着无限可能的日常生活需求：智能便捷的沟通界面、丰富多彩的内容资讯、时时在线的社交生活、方便即时的移动支付……可以说，“掌媒”时代已经成为我们理解全新媒介世界的新场域、新视角、新背景。

移动互联网作为一种媒介技术，智能手机等便携式移动设备作为一种最新的媒介平台，两者的结合深度介入了人类政治、经济、文化的方方面面，实现了与人类生活的高度融合，加速了对社会实体的重塑，人类社会生活从此实现了大规模网络化、集约化、移动化变迁。“移动互联网+智能手机”为无形与有形载体结合而成的便携式移动平台，自然就成为人们生存的新空间，每个人都或主动或被动地处于移动互联的网络中，完全被裹挟于万物互联的巨流漩涡中无法自拔，构建着属于自己的“数字化生存”。

不可忽略的“手机沉迷”

笔者认为，与迈克尔·塞勒在《移动浪潮》中描述的令人振奋的场景同步发展的，还有“掌媒”时代给人们带来的“反面”（或者说“B面”）——手机沉迷。

从人们的一般常识与经验来说，移动互联、时时在线的“掌媒”时代带来的便利、舒适、愉悦盖过了一切；殊不知，由于我们长期沉溺于媒介革命带来的好处，而媒介技术革命带来的种种预警以及危机，往往建立在对人欲望和享乐的限制与排斥的基础之上，因此常常会被人们忽略与冷落。从本质上看，媒介仅仅是人类用于加强沟通与联络的信息传播工具，为何利于生存、便捷生活的媒介工具，最终落得每个人都为其所困、受其所扰呢？这

图1–3　沉溺媒介　（张滨漫画）

就不能不引起我们的深思。在媒介化生存环境中，我们对新媒介的依赖不断加深，人类社会（整体层面与个体层面）总体表现为越来越陷入“媒介沉迷”的发展趋势。

“迷”之出现自古有之。当然，在口语传播时代和文字印刷时代，由于媒介工具的简单化、功能单一化，人们对媒介依赖其实并不强。偶尔会有少数因求知若渴、痴迷书籍，而被冠以“书痴”“书虫”“书呆子”的美誉，但很难出现大规模“媒介沉迷”现象。也就是说，电视媒介之前所谓的“媒介沉迷”，更多呈现散发状、个体性而已，而对整个人类社会、人类的思想行为产生的影响微乎其微。

随着电子媒介的诞生，人类媒介技术的更迭加速，传播媒介对人类社会的影响与日俱增，媒介沉迷现象也日益突出；影迷、电视迷、网迷、手机迷、游戏迷等等日益普遍，现实社会整体化、规模化“媒介沉迷”现象无处不在。一般来说，中外学术界关于媒介异化的具体描述，按照程度不同分为媒介依赖（Dependency）、媒介成瘾（Addition）、媒介沉迷（Fascination/Indulge）几个不同层面。

手机作为一种新媒介，它使得人的视觉、听觉、感觉范围无限延伸，带动人们扩展了思维的深度与广度，手机甚至成为我们身体的重要组成部分。随着手机媒介更迭走向智能化、人性化，智能手机已经不再是“电脑（电话）的助手”那么简单，它很快就会成为“人脑的助手”“人脑的帮手”“人脑的替手”，以一种“智能互联、始终在线、即时互动”的无形魔力，异化为每个人的“大脑指挥”，一举变成每天依附在我们每个人身体的“第二智脑”[①]。手机吸引着广袤的“地球村”用户，让无数“地球村”用户走出原来的“魔匣”（电视）、“魔框”（电脑），重新走进一种崭新的、更具魅力的“魔屏”之中，让人类似乎回到了一个“魔弹论”式媒介生存、依赖与沉迷的新世界。

从某种意义上说，手机在多大程度上解放了人们，也就在多大程度上抑制了人们。比如，手机解放了人的感官功能，同时也抑制了人的行动功能——人人变成了“低头族”，尽可能地减

① 关于手机“器官化”现象的详细分析，可见本书第二章节更深入的阐释。

少身体运动；手机无限延伸了人的在线社交，同时无限抑制了人的现实交往——人人变成了“屏社交”；手机解放了人的信息存储，同时大大抑制了人的记忆能力——人人依赖手机搜索，大脑变得“低智化”。

第四节

在线生存，
移动互联带来的悖论

我们生活的时间外面覆盖着一层无线外壳。所以，我们同时存在于自我和网络之中。我们从来没有离开过网络，网络也没有离开过我们，这就是网络社会时代的真实到来……人们现在可以建构属于自己的信息系统。

——《网络社会的崛起》作者、社会学家曼纽尔·卡斯特尔

具有“技术进步论”倾向的新新媒介拥护者们认为，人类总是经历由低级到高级、由野蛮到文明、由简单到复杂、由低效到高效这样的依次递升过程；新媒介总是比旧媒介更高级、文明、高效，新新媒介所创造的生活世界由此也会更加高级、文明、高效。殊不知，媒介演化总是隐藏着让人意想不到的一面：新媒介带来明显进步的同时，总会伴随着人类在某些方面的退化。从媒介批判的视角看，进步与退化是一块硬币的两面，两者相伴而生、如影随形。

支付便捷？同时浪费时光！

以下类似的尴尬一幕，大多数都市“上班一族”或许都曾有过——

“师傅！打包一份拉肠。”

“给钱！”（顺手拿出一张好久不用、皱巴巴、脏兮兮的10元人民币，目的原本是为了用掉这张揣在钱包很久的10元纸币）

“找不开零钱呀，你还是扫码支付吧！”

（很不情愿地）拿出手机，打开微信，扫码支付——5.8元。

…………

短短几年，移动支付（手机支付）已经渗透到我国经济发展和人们生活的方方面面。随着智能手机普及，中国实现了与西方的同步发展，甚至还略有超前。面对中国普及的手机支付，外国媒体为之惊叹不已。2017年7月17日，《纽约时报》以《在中国城市，现金很快要“过气”》为题，高度关注中国的移动支付发展，文章开篇直呼：在中国带着手机，啥都能买！文章提到，在饭店里，服务员会先问你：使用微信还是支付宝？然后才会提及“冷门”的现金付款方式。2017年7月19日，彭博社也以《中国的无现金革命》为题进行过报道，文章指出“中国为无现金化的发展提供了模式和标准”。

然而，我们有没有发现，这种便捷与高效的新生活方式，是否为人们的生活带来无数困扰？目前，这还是一个被普遍忽略的追问。在我们的心目中，手机网购带给我们的印象，是轻松

The New York Times

In Urban China, Cash Is Rapidly Becoming Obsolete

By PAUL MOZUR JULY 17, 2017

Bloomberg View Markets Tech Pursuits Politics Opinion Businessweek

OPINION | TECH

China's Cashless Revolution

In the developing world, a new payment model is emerging.

By Adam Minter

图1–4 《纽约时报》、彭博社对中国手机支付“无现金社会”高度关注（来源：《纽约时报》与彭博社网站）

便捷、节约时间；从更长的购物链条来看，所谓网购的便捷、高效往往就是一个错觉。我们可以试想：为了完成网上购物，我们其实需要花费大量时间与精力浏览商品、对比商品，显然更在意“货比三家”。为了完成网购的成功一“击”，你可能需要花费几天几夜的时间一一比照，与商家沟通，多方比较价格，甚至有些人还变成了“网购达人”（实则就是“网购狂”“淘宝狂”）——没事就到天猫、京东上闲逛，即便是没有可买的商品，都会把一些商品“拉”进购物车，总要多看一会、多待一会，否则就浑身感觉不舒服。试问如果算上这些浪费的时间，网购的轻松便捷、节约时间，是否还算成立？另外，基于基本日常消费品都在通过便捷的手机支付、借助网购实现，大量的塑料包装袋的成倍增加，是否也造成了环境的二次污染？

笔者曾多次有过这样的网购经历：原本一本在广东出版、广州书店可以购买的书，因为天猫商城显示北京的一家书店价格打折最多、最划算，还免费邮寄——可以便宜8元，因此自己会毫不犹豫地选择北京的这家书店。试想：这些千里迢迢运到北京的书，最后不得不再千里迢迢地返回广州，这到底是物流资源的发达与丰富，还是物流资源的重耗与浪费？

办公高效？同时忙碌不止！

在“掌媒”时代，移动技术把“无纸化办公”从空谈变成了现实，移动设备变成了数字化的纸张，并且可以把文件以一种PC电脑无法实现的方式，即时地呈现在你的手中。“无纸化办公”的到来，让我们处理公文的效率呈几何倍增加。毕竟，在没有引入电脑与网络进行电子化、信息化办公之前，所有的表格、报告、文档都要通过手工填写和抄录方式进行，这样的工作可能耗费一个人几个月甚至几年时间才能完成。

然而，“无纸化办公”带来高效的同时，我们可能忽略了这样的一个事实：过去传统任务是单项的、条理的、有序的；无纸化办公新任务则是批量的、交叉的、快速的。移动无纸化办公到来之后，我们并未因为可以轻松搞定一份表格而清闲下来，反倒是我们的任务越来越多，还是需要不断地工作，工作强度与劳动时间都远远超过传统的办公模式。表面上看，手机和互联网完全可以让信息传输、人际沟通变得高效，代价却是人们越来越忙碌，而且越是能够通过使用媒介节约时间的人，往往也是越忙碌的人——技术社会的逻辑，原本就是“只有更忙，没有最忙”。追求技术上的高效，已经不是“生命存在”意义上的高效，这也正是我们越是拥抱技术越忙碌的原因。相反，在技术不发达的年代，反倒是我们生命存在意义上悠闲的时代。在日常生活中，我们往往注重移动化办公带来的高效一面，是否忽略或者忍受了移动化办公技术依存带来的忙碌不止?

即时沟通？同时人人隔绝！

在“掌媒”时代，手机的功能足够强大，除了基本通信功能之外，还可以刷微博、玩微信、聊QQ、读新闻、看视频、打游戏、听音乐……智能手机正在颠覆我们的生活和行为习惯。唐代诗人王勃送别友人时，曾经发出感慨：“海内存知己，天涯若比邻；无为在歧路，儿女共沾巾。”这番感慨寄托了人类因为空间阻隔，无法与友人见面交流的遗憾、无奈、悲伤。如今，在移动新媒介社会，古人的烦恼已经不是问题，我们随时随地都可以远距离交流、信息沟通，人际交流已经畅通无阻。

然而，移动互联只是解决了“天涯若比邻”问题，同时似乎也消除了“海内存知己”。“万物互联、移动互联、永远在线”的状态，尽管让每个人保持即时沟通、信息顺畅，却没有让人与人的心灵沟通变得高效，反倒让面对面的交流日趋疏远。网络上一直流传着一句颇有哲理性的网语——世界上最遥远的距离就是："我在你身边，而你在玩手机。"对于很多人来说，手机不再单纯是一种使用工具，更是生活上的亲密伴侣，如果没有"手机伴侣"，我们的生活就会处于"孤岛状态"。由此可见移动互联技术某种程度上成为人类心灵沟通失败的根源，这难道不是技术进步带给人类沟通进一步隔绝的讽刺与悖论？

数据过剩？同时精品稀缺！

随着"互联网+"概念日益深入人心，很多行业甚至产品都已经慢慢实现了网络化、数据化。一方面，推动大数据发展已成为从政府到民间、从行业组织到企业机构的共识，各类数据成为政府或者互联网企业争夺的"富矿"。另一方面，随着大数据被炒得火热，数据领域也正在形成巨大的泡沫，各地各单位各类"云计算""数据库""数据中心"建设很可能造成新的浪费、新的空置；随着更高储量、更高运算的芯片数量不断增加，数据数量不可避免地继续膨胀，最终将把我们从"物质过剩"拖入"数据过剩"时代。

从普通用户的视角看，在移动互联"掌媒"时代，人们可以随时随地从网上获取自己所需要的各种信息及其服务，享受新闻信息产、供、销多元化的优越生态环境。但是，恰恰是便捷的新技术、便利的媒介渠道，同时把人们带入一个信息丰富、过剩与信息无序、稀缺之间的日趋焦躁、迷茫的尴尬境地。一方面，云计算、物联网、5G网络、4K电视、虚拟现实、电子阅览器、平板电脑等终端设备及其服务，已经为信息的储存、获取、下载、传播提供了无限可能。另一方面，社交媒体时代海量信息也造成内容过剩、渠道过剩、平台过剩，每一个个体面对浩瀚的信息海洋、纷杂的多元声音、真假难辨的信息流，往往都感到无所适从，而高品质、专业性、个性化的精品内容依然是稀缺资源。

传播自由？同时责任消失！

移动互联网的发展，带来了传播主体空前多元，发布门槛空前降低，信息数量空前增加。从当今媒介版图的视角看，社交媒体（包括自媒体）与传统主流媒体，共同构成了相互交织、竞争与冲突的媒介版图生态，进而形成了传播自由与传播责任之间的博弈。

从传播自由的视角看，新传播技术演进带来了传播自由，负面作用是传播的无序与失范、偏失与误导。在社交媒体为基础平台的传播体系中，受者与传者处于平等地位，每个人都变成信息的收集者、传播者和发散者；人人都有麦克风，个个都是通信社。可以说，与过去机构性媒体为主不同，自媒体的崛起具有划时代的意义：它构建了一个基于互联网平台的兼具自由性、开放性、共享性的崭新传播体系；它打破了传统媒体单向输出的传播模式，改变了过往人们被动接受信息的惯性思维。

从自媒体生存的视角看，基于网络时代“只有偏执狂才能生存”①的生存逻辑，无数自媒体都被流量所裹挟，为了点击率和话题度，突破道德和法律底线，炮制并推送大量虚假、低俗的垃圾资讯内容；在重大社会问题和政治原则面前，还容易出现舆论偏失甚至误导，而这也是自媒体信息传播生态的共同困境。“去政治化”“泛娱乐化”的偏失与误导，单单依赖自媒体平台自身的商业自律、自我管理难以实现。

从媒介把关人的视角看，一旦“掌媒”时代人人成为浩瀚信息的主宰者，就改变了传统意义上的“把关人”决定信息是否进入渠道的情景，取而代之的是网络“把关人”泛化、把关效果弱化的信息控制新景象，“把关人”角色与责任自然消解，从而造成传播自由与传播责任上的二律背反：以微信公众号、头条号、百家号等平台为代表的各类自媒体，以微信、Facebook等为代表的商业

图1–5　“哼，私信发错人了！”（张滨漫画）

① 来自去世的英特尔前董事长兼首席执行官安德鲁·格鲁夫所著《只有偏执狂才能生存》。作为引领全球信息时代的重要人物之一，安德鲁·格鲁夫以严厉而强硬的管理作风闻名全球，他的风格被人称为“只有偏执狂才能生存”；在网络时代，这句名言被广泛用来形容互联网企业、互联网玩家、自媒体的生存法则之一。

性社交平台，在利用新传播技术最大化展示传播自由的同时，却无力承担起原本“媒体”义不容辞的社会责任，导致网络虚假信息、网络诈骗、网络暴力、侵犯个人隐私等行为兴风作浪、泛滥成灾，造成了肆意传播的时代悲剧。

客观真实？实乃“后真相”！

移动互联网兴起之前，包括报刊、广播、电视为主的传统媒体，是由一群人基于同类价值观和专业操作水准，基于公正利益和公共视角而采集、制作、分发、传播新闻的公共机构；传统媒体框架之下的新闻传播，是由专业的记者/编辑经过一线采访、编辑审核、主编编审等严格流程完成的，客观与真实是传统媒体以及传统媒体人坚守的新闻灵魂。对每一个采编人员来说，客观、真实、中立、克制情绪等都是最基本的素养和要求。

移动互联时代到来后，大众传播进入“自媒体时代”，进入了“人人都有麦克风”“人人都是记者”的个体传播时代。严格来说，自媒体其实只是完成了信息的“加工、分发、传播”，缺少最核心的“标准化生产”环节，本质上只是起到了信息传播的“媒介功能”而已。自媒体建构起来的“个体传播生态”，完全模糊了信息的客观、真实；受众选择的浏览内容，开始偏离以事实为依托的新闻，转变为以渲染为主导的轰动事件，受众对事实的信任度日趋降低。可以说，自媒体传播的最大问题就是越是偏激、冲突的观点，关注度就越高，传播就越广，从而让“后真相”现象有了立足之地。

从2016年开始，“后真相”（post-truth）一词备受全球关注。一般来说，“后真相”被定义为：相比于客观事实，情绪和个人信仰更能够影响舆论。2016年世界发生两起“黑天鹅事件”：英国脱欧和特朗普赢得大选。这一年，牛津词典把社交媒体推动的“后真相”一词列为2016年度热词。“后真相”时代意味着人们的情感战胜理智、心灵战胜头脑，事实和客观性正从公共生活中消失。美国著名政治学家约翰·基恩教授为我们形象地描述过“后真相”的传播图景。学者刘沫潇在《“后真相时代”的媒体与民主》（2018）一文中详细提及约翰·基恩的“后真相”观点。在基恩看来，四大因素共同构成如今的“后真相”时代：一是“谎言”（lies）——人们心中想说的与头脑中所想的往往不一致；二是“扯淡”（bullshit）—— 一种演说与沟通方式，往往不顾任何事实，扯淡者就是在“吹牛”；三是“插科打诨”（buffoonery）—— 一种吸引人的机制，包含“夸张”“玩笑”和“低级趣味”；四是“沉默”（silence）—— 一种特殊的沟通存在方式。可以说，大多数自媒体更多是情绪的传染扩散，几乎没有真相。约翰·基恩教授的上述形象描述，构成了我们观察当前自媒体的生存逻辑、舆论生态的重要维度。

以上所述，不过是移动互联时代带来困惑、冲突、悖论的几个具体切面。在当今的掌媒时代，大众传播媒介已经与大众生活水乳交融、难分彼此。大众传播媒介在人们日常生活中的地位举足轻重，尤其是伴随新媒介的发展而成长的年轻一代，大众媒介已经深深融入他们的日常生活中，构成了一种文化层面的强势渗透。笔者认为，最新移动媒介导致的大规模“掌媒沉迷”现象，正在强势入侵、深度渗透、日益麻痹每一个人的日常生活，全球各国都在出现新的社会问题。

第五节

媒介变迁，中国从“跟班”到“领跑”

从媒介技术变迁的历程作为纵坐标，我们可以发现，随着中国以智能手机为代表的“掌媒”普及，中国基本实现了与西方的同步甚至超前发展，这在以前四大主流媒介（报刊、广播、电视、电脑）的发展历程中，类似图景是不可想象的。

对比中西媒介的历程表明，包括数字技术、移动支付、共享经济、社交产业等互联网技术和模式在中国的孕育成熟，显示着中国正成为移动互联时代的“领跑者”，而智能手机为我国提供跨越式发展的绝佳机会的同时，也给我们的社会与生活带来深刻变革。

如果将中西方媒介变迁的考察视野拉长、拉宽、拉远，我们就会发现，在以智能手机为载体的移动媒介到来之前，中国四大主流媒介（报刊、广播、电视、电脑）的兴起与普及，从来都是落后于欧美西方社会。而从以智能手机为代表的“掌媒”兴起与普及开始，我国与欧美西方社会开始同步发展，甚至还稍微超前于欧美社会。

报刊媒介：中国“迟到”200年，普及落后100年

中国新闻界的大多数学者一般都认为，中国报刊的历史源远流长，最早源自唐朝官方的“邸报”，它堪称世界上最早形态的报刊。有的学者据此还认定：世界上第一份“报纸”诞生在中国。宋朝以后，中国先后有“朝报”“邸报”和“小报”，宋朝以后性质上出现中央报纸和地方报纸之分，据此认为中国比西方报刊的诞生要早800年。而在笔者看来，这种对比仅仅从称谓上进行溯源，其实缺乏相对一致的参考体系，多少有些夸大其词的嫌疑，有些反映了针对中国文化源远流长“贴金”的自大心态。实际上，如果从“官报”视角溯源的话，公元前59年古罗马时期恺撒就下令逐日手抄公报《每日纪闻》（*Acta Diurna*）（有的翻译成《罗马公报》），比唐朝（618—907年）所谓官办“邸报”都要早得多。

实际上，严格意义上的“报纸”概念界定，应该符合定期公开发行、刊登内容为新闻（或者时事）这样的核心要素。依据上述的标准，一般认为1615年在德国创刊的《法兰克福新闻》，被视为第一张“真正的”报纸；“报纸”英文一词（newspaper），最早出现在1665年英国第一家报纸《牛津公报》上。历经3个世纪的发展之后，19世纪的工业革命让廉价的报纸在西方社会普及开来。从此之后，中国的报刊事业才在西方的影响下逐步发展起来。1815年8月5日，英国传教士米怜在马六甲创办的中文宗教月刊《察世俗每月统记传》，被认为是中国第一份定期中文刊物。

《察世俗》中的新闻虽然很少，却出现了中国近代报刊新闻的几个之最：《月蚀》是最早的预告性新闻；《告贴》是最早的广告；《事逗娘娘悬人环运图》是最早的新闻图画。

从大体相同的坐标对比看，如果以1615年德国《法兰克福新闻》创刊为西方报业的起点，以1815年《察世俗每月统记传》中文月刊创刊为近代中国报刊的起点，中国近代报刊事业的起点要比西方社会“迟到”整整200年。如果以19世纪30—40年代西方廉价报纸普遍流行为坐标，中国商业化报纸普及则出现在20世纪30—40年代，普及流行过程整整落后西方100年。而且从一开始，在报刊理念、报刊经营、新闻观念等方面，中国都一直深受西方报刊发展与变迁的影响，构成了中国近代报刊事业基本遵循“拿来主义”的发展轨迹。

广播媒介：中国“迟到”20年，普及落后30年

从1820年发现“电生磁”、1831年发现“磁生电”作为无线广播的技术原点，人类此后用了六七十年时间，基本实现了无线电波的实践应用，并从此迎来电子媒介传播时代。1895年，意大利科学家马可尼、俄国科学家波波夫各自独立发明了无线电发报机；1901年12月12日，马可尼用火花式电报机，让无线电信号跨越3600公里大西洋，首次实现英国与加拿大之间的远距离通信；1906年圣诞节前夜，美国发明家费森登用调制无线电波发送出了音乐、讲话，完成了人类最早的无线电广播实验，这标志着无线电通信正式步入实用阶段——1906年12月25日，也被定为无线

电广播的诞生日；1914年，第一次世界大战爆发后，战地部队之间借助无线电技术实现了快速通信；1920年，美国第一个取得营业执照的商业广播电台——匹兹堡KDKD广播电台开始播音。此后，法英德意等国相继建立广播电台。

与中国近代早期报刊由外国人创办类似，中国最早的广播电台也由外国人创办。1905年，袁世凯在天津开办无线电训练班，同时购买无线电收发报机，装配在北京、天津、保定及北洋水师的军舰；1906年，中国组建电政司，规划中国无线电、电报、电话、邮政事业；1915年，袁世凯颁布《电信条例》，它也是中国第一部无线电电信条例；从1923年至1929年，上海先后创建3座广播电台；1922年，美国人奥斯邦在上海注册“中国无线电公司”，并与《大陆报》合办中国第一家无线电台“大陆报—中国无线电公司广播电台”。

从无线电技术正式投入使用——1906年无线电广播的诞生——的角度看，西方社会广播事业起点是20世纪初期，中国广播事业则从20世纪20年代开始，比西方社会“迟到”20年左右的时间。1920年匹兹堡KDKD第一个取得商业广播的营业执照，成为广播媒介在欧美社会普及的起点；中国广播媒介的普及流行，则出现在中华人民共和国成立后的50—70年代，比欧美社会整体落后30年左右的时间。

电视媒介：中国“迟到”20年，普及落后30年

与广播事业发展滞后同步的，就是以电视为主的影视事业。

1936年11月2日，在英国伦敦郊外的亚历山大宫，英国广播公司播出了一场颇具规模的歌舞节目，首次开办每天2小时的电视广播，一般这被认为是世界电视事业的正式开端；1936年第11届奥运会首次通过电视实况转播，共有16.2万观众观看；1939年，美国全国广播公司附属的电视台转播了纽约世界博览会盛况；1941年第一批商业电视台获准开业，标志着世界电视事业开始发迹。电视事业诞生以后，由于二战爆发经历了一段时间的停滞。

20世纪50年代以后，西方发达国家的电视事业发展迅速，电视日益成为大众传播的主流媒介。1958年，中国第一台黑白电视机在天津诞生与试播。当时，全国范围内也只有50多台黑白电视机；到1971年，全国建有电视台32座。而到了21世纪初，中国大陆的电视事业发展迅猛，电视覆盖率已经高达94%。

从电视媒介的兴起看，1936年是西方社会电视兴起的起点，中国电视事业兴起则出现在1958年，中国比西方社会同样“迟到”20年左右的时间。从电视媒介的普及坐标看，以1941年第一批商业电视台开业作为一个起点，20世纪60年代欧美社会普遍实现了电视媒介的普及。中国电视媒介的普及，则出现在20世纪90年代左右，普及过程整体落后欧美社会30年左右的时间。

电脑媒介：中国“迟到”10年，普及落后不到10年

大多数科学史学家把计算机的诞生，归功于查尔斯·巴贝奇于1832年在伦敦首次展示的差分机。作为一名数学家，他痴迷于系统与效率的研究，厌烦了用无休止的图表解决对数问题和没完没

了的乘除运算，用了10年时间研制了机械计算机。

1944年，IBM与哈佛大学合作成功制造了最早可编程的计算机——马克1号。到1962年，全世界约有1万台大型计算机，其中最强大的都集中在麻省理工学院这样的研究型大学、贝尔实验室等企业研究机构以及政府部门。1969年，全球最早的互联网——阿帕网——问世；1976年，苹果电脑公司推出了第一款个人电脑（PC）产品——苹果1号（Apple I），售价666美元，个人电脑革命由此开始。

世界第一台计算机诞生10年后，基于中美两国处于对抗的现实，中国通过向苏联学习，填补了自己在计算机领域的空白。1956年9月，中国成立了赴苏联计算技术考察团；1957年4月，我国经政府途径订购了M-3计算机和Б Э С М计算机图纸资料；1958年8月1日，我国第一台数字电子计算机——103机诞生，平均运算速度为每秒30次。1959年10月1日，我国宣布诞生第一台大型通用数字电子计算机——104机，平均每秒运算1万次，接近当时英、日计算机的指标。与此同时，20世纪60年代末70年代初，中国也开始研制微型计算机，最终于1974年6月7日研制成功“长城203”高级台式计算机，它也是中国最早的台式电脑。

纵观中美计算机的研发历程可以看出（如表1-1）[①]，除了“文革”动乱时期之外，中国计算机的研发进度在与国外的差距方

① 制表来自科技导报博客网站http://blog.sciencenet.cn/blog-336909-1003510.html。该博文在后注中指出，中国计算机学会于2010 年启动了《中国计算机发展史》的撰写工作，本文是《中国计算机发展史》部分章节的微缩版。

面，一直在逐年逐步缩减。当然，中美计算机媒介研发“时间差”方面的缩减，并不意味着中国实现了计算机技术的同步创新，只是代表了中国在借鉴、吸收与利用西方科技发展的进步。

表1–1　中美计算机研发历程比较

机型		第一代	第二代	第三代	向量机	大规模并行机	机群
国别	美国	1946	1959	1964	1976	1990	1994
	中国	1958	1965	1973	1983	1995	1998
推出时间相差年数		12	6	9	7	5	4

20世纪80年代中期之后，随着微软推出与逐步改进个人电脑的操作系统，PC电脑在欧美社会逐步普及；2000年前后，上网的PC电脑基本普及到欧美国家的普通家庭。从我国来说，2000年前后，我们同样迎来了互联网崛起以及PC电脑普及的加速期；PC电脑普及到中国的普通家庭，时间出现在2005年前后。可以看出，无论是计算机的研发，还是PC电脑的普及应用，中西之间的差距已经大大缩短，相比欧美社会整体只是落后10年左右的时间。

手机媒介：中西同步发展，甚至略有超前

大众媒介普及的加速，表现在智能手机作为主流大众媒介的时期，进一步凸显了中国与欧美社会之间差距的消失。作为人类历史上的重大发明，手机不过只有30多年的发展历程。短短30年

来，手机可以说基本“颠覆”了人类的日常生活。谈及手机的跨越发展历程，以下几个关键节点不可忽略：

——1973年4月，摩托罗拉公司工程技术员马丁·库帕（Martin Cooper）发明了世界上第一部推向民用的手机，他从此被称为“现代手机之父”。

——1983年，世界上第一台移动电话终于问世——摩托罗拉DynaTAC8000X（大哥大），它是世界上首部获得美国联邦通信委员会（FCC）认可、正式投入商用的蜂窝式移动电话。这个移动通信界的第一，奠定了摩托罗拉手机部门在移动通信业界此后20年不可动摇的地位。

——1992年12月3日，全球第一条手机短信诞生。当时只有22岁的英国工程师帕普沃斯，通过电脑键盘向朋友发出人类史上第一条手机短信——圣诞快乐！

——1993年，中国大陆的第一部移动电话摩托罗拉3200（大哥大）横空出世。

——1999年，全球第一部智能手机——摩托罗拉天拓A6188诞生，该手机支持WAP1.1无线上网，采用PPSM操作系统。同时，这款手机也是全球第一部具有触摸屏的手机，还是第一部中文手写识别输入的手机。

——2007年，苹果推出第一部iPhone智能手机。在乔布斯前所未有的伟大创新下，苹果手机颠覆了原有手机印象，真正推动了消费者的购买欲望，让智能手机真正地具备了一种全新的、前所未有的使用体验。

从手机媒介观察，基于中国作为全球化市场中的消费大国，各类更新换代的手机投入市场，中西基本是同步发售与消费，中国实现了与西方的同步发展，甚至还略有超前。与此同时，中国自主研制的智能手机小米、华为等品牌，借助西方之“芯”，凭借优越的性能与性价比，开始抢占全球智能手机份额，与苹果、三星等巨头争夺消费市场。截至2001年7月，我国手机用户达1.2亿户，已经跃居世界首位。2015年，美国皮尤研究中心（Pew Research Center）的调查显示[①]，中国使用智能手机的用户占人口总量的58%，其中18岁到34岁的年轻用户占85%，年轻用户成为中国智能手机使用的主体。

实现中西智能手机消费普及、里程碑式转折点的一大标志，是2009—2010年苹果公司iPad的问世。基于全球化商业利益的驱动，

① “皮尤研究中心”披露的各类民调数据，一直都备受各国学者、媒体平台转载或引用，本书其他章节还会涉及到该中心发布的相关数据，不再一一注明。美国皮尤研究中心是一家独立性的民调机构，总部设立于华盛顿区，日常运作受皮尤慈善信托基金资助，该中心会对那些影响美国乃至世界的问题、态度与潮流提供信息资料与统计分析，一直致力于五大项目的研究：1.皮尤全球民调项目；2.皮尤民众与媒介研究中心；3.皮尤网络与美国生活项目；4.皮尤宗教信仰与公共生活论坛；5.皮尤西班牙中心。

iPad的问世基本代表了中西移动媒介发展的携手并进。iPad是一款基于移动网络技术、移动的多媒体平板电脑，基本代表了物理空间融合的最高境界，同时也是“媒介移动化”突飞猛进的最佳例证。从此之后，中西社会的移动化媒介高速推进，内容与商业趋于融合，受众趋之若鹜。可以说，iPad这一轻巧便利的新新媒介，为中国用户带来了前所未有的应用诱惑。

目前，伴随移动互联网的深度拓展，以中美为主轴的中西之间竟然正在上演“5G争夺战”。全球多国都在积极争夺5G的控制权，都在力争尽早建成高水平的5G商用网络，以便在全球5G产业链中占据优势。以美国为首的西方国家担心，如果中国率先推广5G技术，中国就能获得先发优势，牢牢占据5G移动网络的制高点。

从技术进步的角度看，“5G争夺战”表明，发达国家正在刷新对中国发展的认知，中西方在最新媒介技术进步方面处于同台竞争水平，中国正成为世界上最大的移动互联创新孵化基地，成为移动互联时代的“驱动者、创新者、领跑者”，中国拥有了跨越式发展的绝佳机会。2017年5月，来自“一带一路”沿线20国青年评选出中国“新四大发明”——高铁、支付宝、共享单车和网购，其中三项都属于移动互联网领域。

第六节

手机成瘾，中国社会“领先”西方

智能手机这个原本最不起眼的“掌中玩物”，如今在中国迸发出巨大能量。以智能手机为核心的移动互联图景，从隐形层面为包括中国在内的各国社会带来深刻影响，显性进步光环下带来了隐性负面问题。对此，外国媒体一直高度关注中国人“依赖、痴迷、沉迷”智能手机的社会现象。

面对移动互联的“掌媒”时代，从中国的城市到乡村，从大街林立的综合商店到街边的菜市场、烧烤店，恐怕很难找到不能使用智能手机结算的交易场所。为此，连外国媒体都感叹，中国人对手机的“喜爱”程度，不禁让人担心：这样下去中国人会不会被吸到手机屏幕里？

外媒惊叹：中国迈入“脱现金社会”

我最早感觉到中国人对智能手机的依赖，是在2014年初。在北京和上海乘坐地铁时，放眼望去，车厢里几乎所有人都在看手机或者刷屏。那个场景作为“前所未有的生活情景”，鲜明地留在我的记忆中。

上述发生在中国的生活场景，是日本自由撰稿人中岛惠发表在《钻石》周刊（2017年6月3日）的一篇题为《为什么中国人患上了智能手机依赖症》中的一段描述。

作者中岛惠在这篇文章中还提及——

大约从一年前开始，在中国城市里，用智能手机付款已经变得很自然。据我所知，中国迅速发展到这种程度，进入“脱现金社会”，对于日本人来说难以想象。在中国，智能手机开始爆炸性普及是从2013年底开始的，那时距现在不过才三年左右。

2017年7月，《纽约时报》记者保罗·莫泽撰文指出，中国正在出现一种大胆创新的经济现象，手机支付成为一种默认的生活方式；中国正在系统地、迅速地抛弃纸币和硬币，如此惊人的转变在前几年无法想象。

从智能手机的发展历程看，中国智能手机“万物互通、在线支付、智能互联”的推进速度之快，恐怕连乔布斯都难以想象。在中国迎来“掌媒”时代之际，吃饭、打车、网购、预订、转账等都可以通过简单的手机操作轻松完成。可以说，智能手机这个原本最不起眼的“掌中玩物”，如今在中国正迸发出巨大能量——包括数字技术、移动支付、共享经济、社交产业等在内的互联网技术和模式已经孕育成熟，成为中国用户承载文化与思想、消费与创业、娱乐与休闲、社交与交流等等诸多功能于一体的“集大成者”。

外媒关注：中国深陷“手机成瘾”

与此同时，我们还必须看到，以智能手机为核心的移动互联图景，从隐形层面也为中国社会带来了隐患。中国人深陷“手机依赖”现象，正是很多外国媒体关注的焦点所在。

从2009年中国微博崛起开始，在不到10年的时间里，中国就实现了从PC互联网到移动互联网的华丽转身。早在2012年，新加坡《海峡导报》（*The Straits Times*）就曾关注过“中国微博成瘾（或沉迷）”现象。2012年5月，《海峡导报》指出：“数据显示，中国网民的微博数目已经是一年前的四倍，年轻的中国人越来越觉得微博不可或缺。据悉，中国大约半数网民都有微博账号，数目达到惊人的2.5亿。”

2016年7月，法国《回声报》报道称，中国人对手机十分依赖，不管是蹒跚学步的孩童，年逾八旬的老人，游泳池里的女子还是送货途中的快递员，几乎人手一部手机。同年，英国《每日电讯》（*The Telegraph*）发表专栏作家海伦娜·霍顿（Helena Horton）的文章称，在中国，手机成瘾低龄化的趋势令人关注。一些沉迷于网络和手机的青少年，还会被父母送至“半军事化管理的训练营”，尽管这种做法在中国引发诸多争议。英国广播公司（BBC）还曾提及，中国也是首先将网络成瘾列为临床疾病的国家之一。《日本经济新闻》网站（2016年7月27日）报道称：“为了让生活更加方便，中国手机服务仍在不断升级。然而正是这种方便，最终导致中国人患上‘手机依赖症’。”

2017年，全球知名调研机构Counterpoint的数据显示，全球近50%的人口使用手机；在所有手机用户中，近25%的用户每天花在手机上的时间甚至超过7小时。这份调查还得出一个看似有趣、实则严峻的结论：最喜欢玩手机的是巴西人，每天平均5小时都在玩手机；中国人平均每天3小时都在玩手机，位居全球第二；排名第三到第八的分别是美国、意大利、西班牙、韩国、加拿大、英国，每天平均玩手机时间超过2小时。对于中国人玩手机时间不能排名第一，很多网友表示“严重不服”，还专门留下了一个经典段子——

年轻人有三样东西不能碰——手机、熬夜和《王者荣耀》；越碰你越会觉得，单身一个人可真有意思。

这里提及一个调查数据，多少让人触目惊心。2016年3月，360手机用户调研中心发布的《智能手机依赖度调查报告》显示，重度依赖手机者高达12.4%，每天使用手机时间超过6小时，重度使用者每天解锁屏幕高达850次，平均每小时35次；中度使用者每天使用2—5小时，占比达到57.1%；90后重度手机依赖者超越80后，甚至未成年的00后也开始加入重度手机依赖的大军。笔者认为，不管在地铁，还是马路边，或者是餐厅里，“机不离手”已经成为我们国人的生活常态，手机依赖症已经成为我国很严重的社会问题，我国国人普遍有着比发达国家更严重、更强烈的手机依赖症——至于中国人手机依赖症是否全球最严重，我们还难以盖棺定论。当然，从全球范围看，手机依赖症已经在全球各国蔓延；年轻人日益黏着智能手机，也是令包括欧美、日韩等发达国家头痛的社会问题。

外媒解读：中国缘何“手机成瘾”

笔者注意到，针对中国日益沉迷手机现象，各国媒体进行过各种解读，主要归纳为：

一是中国“手机万能论”。

《日本经济新闻》报道称：“人们（中国人）吃饭时单手玩手机，开会时藏在桌下玩手机，甚至过人行横道和开车时也不放下手机……此情此景，不免令人十分担忧。”德国《世界报》网站（2016年5月6日）报道认为，中国年轻人喜欢用智能手机“搞定一切”日常生活，甚至连计划生孩子都通过“小程序”平台完成，由此还推测“很多中国人离开智能手机简直没法活”。2016年8月，《纽约时报》曾做过一个5分钟的短视频《看看中国正如何改变你的互联网》，介绍了微信的强大功能，告诉美国的“吃瓜群众”，中国人是“多么会玩”。在这段视频中，《纽约时报》把微信形容成像瑞士军刀一样的无所不能的“超级App”，“微信是一个——用一个可能不恰当的词——超级应用，它像是一把瑞士军刀，能帮你把所有事情都办妥”。在很多外媒看来，中国人借助智能手机无限便利了日常生活，唯一的缺点或许就是：中国人已经没有办法离开它们了。

二是中国“手机娱乐论”。

《华尔街日报》（2015年8月18日）报道称，中国人通过智能手机过上了丰富多彩的生活，中国存在世界上最大的互联网文化。报道称：“中国的优势是什么？技术往往更便宜，人们可以频繁地换手机”，“中国人甚至开发出一种商业模式，可以合法地在手机上播放新一季《权力的游戏》，而且全免费！”《纽约时报》（2010年4月19日）报道称，网络成为中国人的娱乐方式，在中国的很多年轻人看来，网络之所以让他们感到兴奋，不是因为它提供了一种叛逆途径，而是因为网络为他们提供了各种社交与娱乐选择。《世界报》网站认为，因为“不像欧美那样，在移动互联网时代来临之前，社会的娱乐选择已经相对丰富”，所以在中国4G和准5G网络推广迅速的情况下，中国年轻人在智能手机使用方面超过西方的同龄人。

三是中国“手机减压论”。

《日本经济新闻》报道称，在中国，手机多少有助于排解生活中的烦恼，人们可以免费无限量下载喜欢的节目和音乐。报道指出，中国娱乐活动较少，信息有限，人口流动也有诸多限制。与欧美和日本等发达国家相比，在这种拘束的环境中，智能手机的出现或许对中国人来说简直非同一般。当然，日本媒体的如此分析，让中国网友哭笑不得。在中国网友看来，当今中国人最不缺的恐怕就是娱乐，国内舆论都在呼吁警惕“娱乐至死”了，还以为中国人“缺乏娱乐”？

总而言之，对中国来说，手机新媒介的确带给了我们无数便捷与惊喜，与此同时也带来了无数麻烦与烦恼；当我们从手机新媒介那里收获到一些好处的时候，我们同时也浸染上一些坏处。中国人普遍深陷“手机成瘾”背后折射出来的，一方面是中国的移动互联网已经处于领先地位，另一方面是中国人的媒介素养、媒介文明严重滞后的残酷现实。

第二章 形影不离

——手机器官化

▶ 场景一：“机”不离身

新的一天开始了，睁开眼第一件事，摸摸手机在哪里；

公交车地铁上，玩玩微博微信微视频消磨时间；

吃个饭，一边看手机视频一边傻笑，不管不顾旁边坐着的爱人、朋友、孩子；

蹲个坑，手机顺便带去“杀毒”……

▶ 场景二：生活“手机化”

我们睡觉之前接触的第一个媒介是手机，我们醒来之后接触的第一个媒介依然是手机，甚至除了跟身旁的人睡觉，我们也在跟手机睡觉。我们的沟通在手机、消费在手机、办公在手机、娱乐在手机……

▶ 场景三：手机没电恐惧症

越来越多的人已经对手机形成“恐惧症”。这种恐惧症来源于手机越来越少的电量。每当看到手机电量少于50%的时候，这类人就会感觉浑身难受，需要马上找到充电器才有顺畅感、满足感、安全感。有人戏言，长这么大，唯一能坚持下来的事，就是每天给手机充电。

第一节

媒介依赖，传播学大师眼中的图景

人类媒介变迁带来进步的同时，还带来媒介依赖。在移动互联的“掌媒”时代，传播媒介支配着人们的时间、交往、娱乐、消费，人们的一切社会活动长期沉浸在媒介世界建构的依赖情境之中。

面对这样的“媒介依赖”情境，昔日传播学大师们已经为我们提供了多重视角的洞察、批判与预警。

随着传播技术的发展和人类交往范围的不断扩大，大众传播媒介在社会生活中的作用越来越突出，人们生活的每个环节几乎都与大众传播媒介纠结在一起。谈及媒介依赖，一般包括受众对媒介技术、媒介工具、媒介内容的依赖三个层面。简要梳理昔日传播学界大师关于媒介依赖的批判、洞察与预警，可以发现这本身就是人类与媒介互动史上不可或缺的组成部分，更是“掌媒”时代探讨手机媒介如何继续影响与控制人们生活的逻辑起点。

媒介技术引发一切变革

媒介对人类产生深远影响的现象研究，学术界一般将其纳入媒介异化范畴。异化（alienation）一词，创始于黑格尔，继承于费尔巴哈，完成于马克思；主要意蕴是指主客体异位或颠倒，主体在一定的发展阶段分裂出对立面，变成外在的异己力量。所谓媒介异化，一般是指媒介的人化与人的媒介化相互转化过程中发生变化、出现偏差，人与媒介之间的关系发展到媒介成为支配与控制人的主体或者主体的力量。

谈及媒介异化，就不得不提及加拿大传播学大师麦克卢汉。尽管麦克卢汉没有直接使用“媒介异化”概念，但他从媒介技术变迁发展的宏观视野出发，因其实际聚焦媒介对人的生活产生强大影响的透彻阐释、深刻领悟、精确预警，而一直“活在”我们这个新媒体高度发达的时代。

麦克卢汉认为，真正支配人类历史文明的是传播技术，而不是传播内容。一种新的媒介出现，无论传递什么内容，这种媒介本身就给人类社会带来了某种信息，引起某种变革；每一种媒介的产生都改变了人类感知与认识世界的方式，改变了人的感觉，创造出新的社会行为，进而认为媒介技术决定了人类社会的不同文化模式，改变了人类社会的阶级和权力的关系。麦克卢汉在《理解媒介》中曾经发出警告：“一旦拱手将自己的感官和神经系统交给别人，让人家操纵——而这些人又想租用我们的眼睛、耳朵和神经并从中渔利，我们实际上就没有留下什么权利了。”

很长一段时期内，麦克卢汉对“媒介技术决定一切”的深刻认识，被划归到“媒介技术决定论”学派，他也因对媒介技术的极端认知而备受批判。然而，麦克卢汉被归入“媒介技术决定论”代表性人物，一直受到来自中国的学者、《理解媒介》一书的译者何道宽的多次批判。在何道宽看来，人们对麦克卢汉媒介观的认识一直存在很多误读，把麦氏打入“媒介技术决定论”就是误读之一。

媒介对人的“控制与异化”

对于媒介对人类形成“控制、异化”现象，从传播学的视角来看，大致可以从“媒介经验学派、媒介批判学派、媒介环境学派”三大传播学派①以及“后现代传媒理论”体系②四个方面得到

① 三大传播媒介学派的划分，只是出于粗线条概览需要，其在实践中其实不仅局限于传播学领域，还涉及社会学、哲学、心理学等领域。媒介经验学派（media empirical school），主要指以美国学者为代表的传统学派，一般再被细分为“哥伦比亚学派、芝加哥学派、耶鲁学派”，该学派在传播学研究中一直占有主流地位。他们多从行为主义角度进行研究，研究中注重经验材料和实证考察；传播经验学派具有定量经验主义、功能主义和实证主义的主要特征。媒介批判学派（media critical school），萌芽于20世纪60年代，70年代兴盛，80年代成为传播学研究中的主流之一。起源于欧洲，至今仍是以欧洲为中心，具体以德国法兰克福流派影响较大，还包括芝加哥学派、伯明翰学派等重要分支流派。区别于美国实证分析、经验研究派别立场，该学派坚持批判观和方法进行研究。媒介环境学派（media ecology school）产生于20世纪60年代，是继传播学经验学派、批判学派之后形成的一种传播学派。

② 所谓“后现代传媒理论”，只是后现代主义体系中一个细化的研究领域。从理论上说，“后现代主义”是一个很难给予精准定论的概念，它是20世纪中叶出现的一股世界性文化思潮，在哲学、社会学、神学、教育学、美学、文学和艺术等各个领域都引起巨大反响，最早出现后现代主义的是哲学与建筑学领域，最初指向美学现代主义的一种“反动”（批判）。一般来说，“后现代主义”均反对以各种约定俗成的形式界定或者规范主义。

集中反映。

一、从媒介经验学派看，该学派采用实证方法研究了媒介对人的思想行为的影响。实用主义哲学家和心理学家米德（Mead，1863—1931）在《心灵、自我与社会》中，分析了传播对自我建构的意义，揭示了自我是如何在社会的互动或社会行为过程中产生的。美国著名传播学者桑德拉·鲍尔-洛基奇（Sandra Ball-Rokeach）和她的丈夫社会学家密尔顿·罗基奇（Milton Rokeach），采用一个“准实验法”研究设计，就电视媒介对人们价值观念的影响进行过专门研究，他们系统地回顾了22个不同类型的实证研究，发现其中95%的实证表明传媒接触导致价值观发生变化，从实证层面显示了媒介接触影响价值观，这些实证研究为后来“选择性接触”和“媒介使用与满足”理论形成奠定了基础。

二、从媒介批判学派看，批判学派的三大具体分支（法兰克福流派、芝加哥流派、伯明翰流派），都对大众传播媒介及其传递内容在现代社会中的作用与意义进行分析，批判了媒介对人的控制与异化。法兰克福学派将传播和文化的研究整合起来，开辟了批判性传播研究的新视野，从商品化、物化、意识形态和控制等视角出发，对媒体文化进行批判性关注。马尔库塞（Herbert Marcuse，1898—1979）进一步扩展了法兰克福学派批判技术理性的早期观点，他在《单向度的人》一书中指出：“生产机构及其所生产的商品和服务设施‘出售’或强加给人们的，是整个社会制度公共运输和通信工具，衣、食、住的各种商品，令人着迷的新闻娱乐产品，这一切带来的都是固定态度和习惯，以及使消费者比较愉快地与生产者进而与社会整体相联结的思想和情绪上的反应。在这一过程中，产品起着思想灌输和操纵的作用。”在马尔库塞科技意识形态批判中，内含“媒介即意识形态”的洞察论断。英国文化研究（伯明翰学派）将文化研究置于一种社会生产与再生产的理论中加以研究，在关注阶级、青年亚文化、种族、性别的视域中，看到了媒体文化的重要性，批判了媒体文化在控制与抵制的过程交织在一起影响着年轻人的价值观。

三、从媒介环境学派看，异军突起的媒介环境学派则以麦克卢汉的《理解媒介》、哈罗德·英尼斯的《传播的偏向》、尼尔·波兹曼的《娱乐至死》、约书亚·梅洛维茨的《消失的地域：电子媒介对社会行为的影响》为代表。区别于传统传播学经验学派，环境学派关注技术、环境、媒介、知识、传播和文明的演进，从宏观上重点考察了媒介对人类生存的影响，重视媒介长效而深层的社会、文化和心理影响，试图揭示媒介隐含的、固有的结构对人的感知、理解和感情的影响。阿尔文·托夫勒“第三次浪潮”理论、曼纽尔·卡斯特“网络社会”理论认为，信息与网络深刻影响了人类社会结构和生活形态。

四、从后现代传媒理论看，后现代传媒理论的主要代表——美国的马克·波斯特（Mark Poster，1941—　）和法国的让·鲍德里亚（Jean Baudrillard，1929—2007）[①]，都用后现代化理论范式

① 马克·波斯特，美国当今新一代马克思主义批判理论者，出版有《第二媒介时代》（1995）、《互联网怎么了》（2001）等著作；让·鲍德里亚，法国著名的后现代思想家、哲学家和社会学家，著有《消费社会》（1970）、《符号政治学批判》（1972）、《拟像与仿真》（1981）等作品。

解释媒介对社会文化的影响。马克·波斯特重点研究了后现代语境下的新媒体和新技术，提出了我们生活的数据库时代就是一个“超级全景监狱”。他认为，随着电脑数据库的降临，一种新的话语、实践开始在社会场中运作，你可以把社会当作一个“超级全景监狱”——在这种监狱中，狱卒能监控到所有囚室中的犯人，狱卒本人却不会被犯人看到，隐喻新媒体与新技术正以一种更隐秘的方式，实现对大众的彻底控制。让·鲍德里亚则从后现代的视角出发，批判了后现代传媒对社会心理和个体心性健全所造成的威胁，进而对传媒在文化工业生产中消蚀意义的功能加以清算。比如，从高科技化的传播媒介中，让·鲍德里亚看到的是一个“信息愈多，意义愈少”的符号世界，当代社会就是由大众媒介所构建的“仿真与拟象”（simulacra and simulations）社会，“仿真与拟象”取代了原本的真实世界，揭示了媒介权力对人的自主性、自由意志的无形消解。

个体更易出现“媒介依赖”

我们生活在由媒介构成的世界，“媒介即生活”的日常图景，根源于人类整体及其个体的媒介依赖。

早在20世纪70年代初，桑德拉·鲍尔—洛基奇（Sandra Ball-Rokeach）和梅尔文·德弗勒（Melven L. Defleur）就提出了著名的“媒介依赖理论”（Media System Dependency），比较系统地考察了人类对媒介依赖的各个层面。当时他们考察的重点，主要是对报刊、广播、电视这样的传统媒介进行探究，核心是从受众、媒介、社会三者互动的角度，考察媒介传播效果，探讨媒介传播影响力及其产生途径，全面透视媒介与整个社会结构和其他组成部分的关系。

一直以来，经典的“媒介依赖理论”分别从社会、组织、群体以及个人不同层面探讨媒介效果。从宏观层面看，“媒介依赖理论”认为社会系统、媒介系统与受众三者之间相互依赖，认为在社会变动剧烈时期，比如自然灾害、政治危机、战争年代等，受众对媒介系统的依赖会加深。从微观层面看，“媒介依赖理论”注重研究个体对媒介依赖的实证考察，认为个人从特定媒介上所获得的满足愈多，对媒介的依赖就会愈深。从理论上讲，媒介与个人之间的依赖关系具有双向性；在现实生活中，媒介依赖

图2-1　“信息”时代？（张滨漫画）

更多地表现为个人对媒介的单向性依赖，实际上包括媒介技术依赖（比如移动互联技术、VR技术）、媒介工具依赖（比如智能手机、社交平台）、媒介内容依赖（比如社交媒体的鸡汤文、抖音短视频）等不同层面。随着移动化媒介技术的飞速发展，我们可能还有这样的错觉：由于媒介变迁整体代表着人类社会及文明的进步，个体对媒介依赖所产生的不良影响，往往被遮蔽或淹没在社会对媒介利用带来的巨大便利与进步之中；因此，在很多人的心目中，个体性媒介依赖所带来的种种后果可以忽略不计，无须对此“大题小做”。

媒介成为“为恶服务”的工具

如果从社会系统层面的宏观视野观察，对媒介依赖批判最透彻的西方传播学大师，理应包括美国的保罗·拉扎斯菲尔德（Paul F. Lazarsfeld，1901—1976）与罗伯特·默顿（Robert C. Merton，1910—2003）两位大师。[①]两人在合著的《大众传播、流行趣味与组织化社会行为》（1948）一文中，充分阐释了大众媒介在现代资本主义社会中扮演的“社会—政治”角色及其商业媒介在维护资本主义霸权方面所起的作用，从宏观社会结构体系这样的批判视野出发，深入探讨了大众传播的三大正负功能：一是所谓“授

① 保罗·拉扎斯菲尔德，是传播学领域“哥伦比亚学派”代表人物，传播研究领域的拓荒者之一，实证调查创始人、两级传播理论开创者，被施拉姆称为“传播学奠基人”。罗伯特·默顿，早年曾在科学社会学领域颇有建树，因深受拉扎斯菲尔德的影响，1941年两人同年进入哥伦比亚大学，开启二人在大众传播领域长达35年的合作生涯。

予地位”；二是“促进社会准则实施”；三是“精神麻醉品”。

论及媒介负面功能时，这篇传播学经典文献提及：“大众媒介是一种既可以为善服务，也可以为恶服务的工具；总的说来，如果不加以适当的控制，它为恶服务的可能性则更大。”这篇文献深入分析了大众媒介负面功能的四个方面：一是丧失判断——削弱公众的辨别力和对社会的批判精神；二是降低品味——降低大众的审美鉴赏力和文化水平；三是占用时间——大众媒介剥夺了人们的闲暇时间；四是麻醉人的精神——大众媒介成了最高尚、最有效的一种社会麻醉品。可以看出，拉扎斯菲尔德、罗伯特·默顿及其他们所代表的“哥伦比亚学派”所持立场与观点，背后有着对大众媒介在现代社会中的角色以及影响的深刻洞察，具有浓烈的媒介批判色彩。

大众媒介变成“时间窃贼”

西方传播学集大成者和创始人威尔伯·施拉姆（Wilbur Lang Schramm，1907—1987），在传播学界一直有着“传播学鼻祖”“传播学之父”的美誉。1949年，由威尔伯·施拉姆编撰的第一本权威传播学著作——《大众传播学》出版，标志着传播学新学科的正式创立，这部经典著作收录了政治学家、心理学家、社会学家、语言学家以及许多其他学科专家对传播学的一些研究成果。在传播学界，施拉姆一直善用形象比喻说明抽象理论，诸如“绿洲”“租界”“十字路口”“时间窃贼”“自助餐厅”等比喻，都已经成为传播学的常用术语。

在1973年出版的美国传播学奠基之作《传播学概论》中，威尔伯·施拉姆提到，美国人平均把醒着的近乎四分之一时间用在媒介上，而且这个数字还在增长。到了1979年，调查统计显示，98%的美国家庭有电视机，平均每天7小时开着电视。时隔6年后，美国人平均把醒着的近乎二分之一时间耗在了电视媒介上。对于媒介依赖，施拉姆形象地指出，大众传播媒介是“时间窃贼”（thief of time）。大意是说，大众媒介产品大量占据受众的闲暇时间，甚至开始占据受众的工作时间、交流时间，成为“时间窃贼”，“人们却心甘情愿地让这个温情而聪明的窃贼盗走大量弥足珍贵的时间”。必须指出，人类过去不久的主流媒介——电视，在世界范围内垄断人们的自由时间曾经达到相当严重的程度，来自美国传播学界的“媒介经验学派”针对电视媒介做过大量的实证调查，这也是施拉姆等很多传播学大师考察“媒介依赖”现象的重点领域之一。

大众传媒的娱乐功能不可或缺。但伴随着大众媒介过度娱乐化、商业化、低俗化，媒介的娱乐功能逐渐异化；娱乐功能的过度、泛滥与失调，使得广大受众总是沉迷于“媒介假日”，让人沉醉在虚幻的满足之中，大众传播媒介进而异化为施拉姆笔下每个人的“时间窃贼”。

电视媒介塑造“娱乐至死”

尼尔·波兹曼是继麦克卢汉之后世界上最重要的媒介文化研究学者之一，他于1971年在纽约大学首创“媒介生态学”专业，开始对美国的强势媒介进行深入探讨。作为麦克卢汉的忠诚信徒，尼尔·波兹曼还对“媒介即讯息”进行了补充、完善、修正，提出了“媒介即隐喻”“媒介即认识论”等观点。尼尔·波兹曼所著的两部代表作《娱乐至死》与《童年的消逝》，皆从媒介生态学和媒介文化学的角度，以“媒介即隐喻”和“媒介即认识论”为基础，深入分析了媒介娱乐化现象，深深忧虑于媒介社会化造成人的异化。

其中，《娱乐至死》一书以搞笑的表达口吻，梳理了人类如何从“阐释时代”（以印刷、文字为核心）进入“娱乐时代”（以科技、碎片化为核心），探究了人类曾经奉若经典的文明硕果是如何一步步走下神坛进而分崩离析的。波兹曼指出：当公众话语日渐以娱乐方式出现，人可能就会变成娱乐至死的物种。他在《娱乐至死》中提到：“有两种方法可以让文化精神枯萎，一种是奥威尔式的——文化成为一个监狱，另一种是赫胥黎式的——文化成为一场滑稽戏。”“一切公众话语日渐以娱乐的方式出现，并成为一种文化精神。我们的政治、宗教、新闻、体育、教育和商业都心甘情愿地成为娱乐的附庸，毫无怨言，甚至无声无息，其结果是我们成了一个娱乐至死的物种。”

在《娱乐至死》这部畅销书中，尼尔·波兹曼把对人类缔造舒适、完美生活的“良善科技”当作枪靶子，把当时最先进、最具魅力的大众媒介代表——电视——送上了道德的审判庭，“娱乐至死”图景豁然而出。尼尔·波兹曼的有力批判，原本是聚焦电视媒介构建的媒介环境以及如何影响人们的思想行为的。但在掌媒时代，“娱乐至死”生活图景更加得到了鲜明印证——现代人更加被淹没在了微博、微信、抖音、快手等社交媒体所建构的“娱乐泥沼”“快感泥沼”“信息泥沼”，自得其乐地沉浸在媒介世界，人们再度变成“容器人”“屏幕人”“手机控”。

图2-2　尼尔·波兹曼《娱乐至死》一书的封面上，展示了美国家庭沉迷电视的场景

笔者认为，上述西方传播学大师对媒介依赖图景的深刻阐释，多少都局限于电视占据主流媒介的电子媒介时代。如今，面对从PC互联网到移动互联网，面对崭新的掌媒时代，我们就更有必要对“新新媒介”依赖图景进行深刻批判，并从人的主体意识视角出发，清醒地认识与避免“新新媒介”对人类的异化。

第二节

成疯成魔，媒介即日常生活

我们人类已经生活在“媒介包围圈”之中，习惯并依赖于此。智能手机上的无数提醒、无数功能，都把人们的注意力吸引到屏幕前；我们对手机媒介欲罢不能的依赖、迷恋、沉迷，多少有些“成疯成魔、成瘾成癖”。

伴随支付移动化、医疗数据化、消费拇指化、交往在线化等日常生活需求常态化，手机更加把人们牢牢地拴在屏幕面前。于是，在这个移动互联的时代，满街皆是“低头族”，随处可见“手机控”，人人都是“拇指党”。

自从19世纪30年代人类进入大众传播时代以来，人类社会开始进入“媒介化生存”阶段。整个社会与社会个体对媒介的依赖，其实已经无法自拔。随着人们对媒介技术及其媒介的驾轻就熟、游刃有余，人们的生活已经与媒介融为一体，不分彼此。

环境“拟态化”

美国政论家沃尔特·李普曼（Walter Lippmann，1889—1974）

在其所著《公共舆论》（也有译作《舆论学》）中，开创了如今被称为“议程设置”的早期理论思想。在这部公认的传播学领域奠基之作中，李普曼提出了“拟态环境”（pseudo-environment）概念。他认为，人类生活在两个环境之中：一个是身外世界的现实环境；一个是脑海图景的拟态环境。拟态环境是存在于头脑中关于世界的看法，是大众传播活动形成的信息环境，不是客观环境“本真式”“镜子式”的客观再现。比如，在二战期间，德国纳粹党就运用广播大肆宣传战争的正义性，给德国军队洗脑，鼓舞战士们的作战积极性。在现实生活中，人们很容易把媒介世界和现实世界混淆。比如，1938年当美国广播台播出广播剧《火星人入侵地球》时，听到该剧的群众信以为真，纷纷采取搬家等行动。李普曼眼中的“拟态环境”，是一种虚拟环境、媒介环境、信息环境，实质是一种自觉或不自觉的社会控制机制。

“拟态环境”概念提出之时，美国只有报纸、广播媒介，电视、互联网都尚未进入李普曼的考察视野。互联网出现后，“拟态环境”在新媒体环境下更为突出，变得更为复杂、隐蔽，甚至变得更加投机取巧。随着博客微博、个人主页、微信朋友圈、微视频等社交平台日益深入生活，这些现代化媒介通过虚美化、审美化甚至扭曲化的视觉图景加深影响着每一个人，人们在不知不觉中将这些媒介营造的“拟态环境”看作了解世界的重要参照。这种拟态环境已经不是客观事实本身，而是真实客观的“临摹”，是一种与现实世界并存的“拷贝世界、象征世界、梦幻世界”。

当今社会，我们所处环境“拟态化”最真实的微观呈现，就是手机拍照的美颜现象。最原始的手机照片，原本只具有最简单的再现功能，是真实事物“镜子式”的真实呈现；智能手机厂商以及“美图秀秀”所代表的社交软件通过强化美颜功能，正在重新诠释照片的意义内涵，让原始照片变得“符号化、变形化、审美化”；它们的切入口就是视觉美化，最后挥出的重拳就是人脸美颜。自从出现类似“美图秀秀”的美颜功能之后，每个人都可以通过那个神奇的App软件，从此变得无比坦然、自信而强大。毕竟，经过修饰、滤化与美颜之后的自拍照、风景照、美食照等等所有一切的“真实”呈现，从此都可以完美到让自己迷恋一生，完美到让朋友圈好友为之点赞、羡慕、向往。

生存“媒介化”

早在1982年，美国学者约翰·奈斯比特（John Naisbitt）在其所著《大趋势——改变我们生活的十个新方向》一书中就指出：“失去控制和无组织的信息在信息社会里并不构成资源；相反，它成为信息工作者的敌人。”从全球媒介版图发展态势看，从西方的Google、Facebook、Twitter到Uber、Amazon，从中国的百度、微博、微信到滴滴打车、阿里巴巴，早已经取代了传统媒介的学习、娱乐、教育、购物等各种功能，他们都在通过建构自身的“媒介生态环境”，转移用户、争夺用户、吸附用户，进而打造自身的商业产业帝国，无形中熏陶与控制着我们每一个人。

一般来说，很少人会因各种媒介的重重包围感到丝毫窒息。相反，人们往往更愿意处于“媒介化生存”状态。我们关注媒介所关注的焦点话题，享受媒介所创造的娱乐盛宴，我们的所思所想、所言所行、所喜所好，甚至是思维方式都和媒介紧密地联系在一起，几乎都是由媒介创造。可以说，我们通过媒介“消遣娱乐”，通过媒介“了解真相”，通过媒介“联通外界”，通过媒介“建构生活”，从而让“媒介化生存”变成我们日常的真实生活状态，变成了“媒介即生活”。

面对“媒介即生活”图景，我们对媒介依赖其实已经无法自拔、身不由已。不得不承认，媒介成为我们身边一种难以抗拒的工具，在为人们不断满足娱乐、消费、生活等需求的同时，隐蔽无情地把人们的言谈举止、生活行为、思想观念完全钳制化、模式化，剥夺了人们真实生活的洒脱、自主与选择。由此出发，在当年尼采喊出“上帝死了”之后，我们也不得不感叹：“媒介即生活”时代，“人也死了”。

自我“虚假化”

与我们生活的媒介环境“拟态化”密切关联的，则是社交平台自我呈现的“虚拟化、过滤化、虚假化”。社交媒体兴起后，社交性满足了个体之间的互动，社交媒体的互动属性已经具备了“表演舞台”特征，成为观察自我呈现的绝佳平台。

莎士比亚在《皆大欢喜》中说过，这个世界是一个舞台，我们都是演员。300多年后，美国学者欧文·戈夫曼（Erving Goffman，1922—1982）在所著《日常生活中的自我呈现》（中译版，2016）一书中，冥冥中回应了莎士比亚的这句名言。1959

年，欧文·戈夫曼就提出了“自我呈现”（self presentation）概念，他把缘起于乔治·米德等人的“符号互动论”纳入日常生活自我呈现的微观分析，抽丝剥茧地梳理了人们的日常披露与表演。从此，社会科学研究中出现了前台（front stage）与后台（back stage）、给予（give）与流露（give off）、个人与剧班（drama-class）等一组组崭新的概念。在欧文·戈夫曼所建构的“拟剧理论”看来，人就像舞台上的演员，要努力展示自己，以各种方式在他人心目中塑造自己的形象，其核心手段是“印象管理”（impression management），意即在人际互动过程中，行动者总是有意无意地运用某种技巧塑造自身形象，选择适当言辞、表情或动作制造印象，使他人形成对自己的特定看法，据此做出符合行动者愿望的反应。1982年，戈夫曼因癌症在费城去世，他无缘亲眼见证互联网的迅猛发展、社交媒体的快速普及。

如今，欧文·戈夫曼阐释的“拟剧理论”及其“自我呈现”，被广泛用来阐释社交平台鼓励的自我展示。如果把当今的社交媒体平台视为一个巨大的“虚拟剧场”，我们每个人都在这个舞台进行精心表演，目的是为了建构自我的“理想形象”。学者董晨宇、丁依然在《戈夫曼遇到互联网——社交媒体中的自我呈现与表演》（2018）一文中分析认为，社交平台的自我呈现，可以概括为八个字：给予强化、流露弱化。所谓给予，就是我们有意传达的那部分信息；所谓流露，就是我们无意间传达的信息，比如一个眼神或者体态。该文章认为，在社交媒体的自我呈现中，我们那些难以控制的眼神和微表情都被隐匿在电脑和手机屏幕前；

与此同时，我们所讲的话、上传的照片都经过精心包装，让我们对自己的形象有了更好的掌控力。

社交网络上的自我呈现，远非“修饰、过滤、美化”如此简单；人们在社交网络上的自我呈现，甚至已经挤压掉了“真实自我”呈现，用网友诙谐的说法是：社交平台是广大“戏精们”发挥的一个最好舞台。可能有一个质疑是：既然社交平台变得“虚假”，现实社交就能做到真实的自我呈现吗？可能的答案是：我们日常生活中的自我“印象管理”，或许不会总能成功，但现实生活中伪装自己则要困难很多，原因同样可以借用戈夫曼的“给予与流露”解释。在现实中，人们之所以难以伪装自己，就在于面对面沟通中很难掩饰自己“流露”了哪些信息；而在社交平台则不同，我们可以完全掩饰自己到底“流露”了哪些信息。用更通俗的表达就是：在社交平台的虚拟网格中，没有人知道你在和一条狗聊天。

可以说，在虚拟的社交平台中，人们真实而复杂的一面被无限缩小，完美而精致的一面被无限放大。

生活“手机化”

在4G（不久将来的5G）时代移动网络的支持下，智能手机已经成为一个集通话、视频、上网、购物、娱乐、社交等多重功能高度融为一体的手持终端设备，一举实现了报纸与手机、电视与手机、电脑与手机的完美结合：它比电视更普及，它比报纸更互动，它比电脑更易携带。智能手机在全球的普及与使用，可能是人类历史上消费技术被接纳最快的一种媒介。

随着手机终端大屏化和手机应用体验的不断提升，手机这个最初只有通话、短信功能的通信工具，已经变成可以承载各种信息乃至生活需求的接收终端。智能手机因其贴身移动性、私人性、自主性、交互性，成为最普遍的移动个人多媒体应用终端。为了适应智能手机的长期在线化，许多软件商开发了新的应用平台。良好的第三方应用软件在手机上的安装和应用，使得智能手机和应用平台更加深度融合。可以这样说，智能手机已经摆脱了互联网PC门户时代对上网场所、时间的约束，每一部手机都可以是社交终端、消费终端、娱乐终端，每一只手、每一个衣袋、每一部手机都可以成为一家互联网网吧。

伴随支付移动化、医疗数据化、消费拇指化、交往在线化等日常生活需求的常态化，人类个体所有活动需要、生活需求、精神生活等方面都可以借助手机终端完成，手机已经把人们牢牢地拴在屏幕面前，“手机即生活”时代已经来临。于是，在这个移动互联的时代，满街皆是“低头族”，随处可见“手机控”，人人都是“拇指党”。虽然有人开始对公众场合随处可见的“低头族”唏嘘不已，可我们每个人或多或少就是其中一员，为此已经习以为常、麻木不仁。事实也正在证明，手机作为一切流量入口的终端格局已经形成。2018年1月，“Hootsuite”和“We Are Social”两家机构推出关于全球社交网络调查报告《2018年全球数字报告》（Digital In 2018）。报告显示，2017年全球将有近25亿新用户首次上网，非洲增速最快，整个互联网用户数量同比增长

20%以上；2017年有超过2亿人获得他们的第一台移动设备，全球76亿人口中的三分之二拥有手机。

加拿大记者道格拉斯·哈多（Douglas Haddow）在《数据谋杀——人类已知社会的全面终结》（2017）一文中，写到了对我们这个移动互联时代的深度忧患："我亲眼见证过我们这代人中最优秀的一批人，正被那无穷无尽的浏览刷屏经济吞没。在一个手机比人类还多的世界里，创新自然会渐渐疲乏，我们在想象力方面经历了一场重大失败，而把互联网这个看似是介于人类与黑暗未来之间唯一的存在，变成了一个最多只是披着金衣的计算机。"

图2-3　"朋友圈转疯啦，谁不转没文化！"
（张滨漫画）

第三节

媒介沉迷，现实生活的“病态”画像

从大众媒介的发展历程可以看出，印刷时代培养了人们理性、逻辑性的思维方式，爱书之人被称为“书虫”；电视技术带给人们即时图像的直观信息，痴迷电视之人被称为“电视人”；网络技术带给了人们碎片化信息、感官刺激，迷恋网络的人被称“网虫”；移动互联带给了人们资讯过剩、社交过剩、娱乐过剩，沉溺手机之人被称为“手机控”。

现实中的媒介沉迷现象，酣畅淋漓地反映在无节制地使用媒介的“电视人”“网虫”“手机控”等群体身上。

伴随媒介技术的进步，人类一方面更加便捷地利用媒介，另一方面也被无孔不入的新媒介“捆绑”。现实生活中出现的媒介沉迷现象，酣畅淋漓地反映在无节制地使用媒介的“电视人”“网虫”“手机控”等群体身上，他们将过多过量的时间与精力投入媒介营造的虚幻世界中，全身心沉浸于媒介提供的喜怒哀乐，将媒介世界作为他们的“精神家园”。

沉迷手机，再现“沙发土豆”

中国演员葛优曾在电视剧《我爱我家》中扮演纪春生，该角色在剧中将身体完全躺在沙发上的放松形象，被称为“葛优躺”。2016年以来，带有“葛优躺”形象的图像、符号、文字席卷社交媒体，意寓网络在线时代人们沉迷手机的行为状态，一度成为朋友圈分享的炙热表情包。

其实，在美国社会，早就出现过一个专业术语——“沙发土豆”（couch potato），意思是“以看电视和录像带消磨时间的懒人”，相应想象之中的画面场景是：一个或者一群人蜷缩在沙发上，手里拿着遥控器，嘴里吃着土豆片，一直跟着电视节目转。这个术语最早出现在1976年的美国，1993年“沙发土豆”被收入《牛津英语词典》。作为大众传播媒介的电视，很长一段时期一直深刻影响着西方社会的日常生活；20世纪80—90年代，电视同样深刻影响了几代中国人。如果说“娱乐至死”是电视媒介对人们思想控制的表现，那么“沙发土豆”就是电视媒介对人们行为控制的表现。

我们会发现，中国网民热衷聊侃“葛优躺”幕后，正是美国过去“沙发土豆”现象在中国的变异回归。伴随移动互联的实现，人们如今都面对着更加人性化、智能化小屏的视觉诱惑——手机电视、在线聊天、视频直播、场景购物、手机影视……凭借小小的“屏”，人们可以第一时间欣赏《花千骨》《云中歌》《琅琊榜》，随时随地玩《绝地反击》《王者荣耀》，随时随地切换到“抖音频道”……如此多的信息诱惑，让每一个人下班回家之后，随便来一个舒服的“葛优躺”，窝在床上或躺在沙发的某个角落，刷刷朋友圈，看看电影，玩玩游戏，心甘情愿地做起网络在线时代的“沙发土豆”。为此，有网友戏言：毁掉一个人最好的办法，就是给他一部手机。

从“鼠标土豆”到“网络成瘾”

伴随PC互联网的发展，人们的日常生活越来越多地打上了网络烙印，尤其对于那些在网络环境中成长起来的年轻一代，出现了“鼠标土豆”（mouse potato）群体画像，“鼠标土豆”成为最新描述网络一代年轻人依赖、沉迷网络媒介的新词，指向那些电脑网络的沉迷者。

与过去“沙发土豆”们一般固守于客厅沙发、依赖单一电视媒介、专注于某个（些）频道不同，“鼠标土豆”们有了更多选择、更大诱惑、更深依赖。从媒介载体看，“鼠标土豆”手里拿着电脑鼠标、手机等多种终端，能够在“多屏”跨界相互穿插中随意游离；从专注目标看，他们所关注的内容不会再忠于一个或几个频道，而是更多的网络化、碎片化内容，面临更多“一心二用”的诱惑。从依赖状态看，“鼠标土豆”们依然拥有“沙发土豆”的放松感与娱乐感，有着娱乐与社交的双重需求，更易实现“不识庐山真面目，只缘身在此山中”的沉浸感、消磨感与麻醉感。

至此，“网络成瘾症”（英文一般使用Cyber Addiction、Computer Addiction或Internet Addiction）成为互联网兴起后的普遍

社会现象。早在2000年，美国斯坦福大学的一项调查发现，全球约有20万网民患有“强迫型性上瘾”病。也有人认为，网络上瘾使用“网络的病态使用”（Pathological Internet Use，简称PIU）表达更合适一些。“网络成瘾症”的主要表现就是过分依赖网络，失去对现实生活的兴趣。有以下几大症状的网民似乎比比皆是：1.亢奋——上网后精神极度亢奋并乐此不疲，长时间使用网络以获得心理满足；2.逃避——通过上网来逃避现实，时常出现焦虑、忧郁、人际关系淡漠、情绪波动、烦躁不安等现象；3.虚幻——整天游荡在虚幻的环境中，对现实生活无兴趣；4.失控——不上网时手指会不停地运动，严重时全身打颤、痉挛、摔毁器物；5.绝望——有人因陷得太深而不能自拔，最终走上自杀的道路。

从“网络成瘾”到“手机成瘾”

这样的生活场景，我们每一个人似乎都不会陌生：

每天起来第一件事就是打开手机，晚上睡前最后一件事是放下手机。

我们无时无刻不在刷手机，上班时、吃饭中、厕所里……如果不得不离开一段时间，回来之后的第一件事，就是急不可耐地看看手机有没有新消息……

在4G时代以及即将迈入的5G时代，流量像水和空气一样，成为人们生活不可或缺的组成部分，智能手机就是承载流量的出入口。我们真正的生活轴心，似乎永远在网络里，在手机端，在流量中。

2016年，来自腾讯方面的数据显示，仅微信一项，就有半数中国用户每天使用长达1.5小时。在日常生活中，无数人“机”不离手，已经患上“手机上瘾”症状。很多人都清楚，其实不应该浪费这么多时间在手机上，但总会因各种冠冕堂皇的理由，始终无法控制自己。2017年，美国宾厄姆顿大学研究人员曾调查过182名大学生的手机使用情况。根据他们日常使用手机的频率，分为“深思熟虑”“经常”“密切”“狂热”和“上瘾”5个等级。7%的调查对象使用手机“成瘾”，12%的人达到“狂热”。这个研究团队提及，如果有下列任何一种情况，你可能需要得到专业帮助：1.你把手机当作逃避问题或者缓解无助感、罪恶感、焦虑和抑郁的途径。2.你更关注虚拟世界发生的事情，反而忽略现实世界。3.你经常查看手机，即便它并没有发出提示音。4.一旦手机不在身边，你就神思不清、度日如年。

相对于网络成瘾现象，长时间依赖于玩手机的手机成瘾，显得更加“随风潜入夜，润物细无声”，更具有广泛性、诱惑性、隐蔽性。与网络成瘾的本质一样，手机成瘾对人的行为习惯、社会交往、生理心理危害更大。手机媒介对人的异化与控制，正是过去以来大众传播媒介对人异化的延续、深化。笔者认为，人类最不可忽视手机媒介异化带来的严重社会问题。如何反思与化解手机成瘾现象，正在成为全球各国都关注的焦点话题之一。

第四节

人的延伸，
媒介“器官说”之源

加拿大传播学大师、“怪才+鬼才”的两大论断——“媒介即讯息”与“媒介即人的延伸”，一直以来都备受全球崇拜。

在麦克卢汉看来，印刷媒体是人的眼睛（视觉）的延伸，广播电话是人的耳朵（听觉）的延伸，电影电视是人的综合感觉（视觉、听觉、现场感觉）的延伸，电子计算机是人的大脑系统的无限延伸。

谈及智能手机是人身体新器官之前，必然要提及被称为“怪才、鬼才”的加拿大传播学大师马歇尔·麦克卢汉，及其他的两大论断：“媒介即讯息”“媒介即人的延伸”。他是传播媒介被形象地比喻为人的身体“器官说”的鼻祖。

“怪才+鬼才”麦克卢汉

被称为“怪才+鬼才”的麦克卢汉，一生本身就颇具传奇色彩。传播学领域大多数人认为，加拿大哲学家、教育家和媒介批评家麦克卢汉是“大众传媒理论之父”，他是研究大众传媒对社

会影响的一位真正杰出的理论家。时至今日，麦克卢汉因其准确预言媒介对人类生活的深刻影响，而成为一直“活在当下”的学术明星，他对“媒介与讯息”关系的分析，对我们认识与理解大众传媒的角色产生了深远影响，对塑造整个20世纪以及21世纪初始阶段的社会发挥了关键作用。

麦克卢汉的一生勤于“学位”，先后获得了5个学位——1933年与1934年，他取得曼尼托巴大学的学士学位与硕士学位；1936年，他取得剑桥大学学士学位与硕士学位；1943年，他取得剑桥大学英语文学博士学位，先后完成数次学术转向，“流窜于”工科、文学、哲学、文学批评、社会批评、大众文化研究、媒介研究等多个学术领域。1951年，麦克卢汉第一本专著《机器新娘》出版，深入分析了报纸、广播、电影和广告所产生的社会冲击和心理影响，但该著作在当时并没有产生多大影响。20世纪60年代在其奠基之作《理解媒介》问世之前，麦克卢汉可谓一直是不名一文，衣着随便，丢三落四，面相清瘦，一直在大学以教英美文学谋生。

对麦克卢汉的褒与贬

或许正是麦克卢汉多元交叉的求学经历、知识背景与学术建构，才成就了他的两大奠基之作——《古登堡星系》（1962）、《理解媒介》（1964）。这两部著作让麦克卢汉开始崭露头角，让他在20世纪60年代“火”了一把，在人文学科领域引起强烈震撼。1964年美国著名的《国家》杂志把麦克卢汉列为风云人物；1969

年，竟然连《花花公子》杂志都耐不住寂寞，拿出足够版面，由杂志的头牌记者埃里克·诺顿采访了麦氏，《花花公子》称他为“流行崇拜中的高级祭司和媒介形而上学家”，杂志刊发了对麦克卢汉的数万字访谈专题，一时间“麦克卢汉热”风靡美国。

尽管此后“麦克卢汉热”一度销声匿迹，但随着电子信息技术、新媒介技术对整个社会带来的深刻影响与变化，麦克卢汉从20世纪80年开始再次声名鹊起，面对“如同天书、文字诡谲、巧舌如簧”的著述风格，人们对麦克卢汉的评价一直呈现两个极端：高度褒扬与高度贬低。“褒扬派”认定，麦克卢汉是“继牛顿、达尔文、弗洛伊德、爱因斯坦和巴甫洛夫之后的最重要思想家”，是“电子时代的代言人，革命思想的先知”。“贬低派”则认为，麦克卢汉是“通俗文化的江湖术士”“电视机上的教师爷”“攻击理性的暴君”“走火入魔的形而上巫师”等等，认为其文字“刻意反逻辑、巡回论证、同义反复、绝对、滥用格言、荒谬绝伦”。

媒介即人的延伸

上述关于麦克卢汉传奇一生的简述，有助于我们理解他思辨性阐释的作品风格。无论如何，麦克卢汉当时就得出了最著名的让后人震惊的两大论断：一是“媒介即讯息”；二是“媒介即人的延伸”。

所谓“媒介即讯息”，基本大意在于：当今社会是一个媒介社会，媒介的方式决定了人类社会的交往方式；有什么样的媒介，有什么样的媒介传播模式，就有什么样的社会关系，在我们的社会生活中发挥深刻影响的是社会主导媒介的形态，而不是媒介所承载的讯息。此外，麦克卢汉还用生动形象的比喻，高度概括了媒介的本质特征——“媒介即人的延伸”，认为媒介技术可以是人的任何延伸，使用不同的传播技术会影响人类感觉的组织。具体来说，“媒介即人的延伸”有两个方面的含义：

第一，媒介是“人体器官的延伸”。在麦克卢汉看来，每一种媒介技术从它相应的身体部位逻辑地延伸出去，人类制造的各种工具借以刺激、放大和分割其肢体的力量，并予以强化，进而加快了行动和交往的过程。这个论断一般被具体阐释为以下几个层面：印刷媒体是人的眼睛（视觉）的延伸，广播、电话是人的耳朵（听觉）的延伸，电影、电视是人的综合感觉（视觉、听觉、现场感觉）的延伸，电子计算机则是人的大脑系统的延伸。

第二，媒介是“人体器官功能的延伸”。在麦克卢汉看来，任何一种非电子媒介技术，都是人体个别器官以及机能的延伸；而任何一种电子媒介技术，则是人的中枢神经系统及其机能的延伸。对于电子媒介延伸人类大脑中枢神经机能的深远意义，麦克卢汉极为推崇地预言：“电力媒介所引发的人的意识延伸，会引进一个千禧盛世”，“在这个世界里，人的意识会从机械世界的枷锁中解放出来，到宇宙中去翱翔”，“电脑技术是我们的意识延伸成为一种普世一体的环境。人们有一种感觉，我们受到电力技术信息的包围，这种环境就是我们意识的延伸”。

麦克卢汉的两大论断，显然是建立在洞察基础上的思辨性推论，并非建立在科学考察的基础之上。不可否认的是，上述对电子媒介的论断预言，符合此后世界潮流的发展趋势。在笔者看来，麦克卢汉实际上隐约地指出了“电脑是人脑的延伸”的预判。在其所著《理解媒介——论人的延伸》（第一版，1964）序言中，麦克卢汉写道：“我们正在迅速逼近人类延伸的最后一个阶段——从技术上模拟意识的阶段。在这个阶段，创造性的认识过程将会在群体中和在总体上得到延伸，并进入人类社会的一切领域，正像我们的感觉器官和神经系统凭借各种媒介而得以延伸一样。” 1964年，麦克卢汉在纽约演讲时曾预言：“有一天，我们可能都有便携式计算机，像听诊器那么大，它让我们的个人体验网络化，大脑与外部世界直接互联。”

囿于当时时代的局限性，麦克卢汉对电子媒介的论述，还是基于登上传播媒介中心的电视媒介为中心展开的，暂时“止步于”对电脑等电子媒介的推测，网络传播、网络媒介尚未深度进入这位大师的思考视野。至于手机到底是人哪些方面的延伸？手机到底是人身体的什么器官？这位传播界哲理大师其实并未深入阐释。沿着麦克卢汉“媒介即人的延伸”的洞察思路，手机成为人身体“器官”的笼统说法，成为描述当代人们沉迷手机形象而深刻的一种比喻。

第五节

智能手机，融入人体的“第二智脑”

互联网原本已经是大众媒介之媒介，智能手机则更胜一筹，成为移动媒介之媒介，成为媒介技术和传播内容的“集大成者”与“终结者”。

智能手机时刻带着丝丝人体的“体温”，延伸了手、腿、眼、耳、口甚至大脑的多重功能，成为人身体最具黏性的“附加器官”，甚至成为每个人随身携带的“第二智脑”，部分代替着我们大脑的感知度、判断性与思考力，成为人的意识的延伸。

在人类发展的历史长河中，人类总是试图延伸自己的器官功能，以抵抗外界的压力，获得身心的愉悦与平衡。如今“集大成者”智能手机的普及，再次验证了麦克卢汉40年前的精确预测，推动着媒介即人的延伸、人体“器官说”继续流行。

手机兼顾了“说话和走路”

传播学大师麦克卢汉曾经论及：“任何新媒介都是一个进化的过程，一个生物裂变的过程。”在麦克卢汉的媒介视野中，衣服是皮肤的延伸，用来抵抗寒冷；轮子是脚的延伸，用来抵抗远途奔走的疲劳；口语是思想的延伸，用来表达思想；电话是耳朵的延伸，用来听远处的声音；电子媒介则延伸了人的中枢神经系统，是一次从技术上模拟意识的延伸。

麦克卢汉极为推崇神奇的电子媒介世界：电报能千里送话传书；电话能使人远隔重洋通话交谈；广播电台能够由一个主持人对千百万听众说话；电视把起居室里的人的举手投足、神态表情显露无遗；电脑把人类一切媒介集于一身，开创了一个与物质世界迥然不同的虚拟世界。他认为，电子媒介把人变成“无形无象”的符号，把没有血肉之躯的人送到远方。

当然，当时电子媒介没有延伸人类的所有器官功能，因为不管是电视、电影还是互联网等电子媒介，都没有解放人类的手，延伸人类的腿。麦克卢汉理论的继承者和拓展者保罗·莱文森在《手机：挡不住的呼唤》一书中指出：“人类有两种基本的交流方式：说话和走路。可惜，手机之前的一切媒介，即使是最最神奇的电脑，也分割了说话和走路、生产和消费，直到手机横空出世。”“手机之前的一切媒介都把人拴死了，或拘束在室内，或钉死在椅子上。……用这些媒介时，你移动就不能说话，你说话就不能移动。”

智能手机承载着“电脑+网络+移动”的三重技术革命，把人从机器面前和禁闭室内解放出来，把我们送回大自然，把我们送入一个广袤的虚拟世界，使我们恢复了同时说话和走路的天性。只要有一个手拇指操作的手机，你就可以“一指定乾坤”——你可以斩断室内与电脑面前的“脐带”，四处漫游世界，你可以在任何地点一边走路一边说话，手机是家园之外的家园、移动的家园，是人类第一个“流动家园”。

手机延伸了人的所有感官

互联网原本已经是媒介之媒介；智能手机则更胜一筹，成为移动中的媒介之媒介，成为媒介技术和传播内容的“集大成者”与“终结者”。

最初的手机功能不过是移动通信终端，用来拨打与接收电话；短信的出现，使手机能够收发文字，手机开始具备第一媒介报刊的功能；彩信的出现，使手机可以同时收发图片、文字和音频，逐渐有了第二媒介广播的功能；手机电视的出现，使手机有了第三媒介电视的功能；宽带网络以及Wi-Fi的普及，让手机有了第四媒介PC电脑的功能；移动网络与在线社交革命的出现，则让手机成为高度融合报刊、广播、电视、电脑之后的第五媒介，成为大众媒介中的“媒介之王”，成为移动媒介中的“媒介之主”。

很显然，智能手机实现了麦克卢汉预言的“媒介即人的延伸”的全部内涵：第一，手机解放了人类的双手，人不需要再像电脑那样敲字，可以通过语音控制（即声控菜单）联络外面的世界，控制电话的接听或拒绝；第二，手机大大延伸了人的腿，人类从此可以离开固定室内，遨游现实与虚拟结合的世界；第三，手机无限延伸了人的耳朵功能，即时听到来自最遥远的声音；第四，手机无限延伸了人的眼睛功能，通过小小屏幕看到最远处的“真实”世界；第五，手机还部分替代了人的嘴巴，可以让手机替我们与周围进行“对话”。

可以说，智能手机将过去被割裂的器官全部“整合”在一起，深深地植根于人体，成为人体的一个重要部分。手机在人体的延伸方面达到前所未有的新阶段，甚至不再是麦克卢汉说的“人的器官延伸”，而成为人的意识的延伸。于是，我们看到了人体身上新的“六位一体”：手、腿、耳、眼、嘴，以及带有体温的一个金属铁盒——手机。手机通过无缝接通人的“手+腿+耳+眼+嘴”，共同组成身体上的一个新的说话机器人、行动机器人、智能机器人。

手机承载了基本社会生活

智能手机高度提升了人类延伸自己的欲望与能力，极大扩展了身体的潜能，无形中成为我们身体的组成部分。人的背景、人的地址、人的整个社会关系都被储存在手机上。手机和人之间形成了一种身体依附关系，我们每时每刻必须携带它，依赖它，呵护它。于是，人人都变成“电子人”，手机设备由外置变成内置，手机融入人的身体，成为我们身上不可缺少的一部分。手机的接触与使用已经超越了年龄的限制；人的整个一生，手机无不如影随形，相伴终生。

智能手机编织了一个无限拓展的网络世界，每个持有手机的身份都置身于“在线化网格”中，并占据其中的一个环节。

因为手机“储存”了人的社会关系的全部——同事、朋友、亲友、领导、购买方、消费者、在线医生……人的交往能力变得无限“增强”，人们随时随地可以连接任何遥远的地方。人们的多项社会活动，包括信息获取、阅读、社会交往、消费娱乐乃至社会参与，都集中在手机之上。通过智能手机，我们的社会关系可以“随身”“随行”“随现”；人类通过把身体“捆绑”在手机上，借助手机实现了身体的“无时不在”，参与到“身体不在场的社会互动”。

人与手机正在“完美融合”

2015年，腾讯公司移动互联网事业群推出《时代的变换》一书，CEO马化腾在序言中提到：“移动互联网的出现，让智能手机延伸了眼、耳、口等功能，成为人类新的器官。人类这种延伸自己的欲望与能力在不断提升。……仿生猫耳朵、仿生狗尾巴已经能够传递人类的脑波与意识。”

这是中国科技界大佬对智能手机作为人的身体“器官”之说的最新表述。如果仔细梳理，我们就会发现，自从麦克卢汉提出“媒介即人的延伸”以来，类似媒介“器官化”、手机“器官化”的隐喻表达一直比较流行。但迄今为止，还没有人深入思考这样的一大疑问：智能手机到底是人身体的什么“器官”？它难道仅仅是人身体四肢与五官的“感官综合体”？随着5G时代的到来，智能手机所能做到的，显然不单纯是“感官综合体”，而是走向更加互联化、智能化、人性化。人与手机媒介的最完美融合，很快会出现以下生活场景——

早上起床场景：在床上喊一声“请告诉我今天天气如何”，智能手机随后回答：早上好，你今天起床很早啊。今天天气多云转阴，中午有小雨，出门别忘了带把伞！

中午办公室场景：对着手机轻轻地喊一声：请帮我预约到家空调及时开机。另外，请通知“厨房机器人”，提前1小时在家煮饭……

下午下班时场景：主人请注意，你今天没有完成“健步走”，你的健康数据出现一点偏差，请及时去医院检查……

作为后天赋予人的身体“新器官”，智能手机显然无法与人类大脑的高度复杂系统媲美，但智能手机有望通过智能化端口的入口对接，让人类生活深度进入“虚拟即现实、现实即虚拟”的VR场景。比如，对于那些心脏存在极大风险的人，凭借植入的报警芯片，手机就可以随时记录心跳情况，一旦出现异常，手机可以实时通知自己与亲友。再比如，只要你“告诉”手机你最近胃口不好，想吃什么菜，它就可以直接为你选出最适合你的口味、你最近常去的一些餐厅。可以说，人类还从来没有像智能手机时代这么懒过：饿了不用做饭，手机拿出来点外卖；不懂之处不用问人，直接手机搜索；同学聚会不必在场，虚拟直播随时在线；日常健康状况，手机即时收集传输健康数据，发送到私人家庭医生……

至此，一个更加智能化、人性化的“人即媒介、媒介即人”时代即将到来。如今，那些严重手机依赖症患者，其实是手机发出指令、大脑受其支配、身体做出反应。在这样的一系列动作中，手机实际上充当了大脑的作用，大脑反倒成为“中转站”，这一切都可能是人类大脑活动退化的前奏。

智能手机，人体的“第二智脑”

笔者认为，智能手机除了代替了人的四肢与五官，还部分地代替人的感知与思考，可以与“我们”进行对话、感知、思考，部分代替了人的大脑功能，变成了人身体随时携带的“第二智脑”。所谓“第二智脑”，简单说就是手机的人工智能化、思维化，与我们每个人的身体融为一体，能够形成一些基本的感知度、判断性、思考力，可以部分替代人的大脑功能。

从科技发展的视角，完全可以佐证笔者推论的“智能手机将成为人体‘第二智脑’”的判断。2017年11月，在吉隆坡举行的华为亚太创新日大会上，华为软件工程部副总裁张宝峰传递了一个具有诱惑性、前瞻性的观点：人工智能（AI）将会让智能手机变成“有智力的手机”；在智能手机中增加人工智能，将会带来技术上的巨大转变，它将会彻底改变人们的生活。他认为，移动人工智能将改变智能手机的两个重要方面：一是人机互动的有效性；二是针对具体情境的开放性。他表示：“如果你观察整个生态系统，人工智能将彻底改变手机，将智能手机变成具有智力的手机。”

当手机可以蹲在马桶上一键下单时，当声控系统可以语音操控时，当密码支付可以实现人脸识别时，当智能手机可以识别谁是真正的主人时……我们不由得感到忧虑：人类这个世界上最高级的动物，每时每刻都在面对手机这个“智能化大脑”的时候，到底会产生怎样的后果？伴随人工智能的加速到来，人类可能会很快适应智能手机带来的比大脑快速、比大脑准确、比大脑省事的日常生活体验，人们从此再也不愿意从身体卸下附着的这部“人工智脑”，整个人类会不由自主地适应智能手机“互联化、智能化、人性化”的蜕化过程。

图2-4　我们深度处于“@来@去”的在线网络时代[1]（张滨漫画）

① 本漫画作品曾获2013年第二十三届“中国新闻奖”三等奖、广东新闻奖一等奖。

第六节

智商迟钝，手机何以“绑架”大脑？

用手机和智商高低有关系？智能手机导致你我他的智商下降？这听来让人匪夷所思，但是目前各种研究的结论是：智能手机正在绑架我们的大脑，正在“拉低”我们的智商。

尽管类似实验结论过于武断了一些，但来自科学家、心理学家的各种预警，无疑从各个侧面反映了人类深度陷入手机依赖的现实。智能手机依赖与沉迷可能带来的各种不良影响，值得我们每个人审视、反思与警醒。

有人认为，现在的智能手机越来越聪明，手机用户却越来越蠢。随着人类对智能手机依赖日常化、普遍化、渗透化，除了传播学大师们的洞察与预警之外，各国科学家、心理学家都在积极介入探讨智能手机与人类智商关系的研究课题。[①]从目前看，各种研究尚未完全有定论；各种发现以及结论一方面显得幽默风

① 本文所述事实性材料与有关结论，皆来自中外媒体的公开报道，笔者主要是对一些重要的研究结论进行归纳、梳理。

趣，另一方面更是发人深省。

“手机控”，身体器官功能或有变！

手机控必看！马桶上玩手机的人，7个器官慢慢受损！

低头玩手机，身体器官的变化让人吃惊！最后一个很吓人……

手机控们：勤刷手机，拇指变大！

上面这几个看起来耸人听闻的标题党文字，我们每一个手机用户可能都从不同渠道获取过、浏览过、一笑而过，现实生活却是确有此情。对此，我们面对来自医生“沉溺手机损害健康”的警告，其实已经作为生活常识烙印在脑海。首先，长时间盯着手机屏幕，眼睛会受损。长时间盯着手机屏幕，容易导致视力模糊和干眼症。已有权威数据显示，儿童每天持续使用手机超过2小时，3个月后视力就可能从1.0下降到0.5。其次，长时间低头会导致脊柱变形。长时间低头状态会压迫脊椎，引起脊椎侧弯或颈脖、头部、肩膀疼痛，容易出现弓腰驼背等不良姿势。再次，长期沉迷于智能手机，还可能导致睡眠质量下降、注意力障碍、记忆力减退、血压上升等变化。

长时间玩手机致拇指变粗壮？很多受访者对此坚信不疑。2016年6月CNBC报道称，英国每20名成年人中就有1人认为，经常用大拇指刷手机会导致这个拇指变粗。英国移动运营商O2对近2000名手机用户的调查显示，5%的受访者认为，经常使用大屏手机会增加大拇指的工作量，致使拇指变粗，这一比例在18—34岁人群中达到13%。在认为拇指变粗的受访者当中，拇指变粗的程度平均达到15%。

长时间玩手机容易口臭？这也是有一定的科学依据。日本News-postseven新闻网（2017年11月6日）报道称，玩手机超过半小时会口臭。为此，日本口腔专家中城基雄解释说，民众看手机时会低头，这种姿势会减少唾液分泌。同时，如果民众看手机时与谁也不说话，下颚不动无法刺激唾液分泌；唾液不足状态如果维持30分钟，引起口臭的细菌就会增加，从而导致口臭。

智能手机上瘾，可能引发抑郁！

“智能手机已经毁掉了一代人吗？”（Have Smartphones Destroyed A Generation? ）这是2017年8月《大西洋月刊》刊出的一篇封面文章标题。文章认为，智能手机时代成长起来的青少年更容易抑郁，而且拥有更高的自杀倾向。

这篇文章的作者是心理学教授简·M.腾格（Jean M. Twenge）[①]，她把出生于1995—2012年的一代称为“iGen”（即“网络一代”）；她认为这类人没有网络难以生活，并且比千禧一代（1981—2000年出生）更容易抑郁，并将原因归咎于智能手机

① 简·M.腾格，美国圣地亚哥大学心理系教授，十几年来一直关注“千禧一代”相关的研究，文章及其新锐的观点常刊于《时代周刊》《今日美国》《纽约时报》和《华盛顿邮报》等报刊，《NBC日界线》等节目对她进行过连线采访。她的两部个人著作《我一代》（*Generation Me*）（2006年）、《自恋大流行》（*The Narcissism Epidemic*）（2009年）都先后被翻译成中文出版。因其观点表达的标签化、新锐化，她对年轻人生存个性的阐释受到了一些美国媒体的推崇。当然，美国很多学者对其阐释的观点，多少也有些褒贬不一。

的普遍使用。简·M.腾格认为，“iGen一代”与朋友和同年人的沟通，主要通过智能手机这样的数字化方式完成，造成的负面影响是他们很难面对面地与真人沟通，并且一一列举了她观察到的现实案例，还列出一些有趣的数据：美国八年级青少年每周花费10小时以上时间在社交媒体上，他们的不开心指数是其他消耗更少时间在社交网络上的同龄人的56倍；每周花费6—9个小时在社交媒体上的青少年当中，有47%的人感到孤独或者不开心。

对上述的研究结论，尽管有些学者持有质疑态度，有关“智能手机与人的孤独、抑郁”之间关系的研究，却是目前来自不同国家、不同学者都关注的重要课题，而且都在不约而同地得出相对一致的结论：智能手机上瘾，直接关联抑郁、暴躁等行为或者状态。这里再列举几个研究案例及其成果——

1.智能手机上瘾导致大脑的化学物质紊乱，更易出现抑郁、焦虑等症状。2017年12月，美国北美放射学会年会（RSNA）发布的一项最新研究显示，年轻人过度沉迷于智能手机和互联网，会使大脑中的化学物质失衡。这项研究设计使用磁共振技术观察青少年的大脑，研究由19名平均年龄为15.9周岁的对比测试者组成—— 一组人被诊断患有互联网或智能手机成瘾症；另一组是19名性别与年龄匹配的健康测试者。韩国首尔高丽大学神经放射学教授Hyung Suk Seo发现，在抑郁症、焦虑、失眠和冲动方面，互联网和智能手机上瘾的青少年组有更高分数。测试结果还显示，与健康组对照显示，成瘾的青少年在前扣带皮层（脑部的一块区域）中有更高的伽玛氨基丁酸（中枢神经系统重要的抑制性神经递质）和谷氨酰胺（号称“大脑的能量来源”，有助于克服各类上瘾症）比值。

2.使用智能手机的行为习惯，与交往焦虑与孤独感有一定关联。2016年4月，中国科学院心理研究所在其网站公布过一项研究[①]，智能手机使用行为与人们的交往焦虑及孤独感有关。中科院心理所的研究组采集了127名Android手机用户的手机使用数据及对应的交往焦虑、孤独感量表得分。结果表明，包含电话功能的使用，系统类、美化类、健康类、浏览器类应用及人人网软件的使用频率，其中16个特征有统计学意义。孤独感得分高的用户，会接听到较少电话（包含上午、下午、晚上及是否是通讯录联系人来电）；孤独感得分高的用户，会使用较多的系统、美化、健康及浏览器类应用，且会使用较多人人网应用。

3.重度智能手机用户往往最孤独、最焦虑、最沮丧。2018年4月BBC报道称，智能手机的过度使用，就像任何其他类型的物质如鸦片滥用一样，最重度智能手机用户往往最沮丧、最焦虑、最孤独。这个结论发现来自于旧金山州立大学埃瑞克·佩珀（Erik Peper）和理查德·哈维（Richard Harvey）所带领的研究团队，该研究已发表在《神经调节》（*Neuro Regulation*）上。佩珀解释说，对智能手机上瘾，会在大脑中形成类似于毒瘾的联系，这些联系是随时间慢慢形成的。这个研究团队调查了135名大学生对

---

① 在中科院心理所的网页上，这项实验性研究成果注明得到了国家重点基础研究发展计划（973项目，基于生物、心理多模态信息的潜在抑郁风险预警理论与生物传感关键技术的研究，2014CB744600）课题资助。

智能手机的使用及其感受，得出“使用手机的学生最容易感到孤独、沮丧和焦虑”。两位教授建议，可以训练大脑减少对手机和电脑的依赖。比如，关掉手机的推送通知和其他类似提醒。

智能手机如毒品，容易上瘾！

十几年来，康涅狄格大学精神病学教授、互联网和技术成瘾中心的创始人戴维·格林菲尔德（David Greenfield）一直从事研究互联网使用的行为追踪，一直关注“电子依赖”相关的实证研究。早在2002年，格林菲尔德博士就指出，即使在休假期间，42%的美国网络使用者无法避免“电子依赖性”——他们每天至少检查一次电子邮箱，他认为这是一种类似麻醉品的“新型病态迷恋”。

2014年，格林菲尔德教授参与过一项“边开车边发短信”的认知与行为研究。调查显示，经常用手机发短信的驾驶者中，98%的人承认自己知道开车发短信危险，但还是有超过四分之三的驾驶者曾经这样做。为此，格林菲尔德称，智能手机是世上最小的“老虎机”，缘由是智能手机对大脑的影响类似赌博和毒品。当人们等待短信时，体内多巴胺水平上升，带来更加愉悦的感受；收到满意的短信时，多巴胺水平会进一步上升。格林菲尔德说，相比其他分散驾车人注意力的因素，收发短信危险性更高，因为后一种情况为“正在进行（的行为）并包含期待因素”。

手机在身边，脑力活动流失！

多年来，得克萨斯大学奥斯汀校区认知心理学家艾德里安·沃德（Adrian Ward）一直致力于研究智能手机如何影响人类思维与判断的研究。2017年，艾德里安·沃德及其团队的一项研究表明，与手机同处一室，大脑会停滞思考，即使关机也是如此。《每日邮报》2017年6月27日称，研究团队招募了近800名手机用户参与实验，评估手机在身边时如何影响大脑运转。

第一项实验中，研究人员让这些人坐在电脑前接受一系列测试，应试者必须集中全部注意力才能得高分，实验旨在了解研究对象掌握和处理数据的能力。实验开始前，研究人员让他们把手机随机放在面前桌上、口袋里、包包里或者隔壁房间，且所有手机必须调成静音。研究人员发现，从测试成绩看，那些把手机放在隔壁房间的人，稍好于把手机放在口袋或包包里的人，明显好于把手机放在面前桌上的人。

另一项实验中，研究人员主要观察手机依赖度对人的影响。研究对象还是像第一项实验那样，接受电脑测试并随意放置手机，但其中一部分人被随机要求关闭手机。研究人员发现，无论手机是否关闭，也无论手机放在哪里，与对手机依赖度低的人相比，那些对手机依赖度高的人测试成绩更差。

无独有偶，2016年英国《劳动经济学》（*Labor Economics*）杂志发表的一项针对英国91所中学的研究发现，当学校禁止使用手机时，学生的考试成绩大幅提升，成绩最差的学生受益最多。研究人员由此得出结论：手机越近，大脑就越慢；手机在旁，大脑会不由自主地惦记它，导致分心，形成“脑力流失”。

爱“鸡汤文”的人，智力偏低？

2015年12月3日，英国《每日邮报》刊发一篇主题为“经常在社交媒体发布‘鸡汤文’的人智力偏低”的报道，新颖的话题与调查结论一度备受关注。这篇报道介绍了加拿大滑铁卢大学（Waterloo）的心理学博士戈登·彭尼库克（Gordon Pennycook）[①]的一项认知心理学研究。彭尼库克的实验发现，经常在社交网站上发表那些励志软文的人，更容易相信宗教、阴谋论及超自然现象，相信那些非常人能做的事情，但他们的智力水平和认知水平偏低。

在一项涉及845人的实证研究中，彭尼库克带领的心理学专家团队旨在测试：哪些人更容易接受“鸡汤文”？实验中，研究人员向被测试者提供一系列“鸡汤文”，询问他们如何看待、是否同意这些说法，此类“鸡汤文”有：水滴石穿，不是因为力量，而是因为坚持；一个焦虑的人，源自他们自身的囚笼；隐藏的意义是种无与伦比的美，等等。测试结果显示，喜欢这类励志软文的人，一般反应能力差、认知能力低，更易接受宗教、超自然现象或者阴谋论的观点，会更加沉迷于“补充与替代医学”观念（包括针刺、瑜伽、气功、草药及其提取物、静坐默念等自然疗

---

① 这篇论文研究结论发表在心理学期刊《判断与决策》上，题为《对看似有深意却实为废话的接受程度和辨识能力》。戈登·彭尼库克及其团队所致力于的另一项有趣的心理学研究——如何鉴别政客假装深沉的狗屎言论，还曾获得2016年度“搞笑和平奖”。

法）。对于这样有趣、非科学性的心理研究，有网友戏言：打击面很广很暴力！那些喜欢转发“心灵鸡汤”的人，似乎包括我们身边的每一个人。

智能手机让人变笨？渐成共识！

除了上述有趣的研究之外，戈登·彭尼库克及其团队2015年在《人类行为学计算应用》学报上，发表过一篇结论为“智能手机令人变得越变越笨”的研究成果。研究认为，“感性型”思考者更倾向于使用智能手机中的各种便利性能，更愿意依赖计算机解决问题，而不是动脑。

这项调查以660人为调查对象，分析他们使用智能手机的情况，研究他们的大脑功能、认知能力、语言和数字能力等。调查结果显示，心智能力强的人，花在手机、平板电脑等智能设备上的时间更少；而那些善于分析思考的人，使用手机的频率也更低，因为他们自己能记住事情。对此，戈登·彭尼库克指出，经常使用智能手机确实会降低人的智商。这是因为：一旦我们每次想要搜寻的信息，原本只须动动脑子就能想到，但我们却宁愿活动手指而不愿进行思考，以至于大脑功能日益退化，这一趋势今后还将进一步恶化。

笔者认为，对于上述研究结论，除了各国不同研究团队的实验方法、研究手段有所不同之外，“智能手机让人变笨”的结论在我们的印象中，已经逐步达成共识甚至是定论。上述的逻辑推理也很简单：大脑多少拥有“不用则废”的功能特质；如果长期缺乏锻炼，大脑记忆力必然会减弱。

年轻人智商下降？比较靠谱！

21世纪科技飞速发展的同时，人类智商（IQ）整体却呈现下降趋势，尤其是1975年以后出生的年轻人，智商平均得分比其父辈低——这从数据统计层面得出了“人类变得越来越笨”的结论，也是有关“人类智商整体下降”现象首个比较权威的统计研究。

2018年6月，英国《每日邮报》《泰晤士报》以及BBC网站先后报道称，科学家的研究表明，1991年出生的人比1975年出生的人智商得分低了大约5个点。挪威朗纳·弗里希（Ragnar Frisch）经济研究中心的奥勒·罗格贝尔格（Ole Rogeberg）和伯恩特·布拉特斯贝尔格（Bernt Bratsberg）团队分析了40年来服役的73万名报考公务员的挪威男子（服役期间从1970年到2009年）的智商测试数据。结果发现，1991年出生的男子比1975年出生的人平均得分低5个点，这项研究发表在美国《国家科学院学报》月刊上。

之前的研究表明，全球人口智商在二战之后有过稳固上升的趋势，该现象被称为“弗林效应”，即指智商测试的成绩逐年提高。目前，年轻人的平均智商得分开始出现下降趋势，一些专家称为“反弗林效应”。研究人员提及两方面的可能原因：一是传统智商测试方法不再适应数字时代的变化；二是教育环境因素的改变让大脑“变懒”。在数码时代，人们愿意花费更多时间上网、看电视，传统阅读量减少。在研究专家看来，我们更应该聚焦智商下降的环境因素——学校教育、智能手机、媒体接触，包

图2-5　“信不信由你反正我信”（张滨漫画）

括由此带来记忆与思考习惯减少。

笔者之所以对心理学家有关“智能手机与智商”关系的研究感兴趣，旨在论证一个基本判断：智能手机影响人类的身体、行为、智商等预警，绝非空穴来风！上述研究都从各个侧面反映了人类深度陷入手机依赖对健康、性格、行为、认识、智力等各个层面的直接影响。

在智能手机“绑架”我们每个人日常生活的时候，我们显然已不能无视手机的强势存在。在现今世界，我们经常听到这样的规劝：适时卸下你的“电子器官”——我们随身携带的手机。显而易见，人类无法拒绝智能手机带来的便捷，无法逃脱移动互联编织起的复杂网络；但至于如何与之相处，显然更考验人类的智慧。

第三章 永远在线

——社交屏幕化

▶ 场景一：无法忍受手机存在“小红点”

同事甲：我的强迫症严重，微信不能存在任何未读或者未回复信息。看到别人手机微信可以不打开少则十几条、多则数百条信息，我一开始觉得不可理解。当然，至今我也遇到另一位女士跟我一样，都要在最短的时间内尽快“消灭”小红点。

同事乙：我也是呀！不能忍受微信“小红点”，可能与多年工作习惯有关，改不了……

——笔者一位微信好友的朋友圈留言

▶ 场景二：我就是开启了三天朋友圈模式的人

当年我开通微信的时候，感觉多了一个与亲朋好友联络的工具，小心谨慎地互加好友，每天聊些风花雪月，懒得管你今宵何年。而今再看联系人，看到别人精彩文章不敢轻易点赞，免得被别人说三道四。某天不小心发点牢骚，可能会成为呈堂证供。

抱歉，我就是那个开启了三天朋友圈模式的人。

——笔者一位微信好友的朋友圈留言

▶ 场景三：微信是我们之间的“第三者”

世界上最遥远的距离，莫过于我就在男朋友身边，然而他却在玩微信，微信才是我们之间的“第三者”。

——摘自网络上一名网友的感言

第一节

社交产业：一个全新的商业版图

纵观历史，人类的生活总是离不开社交。我们的日常生活已被无数社交软件平台——国外的Facebook、Twitter，国内的微博、微信——吸引着、包围着、依附着，五花八门的社交软件平台已经渗透到我们日常生活的每个角落。

“无社交，不商业；无社交，不生活。”社交媒体正在演变成一种全新的商业模式，成为眼球经济、网红经济的一个新引爆点。

在移动互联网时代，一切皆为社交。社交平台已经成为全球网民消费碎片化时间的大本营、主阵地、真空间，“无社交，不在线；无社交，不生活；无社交，不商业”的生活图景已经到来。

所向披靡：社交媒体“野蛮成长”

在移动互联网迅猛发展的今天，广义上的社交媒体，已经不单纯指Facebook、Twitter、QQ、微博、微信等具有明显社交功能的应用软件（平台），各类论坛、视频甚至电商类应用软件（平台），通过互动、评论、弹幕等形式都具有较强的社交属性。

为了更清晰地展示社交媒体的不同传播形态与运营模式，学者谭天在《我国社交媒体的现状、发展与趋势》（2017）一文中，把社交媒体划分为四种模式，这里简单归纳如下：

1.平台型——微博、微信属于最典型的平台型社交媒体。作为当今中国最大的公共信息发布平台，微博的媒体属性更突出；相较于微博聚合内容的平台模式，微信更趋向于服务型平台模式。

2.社群型——微信属于最典型的社群型社交媒体，其他诸如豆瓣、知乎等垂直化社交媒体也属于社群型媒体。

3.工具型——用社交的思维做互联网产品。比如滴滴出行、网易云音乐、虎扑体育等互联网产品，社交只是工具，服务才是目的。

4.泛在型——不是指一种独立形态的媒体，而以社交属性的内容和服务“嵌入”各类媒体形态，它既可以被新型媒体所应用，也可以为传统媒体所吸纳。比如，当下火爆的网络直播可以归入“泛在型”社交媒体范畴。

在聚拢巨量用户的基础之上，社交媒体（及其平台）都会逐步完成从免费平台到商业化的转型，专门聚焦社交媒体的各类数据分析机构随之兴起。[①]全球知名的数据机构（主要指We Are Social、Hootsuite、Statista、DreamGrow）关于全球社交媒体的数据显示，2018年全球超过40亿人使用互联网，每月超过30亿人使用社交媒体，其中10个用户中就有9个通过手机访问网络。结合数据机构的相关公开统计数据（尤其相关"月活跃用户"一栏的统计数据，皆来自在上述不同数据机构公开的排名统计数据基础上，取其平均值综合整理而成），为了整体了解全球社交媒体的基本现状，对于目前全球流行的社交媒体（平台）及其用户数量与特点，笔者归纳列表如下：

① 据笔者观察，聚焦社交媒体数据分析的机构很多，有些数据机构属于独立于社交媒体（平台）之外的政府官方、独立的第三方机构，有些则属于社交媒体（平台）体系的一个组成部分。所有这些数据公司都专注对社交平台的在线广告、用户行为、消费趋势进行分析。从中国方面看，"企鹅智酷"就是腾讯旗下互联网产业趋势研究、案例与数据分析专业机构；中国互联网络信息中心（简称CNNIC），则是代表官方每隔半年发布一次《中国互联网络发展状况统计报告》。从国外看，We Are Social，号称是全球顶尖的社交媒体营销公司，定位为社交媒体代理商，专门帮助品牌倾听、理解和参与社交媒体的对话；Hootsuite则是一家社交媒体管理平台，采用Klout开发的计算互联网影响力的算法，帮助企业根据其关注者在Twitter等社交平台的影响力分析用户行为，让企业和品牌可以更好地与用户沟通。"We Are Social & Hootsuite"合作每年推出的《全球数字报告》，在全球都有一定的影响力。Statista则是一家2007年成立于德国汉堡、全球领先的数据统计互联网公司，团队由超过250位统计学家、数据库专家、分析师和编辑人员组成，主要商业模式是向公司客户、研究人员提供定量数据；它拥有超过22，500个不同行业的数据资料，涵盖社交媒体、电子商务、手机、化妆品等600个行业，所有数据都是以信息图表的方式直观呈现，Statista已经成为全球最成功的统计数据库之一。DreamGrow则是一家美国科技新闻博客在线网站，专注于互联网营销、社交媒体的研究分析。

表3–1　目前全球流行的社交媒体及其用户数量与特点

社交媒体	月活跃用户	重要节点（及其特点）
Facebook，全球最著名的社交网络服务平台之一，创立于2004年2月4日	20亿—23亿之间	核心是基于朋友联络的社交工具，旗下有三款社交应用：WhatsApp、Messenger和Instagram。前两者属移动通信类，后者属图片社交类
YouTube，2005年2月成立于美国加州	15亿—19亿之间	全球最大的视频网站，2006年Google斥资16.5亿美元收购YouTube，还号称是全球第二大在线搜索引擎，全球用户下载、观看及分享影片或短片的视频平台
Instagram（照片墙），创立于2010年10月	7亿—10亿之间	一款移动端口分享照片的社交应用，创立后使用用户增速惊人；2012年10月，Facebook以7.15亿美元收购Instagram，2016年12月Instagram Live直播功能向用户开放
WhatsApp，简洁的即时通信工具，最早成立于2009年	10亿—15亿之间	全球最大的即时通信聊天工具之一，2014年2月，Facebook斥资190亿美元收购WhatsApp
微信（Wechat），中国即时通信工具，腾讯公司2011年2月开发推出	10亿左右	中国最受欢迎的即时通信App，先后推出微信红包、朋友圈、微信小程序等服务

（续表）

社交媒体	月活跃用户	重要节点（及其特点）
QQ，PC时代网络社交平台，于1998年成立； QQ空间，强化社交性的平台，于2005年推出	6亿—8亿左右 5亿左右	PC互联网时代的即时通信（IM）软件，逐步演变成为集游戏、社交、新闻等于一体的综合平台。 近年来，因为微信的冲击，QQ及其QQ空间成为小众群体青睐的社交软件
Twitter（推特），短微博平台，2006年3月创立于美国加州	3亿左右	微博客的典型应用，可以让用户更新不超过140个字符消息，消息也被称作“推文（Tweet）”，近年平台因出现大量虚假与极端言论备受争议。由于更强社交性软件的兴起，Twitter近年用户呈现下降趋势
Reddit，活跃的社交新闻平台，最初成立于2005年	3亿左右	集娱乐、社交和新闻于一体的网络论坛社区，自称为“互联网首页”，用户帖子中经常有很多新鲜事，类似中国的贴吧、豆瓣小组
Pinterest，图片社交平台，2010年正式上线	2亿左右	全球图片社交分享平台之一，采用瀑布流形式展现图文，无须用户翻页，号称“图片版Twitter”，鼓励用户pin（钉）他们喜欢的图片并归成各种画板

（续表）

社交媒体	月活跃用户	重要节点（及其特点）
Snapchat，“阅后即焚”照片分享应用，2011年成立	2.5亿左右	Snapchat号称“阅后即焚”，发送给好友的所有图文，皆可根据用户预先设定的时间按时自动销毁。2017年11月腾讯宣布入股Snap公司10%的股权
Ask.fm，成立于2010年的拉脱维亚社交网站	1.6亿左右	全球唯一一个基于问答形式的全球社交网络，用户可在网站平台向网友提出问题，与中国“知乎”网络平台有些相似
Tumblr（汤博乐），轻博客网络平台，成立于2007年	1.1亿左右	Tumblr（汤博乐）是目前全球最大的轻博客网站，是全球热话题的聚合平台，深受各国年轻人欢迎，2013年5月雅虎11亿美元收购Tumblr
Flicker，一家图片分享网站，2004年成立	1.1亿左右	Flicker是较早的一家图片与视频存储服务网络平台，2005年被雅虎收购，2017年被Verizon收购再易主，2018年被专业图库服务商SmugMug收购，定位于真正摄影爱好者的在线社区
LinkedIn（领英），专注商务社交平台，成立于2002年12月	1亿左右	号称全球最大职业社交网站，一家专门面向商业客户的社交网络，2011年5月在美国上市。在LinkedIn上可以找到收购方案、创业项目或自己感兴趣的工作

（续表）

社交媒体	月活跃用户	重要节点（及其特点）
Google+，搜索巨头Google开发的用于对抗Facebook的一款社交平台，于2011年推出	1亿左右	注重跨产品全平台的数据整合服务，把用户搜索和互联网使用情况皆可存储在谷歌数据库，试图用更好的隐私管理对抗Facebook，因其他入口强绑Google+账号备受争议，在与Facebook竞争中逐步败下阵来
Vimeo，高清视频网站，成立于2004年美国纽约	9300万左右	与大多数视频分享托管网站不同，Vimeo允许上传HD高清视频，上传后自动转码为高清视频，源视频文件可以自由下载

从全球视野看，如果把1997年美国在线实时交流工具 AIM的上线作为新一代社交媒体崛起的起点①，全球社交媒体的发展迄今只有21年的时间。经过短短21年，社交媒体就完成了过去传统媒体需要半个世纪（电视媒体）乃至上百年（报纸媒体）才可能拥有的传播能量，才可能形成的经济规模，才可能实现的产业格局。可以

① 1997年，一名为Jorn Barger的先锋博客作者创造出“weblog”一词，随之博客在全球兴起。对于社交媒体的起点，学术界一直以来并未有共识，有的学者把社交媒体的溯源为1971年第一封电子邮件的诞生。在笔者看来，真正现代意义上的社交媒体，是以Web 2.0技术为基础的第二代互联网出现后。Web 2.0更注重用户交流与互动，产生了用户主导生成内容的互联网产品模式。由此出发，即时通信、维基百科、论坛社区、博客才得以兴起，出现了第一代内容分享为主的网站；2004年之后，以Facebook、Twitter、YouTube、MySpace为代表的第二代图文分享网站出现并迅速壮大。

说，目前全球的社交媒体已经形成燎原之势，长成参天大树；各类社交媒体之间的竞争，虽然有过血雨腥风，但是更多表现为在厮杀中互相借鉴、创新、突围。全球的社交媒体一路走来，蓬勃发展，所向披靡，爆发出令人眩目的传播数量、社会能量、产业力量，迅速夺走了原本属于传统媒体的流量、用户、广告，形成了形态各异、垂直分化、自成一体的社交媒体生态体系，建构了一个完全有别于传统媒体的“社媒集群”，基本构筑了所谓“传统媒体”与“社交媒体”之间竞争、对立、博弈的分野格局。

从中国视野看，全球最大传播集团WPP旗下调研公司凯度（Kantar）曾发布《2017中国社交媒体影响报告》，把中国的社交媒体分成9类，基本把所有中国社交媒体囊括其中。这里简要列举如下：

1.微信；

2.微博；

3.交友类（如陌陌、世纪佳缘、珍爱网等）；

4.通信类（如QQ、Line、米聊等）；

5.论坛类（如百度贴吧、天涯、QQ空间、豆瓣、人人等）；

6.生活类（如美团、去哪儿、携程、大众点评等）；

7.带有社交评论功能的新闻类（如今日头条、一点资讯、网易新闻等）；

8.带有社交评论功能的电商类（如淘宝、京东、小红书等）；

9.带有社交评论功能的视频类（如优酷、快手、抖音等）。

如果把2002年的“博客中国”纳入考察视野，中国社交媒体发展历经了博客、微博、微信、抖音等不同产品形态，中国社交媒体经历16年的野蛮生长，整体呈现以下逻辑发展轨迹：从长文到短文、从精英到草根、从文图到图文、从文字到语音、从符号到视频。凯度发布的《2017中国社交媒体影响报告》总结认为，中国社交媒体行业格局在全世界最为独特、细碎化且动态多变。

崛起之源：社交媒体生产“UGC化”

2017年4月，腾讯旗下企鹅智酷公布《2017微信用户&生态研究报告》。这份报告数据显示，截至2016年12月，微信月活跃用户数已达8.89亿；超过50%的用户每天使用微信1.5小时以上，超过1/3的用户每天使用微信达到4小时以上；移动用户看新闻首选新闻网站和新闻客户端（63%），社交应用作为新闻渠道的比例达49.4%，已经接近半数，超过传统媒体总和（电视22.8%，纸媒2.2%，广播2.1%）；年龄越低，使用社交应用获取新闻的比例越高，19岁以下用户使用社交应用获取新闻资讯的比例为58.5%，超过他们使用新闻网站或新闻客户端的比例（44.4%）。

2018年2月，中国互联网络信息中心（CNNIC）发布第41次《中国互联网络发展状况统计报告》。报告显示，2017年社交应用使用情况调查结果是，微信朋友圈排名第一，使用率达到87.3%。报告中提到，截至2017年12月，微信朋友圈、QQ空间、微博用户使用率分别为87.3%、64.4%和40.9%；知乎、豆瓣、天涯社区使用率均有所提升，用户使用率分别为14.6%、12.8%和8.8%。

如图表3-1所示：

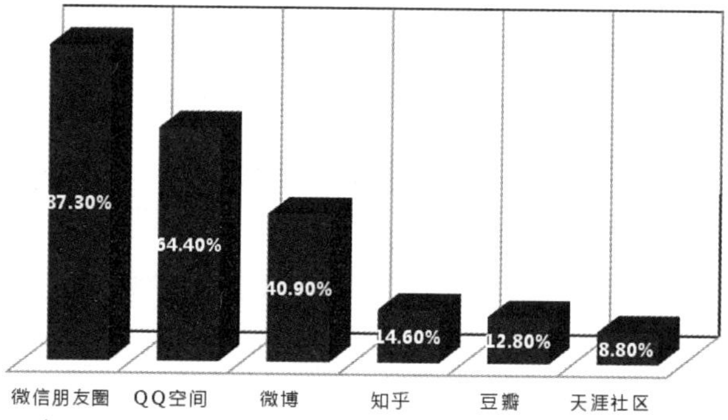

数据来源：中国互联网络信息中心（CNNIC）第41次发布

图表3-1　社交媒体用户使用率

毫无疑问，社交网络已经深刻改变了我们的生活，重塑了如今的传播生态。上述类似调查数据每隔半年多少会有一些新的变化，最终结论显而易见：1.移动端社交媒体几乎占据了用户的所有闲暇时间甚至是工作时间；2.越来越多的人开始通过社交媒体端口获取新闻资讯。正是基于超大的用户规模、超强的用户黏性，社交平台已然成为最大的信息“中转站、流通区、生源地”。

那么，相比传统媒体来说，社交媒体崛起的最大优势到底是什么？笔者认为，社交媒体的核心优势在于内容生产机制——用户创造内容、用户创造价值。社交媒体多年来野蛮生长，一直坚持走“UGC化”（User-Generated Content，用户生产内容）路线。社交媒体的发展史，其实就是UGC的发展史。从国外的Facebook、Twitter到国内的微博、微信，从风靡全球的“共享经济”思维下的优步、滴滴，到如今的快手、抖音等视频类社交媒体平台，它们壮大崛起的原始动力，自始至终都是清晰而明确的：那就是通过“UGC式”聚合平台，“放水养鱼”，聚合资讯，形成“媒介化+社交化+信息化”融为一体的社交连接，把“内容为王”推向“连接为王”，把“连接为王”聚合到“社交为轴”，实践着让用户构建自己的人际关系理念，把互联网的社会关系网络构建推向极致。我们经常挂在嘴边的“互联网思维”“受众思维”“用户至上”，其实都根源于如何发掘UGC，如何利用UGC，如何打理UGC。

相反的是，传统媒体一直以来都在固守内容的“自产自销”，内容生产一直以坚守PGC（Professionally-generated Content，专业生产内容）的生产模式为主，内容生产机制是单线条、封闭式的，生产者占据内容生产的唯一主导地位，缺乏“生产者—内容—用户”之间的有效反馈，而社交媒体的内容生产是双向性、开放式的，用户占据内容生产的主导地位，社交媒体只是充当了传播媒介的角色，能够形成“内容—媒介—用户”三者之间的良性互动。从未来发展看，在内容生产机制方面，传统媒体应该学会“借力用力”“借船出海”，有效组织、聚合与利用原本就掌握的优质UGC“用户资源”——学界大咖、明星大腕、中产家庭、知识分子、政务机构……如同社交媒体聚拢用户那样，通过搭建传播平台“共同唱戏”，在继续做好内容审核、规划、指导的基础之上，逐步实现内容生产机制的“UGC化”，这才是今后避免传统媒体被边缘化的战略转型方向。

驱动之力：分享推动社交媒体繁荣

时任腾讯高级执行副总裁张小龙曾透露过，微信公众号80%的阅读量来自微信朋友圈分享与原创行为。事实上，大量视频网站、资讯网站和移动客户端的点击量，均来自于社交网络的用户分享。互联网研究专家、纽约大学的克莱·舍基（Clay Shirky）所著两本专著《未来是湿的》《认知盈余》一直为国人所熟知。克莱·舍基甚至认为，所谓UGC其实就是分享，用户参与内容生产的主要方式，是分享这个动作本身。

对于社交媒体来说，实现用户生产内容（UGC）传播与流动起来的“助推器、催化剂、驱动力”正是分享，“拇指之动、举手之劳”瞬间创造无限的巨大能量。正是社交网络分享机制的“二低”（低成本、低门槛）与“三高”（高黏性、高频率、高效率）特点，让所有参与者都可以通过分享、点赞、评论等方式展开交流。受众成为信息传播的节点，而不是终点，传统媒体的单向性、一对多的传播路径被彻底改变，每一个传播节点的受众通过自身的社交关系链接形成传播网络，信息在这个无限关系网络中传播、流动、发酵。

作为网络中最基本的社交行为，分享让人们能够找到相同喜好、相同价值观的同类，通过内容关联彼此、连接彼此、沟通彼此。对于内容生产者而言，分享是最便捷、最有效的传播方式，可以让更多人看到自己的作品；分享也是最好的“信息馈赠”，激励内容生产者继续表达、继续创作，然后再产生更多反馈……

在某种程度上，分享产生即时反馈循环，吸附大量黏性用户，推动了整个社交媒体产业的欣欣向荣。可以说，借助“媒介（智能手机）+技术（移动互联网）”两大技术革命的“东风”，孕育了人类这次崭新的社交变革，社交媒体牢牢地掌握了“社交即传播，传播即社交”的精髓所在。

社交商道：从社交走向商业帝国

从商业角度看，互联网本质上就是一个“眼球经济体”。人类获取外部信息70%以上来自眼睛，“眼球在哪，商机就在哪”。“移动+社交”场景下的眼球价值更高，“移动+社交”正是移动互联系统中“眼球密度”最高的经济体，成为一个新的经济引爆点。基于人们的强社交需要，更加个性化、专业化、分众化的新型社交媒体层出不穷。所有平台都想用社交救活自己，把社交看作第一生产力。为了迎合、吸引与黏住眼球，社交媒体正在使出浑身解数，争夺“眼球经济”流量入口，逐渐在视频、电商、游戏、教育等不同领域进行渗透，并利用社交关系背书，进一步吸引用户使用，从而获得商业变现，赋予社交平台新的活力。

暂且不论Facebook、Twitter、YouTube、Instagram等国外社交媒体是如何塑造一个全新的社交产业，单从中国微信（800多亿美元估值）的案例看，中国版“微信产业帝国”已经初步形成。微信从一个简单即时通信工具为起点，逐步向人们所有生活场景占领与渗透，形成了围绕微信平台为中心循环的“闭环生态”系统。当越来越多的用户把时间消耗在微信上的时候，依托社交这个最基本的需求，微信已经转型成为一个让所有用户聚拢在一起的“虚拟国度”——一个依靠吸纳、黏住10亿用户，可以通过收取少许地盘“保护费”，一个依靠“闭环生态”为依托，凭借平台优势，不断延伸到媒体、购物、娱乐、金融等各个传统领域，形成了一个可以持续循环的社交商业帝国。

那么，微信到底如何做到从社交到商业帝国的战略转型？其实就是通过简单的“三部曲”完成：

一是通过“跑马圈地”，完成商业社交的“基建项目”——搭建人性化的移动社交平台，迅速聚拢移动互联用户，借助微信及其朋友圈、微信公众号，很快让微信平台成为“掌媒”入口级App，成为人与人、人与企业、企业与企业、企业与政府之间的连接纽带。

二是通过“搭台唱戏”，开辟展示商机的“专业通道”——有了人来人往的热闹非凡景象，就拥有了兜售商业的大好机遇，于是在线广告、微商、微店随之火爆。

三是通过“金融游戏”，搭建在线交易的“商业场景”——2014年微信推出“摇一摇”微信红包，通过社交金融游戏的巧妙方式，集中收纳了大批用户的“银行卡卡号”，横刀切入“从银行到支付”的中间环节，成功“偷袭”支付宝支付模式。目前，微信支付成为“掌媒”用户使用次数最多的日常消费支付方式。至此，微信这个“虚拟国度”就基本具备了人们生活、消费、娱乐、工作的所有需求，完成了从社交到娱乐、生活、金融、商业等领域的渗透与拓展。

第二节

未来之势，社交媒体发展四大态势

目前，国外以Facebook、国内以微信为代表的社交媒体正在加速演变成“无所不包的综合平台”，一方面表明“泛社交”需求趋于饱和，另一方面表明基于职业、兴趣、社会认同的更加个性化的社交平台，正在成为资本和用户的新宠。

如今，社交媒体已把“内容为王”推向“连接一切”。从当前发展趋势观察，社交媒体（及其平台）今后发展会呈现四大态势：高度商业化、更加垂直化、日趋视频化、平台新闻化。

随着社交媒体的发展，“社交”的理念越来越普及，无社交不传播甚至成为规律，泛社交成为趋势。当前，媒介化与社会化已融为一体，社交媒体已把“内容为王”推向“连接一切”。从今后发展趋势看，以下四个方面的态势值得高度关注。

一、社交媒体高度商业化

俗话说，天下没有免费的午餐。当浏览社交媒体成为人们日常生活的习惯动作，验证与变现社交媒体的商业价值也就迫在眉睫。社交媒体一旦完成聚拢用户之后，社交媒体就不会再免费。如今，社交媒体的发展正从“抢占用户”阶段进入“用户变现”阶段；通过何种商业模式实现盈利，已经成为各类社交媒体商业化之路的出发点和落脚点。单从产业属性看，社交媒体与传统媒体（电视、广播、报刊、广告牌）其实并无区别。在一些企业眼中，社交媒体正在成为过去的“传统媒体”，而且还是付费不低的“传统媒体”。

目前，世界上还没有哪个国家像中国一样，依托完整的社交媒体生态体系，把品牌口碑、商品营销与移动支付如此天衣无缝地联系在一起。在中国，微信早已经成为商家争相入驻的重要付费平台。当然，对很多国家来说，中国的现实正是他们羡慕的未来图景。如今，中国社交媒体和电商之间的边界日渐消融，社交网络正在加速互联网商业模式的多元化探索。基于社交圈子、位置服务、场景再现等功能，商品营销更加精准化、个性化，社交平台成为电子商务新的流量入口。

如今，越来越多的年轻人开始把社交平台（国外YouTube、Instagram，国内微信、抖音等）及其粉丝、网红作为识别品牌、购买产品、销售商品的重要渠道。比如，利用社交媒体上的“网红力量”，Rihanna推出售价80美元的拖鞋一瞬间就能售完，一度还被炒到1000美元——别忘了，“社交网红”Rihanna单单在Instagram平台就有超过3500万粉丝，这可是任何一家商家都极度羡慕的社交能量。在中国，粉丝效应同样带来“网红经济”现象，让很多中外商业品牌（原本可能不出众、不被看好）拥有了不一样的气质、情感与能量。另外，传统电商的门户网站及其移动端App也都在两端发力，整合与嵌入社交媒体的功能。比如，淘宝微淘、天猫范儿、京东探索、一号店的一品堂，都开始迎合社交平台商业化转型趋势，不断从社交媒体用户偏好的“蛛丝马迹”中获取用户消费资讯（大数据）。通过分析这些消费资讯，商家再把营销更精准地“嵌入、潜入”社交媒体，让用户可以在场景化环境下更方便地购买商品或服务。

二、社交媒体更加垂直化

众所周知，Facebook一直是受到全球欢迎的社交平台。但美国皮尤研究中心《美国移动通讯和社交媒体使用报告》（2015）显示，自从2012年以来，Facebook用户使用率没有显著增长。从活跃度上看，Facebook的情况也不容乐观。2018年6月，皮尤研究中心最新调查报告称，更多的美国青少年（13—17岁）正在抛弃Facebook，转而投向“阅后即焚”类通信应用Snapchat和谷歌旗下YouTube等竞争服务平台。报告调查发现，51%的美国青少年仍在使用Facebook，与三年前71%的使用率相比已经大幅下降。这就说明，像Facebook这类“泛社交”平台的用户增长已经跳出规模增长期，用户规模出现瓶颈，增长乏力。从中国来说，迈入10亿用户的微信几乎也出现了用户增速极限的天花板，中国用户对“泛社交”微信平台需求趋于饱和。

与此同时，近年来垂直领域的社交平台持续发力，出现了很多小众化、个性化、垂直化的社交产品，比如唱吧、秒拍、美拍、B站等等。伴随移动互联技术的发展，社交媒体发展还会日益呈现细分发展态势，社交媒体正在经历从大众到小众、从泛平台到小社群、从刚需社交到兴趣社交的转变，用户会更多地按照更个性化的集群标签，寻找新的社群归属，入驻新的社交平台。更多垂直化社交媒体会借机寻找真正触动“用户痛点”的兴趣所在，以此为契机重新凝聚用户、发展新的社群。2018年美国皮尤研究中心的最新调查显示，年轻的一代（18—29岁）成为社交媒体主力；与25—29岁的用户群体相比，18—24岁的青年人会更经常使用Snapchat、Instagram和Twitter等社交媒体平台。那些18—24岁的美国人更倾向于尝试不同的社交媒体平台，并且经常访问；18—24岁的人中约有78%的人使用Snapchat，其中71%的用户每天多次访问Snapchat。

现实生活中，我们可以发现社交媒体走向更加垂直化、个性化的一些鲜活案例，笔者将其归纳为三类：

一类是功能更人性化的社交平台。比如，年轻人群体对“阅后即焚”一类的App更感兴趣。在很多年轻人看来，像Snapchat或Wickr等一类的App，可以让他们没有顾虑地分享一些“坏坏的、色色的”信息内容。

一类是功能更单一化的社交平台。比如，一款主打叫醒服务的“醒醒App”交友软件，目标群体就是面向15—25岁年轻群体“互相叫醒”，从最简单的叫醒切入，专门做陌生人之间的社交平台App。随着相互叫醒、好感、熟识，“醒醒App”能够让叫醒双方认识与交流，产生社交关系。

一类是功能更专业化的社交平台。比如，从2017年以来，依托微信发展起来的、小众化的“理想岛”社群，打出致力于打造“全国唯一专注于硕博交友社群”的社交口号，通过组建微社群（审核严格、付费入群）、“理想岛”微信公众号、线下学术兴趣活动，形成了一个专业性、针对性、个性化强的社群小组。

三、社交媒体日趋视频化

从很多分析来看，视频不仅是社交媒体，还是整个互联网行业的未来方向，短视频将会成为未来移动互联网的主要交流形式。全球IT巨头思科预测，未来两三年内所有消费者互联网流量中的80%以上来自视频领域。2018年4月19日，“美国消费者新闻与商业频道”网站报道指出，2018年中国消费者看手机的时间已经超过看电视的时间，预计到2020年中国成年人每天数字生活时间的1/3，都会用来观看数字视频。从现实看，最近两年多来，今日头条、百度、腾讯、阿里等互联网巨头都在短视频地盘“跑马圈地”，积极布局下一步的“视频蓝海”。

2018年8月，CNNIC最新发布的第42次《中国互联网络发展状况统计报告》显示，随着短视频和“多频道网络”机构（MCN）的兴盛，微博在粉丝互动和内容分发等方面的价值强化，微博用户使用率为42.1%，较2017年末增长1.2个百分点，用户规模半年增长6.8%。这就说明，前几年有些式微的微博，正在借助视频化转型赢得新的生机，赢得了一些用户回归。笔者也观察到，2018年以来，无论是传统媒体的新闻推送，还是自媒体的推广传播、社交平台的广告营销，微博翻滚页面几乎都在走向“视频化”呈现，变成短视频的汇聚场、表演场、竞技场，“无直播，不营销”成为时下最新的品牌营销口号。不算传统电视媒体拓展短视频之外，微博平台出现了诸如“梨视频”“西瓜视频”“浙视频”“广视频”“封面视频”“秒拍”“熊猫频道”“人人视频”等等自媒体创办的视频平台，短视频出现了井喷现象。

从商业模式角度看，短视频之所以成为各类社交媒体挖掘的富矿，核心在于短视频一旦形成基于黏住用户的规模化平台之后，依托“眼球经济”可以通过贴片广告、巨大流量、电商导流、IP付费等途径实现变现，能够打造出可以持续发展、路径清晰的商业盈利模式。

四、社交媒体平台新闻化

十年前，人们似乎很难相信，社交媒体竟然可以霸占几乎所有新闻资讯的“流量入口”。从西方社交媒体发展看，2015年成为社交媒体大举进军新闻领域，抢占新闻入口的标志之年。

2015年，Twitter和Facebook分别推出新功能Instant Articles（即时新闻）服务；“阅后即焚”社交应用Snapchat推出新闻入口Discover；除了“即时新闻”项目之外，Twitter还推出一个现场事件实时报道应用，即“项目闪电”（Project Lighting）。2015年6月8日，苹果全球发布会（WWDC）宣布，推出聚合类新闻应用“News”，专注新闻推送的革新产品。可以看出，上述社交平台都在着力打造新闻集成平台，培养用户形成新的新闻获取入口与阅读习惯，逐渐从传统媒体那里夺走了新闻获取的控制权、平台权、渠道权，让传统媒体变成社交媒体的“打工仔”。路透新闻学研究所的研究发现，只有最忠实的智能手机用户才使用专业的新闻应用App，多数用户已经习惯通过社交媒体（包括搜索引擎、智能推荐、消息提示）发现新闻、浏览新闻，传统的新闻生产商很难通过手机端口实现内容的盈利。

在中国，与苹果News、Instant Articles（即时新闻）不断诱惑传统媒体入驻几乎同步，像微博、微信公众号、今日头条、百家号等社交媒体也逐渐成为新闻内容的平台入口，尽管这些平台上主要的新闻很多来自传统媒体的生产，但传统媒体的内容价值正在滑向“一转没”状态——也就是说，传统媒体的优质内容一旦流通到社交媒体平台，就会流量流失、传播力转移、影响力消逝。凭借巨量的用户黏性，社交媒体平台通过“收割流量”，霸占与聚合了绝大多数用户的“新闻入口”，几乎成为所有内容入口的“吸铁石”“贩卖场”“绞肉机”。

有一个事实不得不令传统媒体人深思：目前，大多数传统媒体的新闻影响力更多体现在第三方平台（微博、微信、今日头条、一点资讯、抖音等），而不是自主把控的新媒体平台、新闻客户端。这个局面若不改变，传统媒体只能加剧成为“养肥”社交媒体的内容供应商。可以预见的是，在未来的一段时期内，传统主流媒体与社交媒体之间关于新闻内容的价值几何、传播渠道的主导权博弈可能会日趋激烈。

第三节

社交媒体，21世纪上瘾的“烟草业”

随着包括智能手机在内的移动智能设备崛起，社交将变得更加无孔不入，哪怕面对面一起吃饭的两个人甚至都在“屏对屏”沟通。在线社交更变成人们存在的意义；对无数人来说，离开了网络就仿佛被社会遗弃。

从某种程度上看，社交媒体正是21世纪的“烟草业”，越来越多的人为之着迷、上瘾、麻木，越来越多的产业利润由此奠定、形成、持续。

2018年1月，欧美媒体曾经聚焦社交媒体的成瘾现象，引发广泛关注。当时连苹果公司CEO库克都出面澄清，每个人似乎都沉溺于iPhone，这不是手机的错，而是社交媒体的缘故。在英格兰埃塞克斯的哈洛学院演讲时，库克提到，他不希望他的侄子使用社交网络，其中就包括Facebook、Twitter和YouTube。库克的这番话，恰恰道出社交媒体“黏人”的魅力特性。

社交媒体上瘾，好比是烟瘾！

提到上瘾，人们往往会想到酒精、毒品。时至今日，我们有了一种新的上瘾——社交媒体上瘾。在如今的移动互联时代，放弃社交网络几乎等于放弃与世界联通，人们一边唾骂、恐慌，一边抑制不住诱惑，随时打开消息列表，一次次“手滑”，一次次“偷窥”朋友圈动态。

2017年12月31日，《福布斯》杂志刊出一篇题为《社交媒体是21世纪的烟草业吗？》的文章引发广泛关注。这篇文章一开始就提到：

还记得“万宝路男人”吗？那个健壮性感的牛仔，最后因肺癌形容枯槁地躺在病床上，把生命的最后岁月投入反对烟草的运动。或者尤尔·布林纳从坟墓里发出呼声，告诫人们不要吸烟。[①]

文章由此带出“社交媒体上瘾”引发的公共健康话题。这篇文章援引英国皇家公共卫生学会首席执行官雪莉·克拉默的话说：“社交媒体被称作比烟酒更让人上瘾的东西。现在谈到年轻人心理健康问题的时候，不可能再忽视社交媒体。”这篇文章还披露了2018年1月公布的一项研究数据：1/4的千禧一代每天看手机超过100次，婴儿潮一代的这一比例为10%。这篇文章回顾了20世纪六七十年代人们难以想象没有香烟的生活，1964年有42%的美国人吸烟。

---

① 布林纳去世前拍摄过一部宣传片，在片中他说：现在我已经离开人世，就让我告诉各位，不要吸烟。

文章指出，就像20世纪中期到晚期的烟草业一样，社交媒体也是危机不断，从它们在2016年美国大选丑闻中扮演的角色，到这个平台对公共生活的影响，再到显示社交媒体对心理健康的影响等都体现了这一点。说到社交媒体，目前还尚未出现像尤尔·布林纳注视着镜头说“不要吸烟”这样直观刺激、触动人心的画面，但这或许只是时间问题。文章回顾了美国烟草业如何从美国市场拓展到海外市场的。如今，社交媒体公司同样在开拓海外市场，正把视线投到美国以外的其他地区，以寻求最强劲的增长。据统计，Facebook的500万广告商中，有70%在美国以外地区。与2016年相比，广告商增加最多的国家是：美国、巴西、泰国、墨西哥和英国；增长最快的国家是：印度、泰国、巴西、墨西哥和阿根廷。文章总结认为，过去烟草企业与美国社交媒体业最大的相似之处，正是利润。

与社交媒体上瘾和烟草业上瘾的隐喻类似，有的学者把社交网络上瘾比作酒瘾、毒瘾。2017年12月14日，法国《欧洲时报》报道称，心理专家认为无度使用社交网络比酒瘾或者毒瘾更难戒除。此外《哈佛商业评论》刊登一篇题为《上脸书越多感觉越糟》的文章认为，迷恋Facebook危害健康，点击越多心情越糟，社交媒体正在“侵蚀人们行为模式的核心基础”，社交媒体成为“撕裂社会经纬”的工具。

社交媒体黏性强，“魔咒”在此！

我们不得不承认，像Facebook、Twitter、微博、微信、抖音等社交媒体黏性的强大。全球各国民众花费在社交媒体上的时间，一直都在持续增长。社交媒体的“黏人魔咒”，之所以让我们无法抗拒，核心在于社交平台的高频互动性，由此产生的心理依赖比其他被认定的上瘾症更难摆脱。如果深入梳理，笔者认为社交媒体上瘾的科学推理或解释，主要有以下三种分析视角：

一是基于社会学的“社交本质说”。

社会交往是人类的生存方式和活动方式。在移动互联网时代，社交应用正在构成一种新型的社会关系，人的社会属性空前尽显，

图3-2　忙于各种业务的“手机社交”群像①（张滨漫画）

① 据漫画家张滨回忆，这幅漫画作品创作于20年前的1998年年底，当时公开发表于《黑龙江日报》，随后被若干报刊转载，基于当时手机沟通的即时便利性，“手机社交”在他眼中早就初显“峥嵘面目”；进入21世纪的第一个十年，手机媒介技术的跨越式发展，已经证明了智能手机强大的魔力所在。

社交成本无限降低，真可谓是：无社交不生活，无社交不商业，无社交不分享。社交媒体崛起的原始动力，正是分享机制；通过乐此不疲的分享，每个人借此发生连接和互动。由于分享内容的千姿百态、千变万化，从而“黏住”用户多看一会朋友圈，多找一些有价值的信息，多寻求一些转发量，多等待一些点赞……尽管社交媒体的用户偶尔觉得疲惫，偶尔反思这是在“浪费时间、浪费生命”，却不会从此了断分享之瘾。每天浏览社交媒体，就像着了心魔一样，每天都处于“刷一会儿就走”“刷一会儿再来”“刷屏忘了走”的游离状态，“分享内容”和“维系社交”相互纠缠、共同交织在一起，成为社交媒体的最大魔力所在。

二是基于心理学的“赌徒心理说”。

社交媒体玩起来欲罢不能？的确如此，这是因为这些社交软件在设计之初就费尽心思地给用户“下鱼饵”。2018年5月8日，英国《卫报》称，社交媒体照搬了老虎机的“赌博机制”，让人从精神上沉迷其中难以自拔，导致大脑像吸毒一样对社交媒体信息产生依赖。专门研究赌博机上瘾机制的专家娜塔莎·舒尔对《卫报》表示：“Facebook、Twitter等公司使用的方法跟博彩业很像，目的就是让用户永远在线不离开。说到底，就是要让消费者尽可能长时间地耗在网上，不停地点击各种内容。”舒尔从心理学角度分析说，社交媒体弹出的新消息，就像是不确定的奖励回报，总是牵动着用户的神经。如果用户一段时间不用，社交媒体就会想方设法搞出些能吸引他们的东西，把用户再拉回来。被称为“硅谷良心”的谷歌设计道德专家哈里斯也坦承，社交媒体让用户不断刷新内容、期待新消息，这种做法跟一次次按压赌场里的老虎机操纵杆没什么不同。

三是基于科学实验的“犒劳机制说”。

上述“赌徒心理说”现象背后，则是神经学研究专家一直研究的大脑机理：人的大脑因释放多巴胺（Dopamine）从中作祟，大脑中存在“犒劳系统中枢”。从可卡因、尼古丁，再到酒精，任何一种使人成瘾的麻醉药物都会影响多巴胺分泌，使多巴胺的释放远超平时，从而形成“犒赏中枢”，进而对毒品产生高度依赖。2016年一份名为《心理报告：残疾与创伤》的期刊研究报告认为，Facebook上瘾者的大脑，与吸毒者或赌徒上瘾时的大脑模式相同；社交媒体上得到的认可，比如在Facebook首页很多人为之“点赞”，会使得大脑释放多巴胺，社交媒体上瘾这种情况就是一种麻痹自我的体现，社交媒体满足了自我意识。研究者发现，社交媒体会刺激大脑“犒赏系统”中枢；每一次来自于类似微信微博的提醒、通知，都会加剧对社交媒体上瘾。

值得我们每个人深刻反思的是：社交媒体到底是21世纪的“烟草业”吗？至少从目前看，答案不言而喻——我们每一个人都正处于被社交媒体绑架的“黄金孕育期”，魅力无穷的社交媒体正在悄悄地培养我们每个人的社交“烟瘾”习惯，正如用户体验设计师阿萨·拉斯金（Aza Raskin）所言：“在你的手机屏幕背后，有上千名工程师正试图使软件最大限度地让你上瘾。”

第四节

永远在线，“数字土著”的独特标签

从20世纪80年代末开始，出现了伴随计算机网络成长的一代，他们的生活被电脑及其网络包围。这批富有鲜明时代特色的一代，被形象地称为“数字土著”（Digital Natives）。

从媒介变迁的视角出发，“数字土著”正在经历过去几代人所无法想象的三重革命——互联网革命、移动网络革命、社交网络革命，他们身上拥有过去几代人都没有过的、崭新的、代表移动化的独特标签。

2017年以来，腾讯公司开发的手机游戏《王者荣耀》所带来的冲击话题一直很火。《王者荣耀》玩家中很多中小学生沉溺、上瘾问题受到广泛关注，由此引发了普遍的社会焦虑，带出了“数字土著”完全离不开数字化世界的社会思考。

“数字土著”的由来与争议

20世纪末计算机开始普及，许多家庭都配备了电脑，接入互联网。从20世纪80年代末开始，出现了伴随计算机网络发展成长的一代，他们的生活被电脑及其网络包围。对于这批富有鲜明时代特色的一代，2001年美国Games 2 train公司CEO、游戏教育专家麦克·普林斯肯（Marc Prensky）在《数字土著与数字移民》一文中，创造性地将其描述为“数字土著”（Digital Natives，有些学者也将其译为“数字原住民”），指那些出生于20世纪80年代末（1988年、1989年）、90年代初（1990年、1991年）及其以后的年轻一代，泛指伴随数字科技成长起来的一代或几代人。另外，也有学者把20世纪80年代之后出生的人都纳入“数字土著”范畴。笔者认为，1980年一般被认为是媒介变迁过程中的重要转折时期，1980年前后自然也成为媒介受众划分的重要年份；“数字土著”（包括以下提及的“数字难民”“数字移民”）的本质内涵，其实不在于出生年龄段层面的时间划分，而更多指向在“数字科技、数码世界、网络世界”这样的媒介环境成长起来的群体形象的比喻而已。

与之相对应的还有两个概念：一是“数字移民”（Digital Immigrants）。“数字移民”一般泛指那些出生较早、面对数字科技与文化时必须经历不顺畅而且较艰难学习过程的群体。从年龄段上看，一般指向20世纪60年代中期至80年代中期（20年间）出生的一代人。二是“数字难民”（Digital Refugees）[①]。“数字难民”是指数字移民上一代以及他们上一代或几代人，泛指那些因经济、社会、文化等原因更远离数字文化的群体。从年龄段上

① 有的学者还将这个概念进一步延伸使用。比如，亚非拉等国家与地区尚未接入互联网世界的贫困人口，有时也被纳入“数字难民”范畴进行考察。

看，20世纪60年代之前出生的几代人，都可以纳入“数字难民”范畴。

对于数字土著与数字移民的区别，麦克·普林斯肯是这样解释的：“数字土著”说着电脑和互联网的土著语言，而他们的父辈们（数字移民）对这种语言需要学习和适应，相对来说是一种陌生的、外来的语言，两者存在巨大的数字化鸿沟。对于三者群体的年龄层面划分，中国学者王红新曾有这样的描述：1960年以前出生的人是“数字难民”，他们对数字不敏感；1960—1978年出生的人是“数字移民”；1978年以后出生的是“数字土著”。这也可以说明，学者在使用上述三个术语的时候，不同语境之下可能会提出相对不同的年龄段划分，其实无须纠结于明确的年龄段区分。比如，一个出生于20世纪70年代的人，如果对数字敏感，对网络熟稔，对手机痴迷，懂得计算机技术，甚至还懂得编程序，就完全可以把他看作“数字土著”。

与“数字土著”等有关的描述术语还有很多，笔者着重提及以下几个术语：

1.“网络一代”（Net Generation）。1997年美国学者、“数字经济之父”唐·泰普斯科特（Don Tapscott）在《数字化成长：网络世代改变世界》（*Grow Up Digital*：*the Rise of the Net Generation*）一书中提出了“网络一代”概念。他认为：“网络一代是特别好奇的、自力更生的、叛逆的、聪明的、能适应的、自尊心强的……孩子们收集、接受、吸收信息的方式已经发生了根本变化。”

2.“千禧一代”（Millennials）。美国学者威廉·施特劳斯（William Strauss）和内尔·豪（Neil Howe）在《世代》（*Generations*）一书中，共同提出“千禧一代”概念，泛指20世纪80年代初至2000年出生的一代人。他们认为，千禧一代与出生于1961—1981年的上一代群体不同，他们更加乐观，更具有团队精神。与“千禧一代”指代大体相同的，还有“Y一代”[①]（Generation Y）说法。

3.“X一代”（Generation X）。“X一代”最先由美国《时代》杂志创造出来，1990年7月16日《时代》封面文章推出“Generation X”，界定为出生于20世纪60年代中期到70年代末的一代人。1991年，加拿大作家道格拉斯·库普朗（Douglas Coupland）出版小说《X一代：加速文化的故事》（*Generation X：Tales for an Accelerated Culture*），让“X一代”说法更加流行开来，后来泛指20世纪60—70年代出生的一代人。

4. 美国“婴儿潮”一代（Baby Boom）。在美国报刊的新闻报道中，我们能经常读到美国“婴儿潮”一代的说法，通常一般

① 关于“Y一代”的出生年份范围，其实存在多种说法。比如，有西方学者把“Y一代”定义为1976—1984年出生的一代人。2001年有美国学者把出生在20世纪80年代的年轻人，称为Y一代；还有人认为“Y一代”就是“年轻一代”（Young一代）。一般而言，如今美国通常会把出生于1980—1995年的人称作“Y一代”，也称作“千禧一代”。

指1945—1960年出生的一代人。①

5. 中国“××后”术语。从中国的术语表达看，我们也在经常使用“千禧一代”术语，还会使用表达更简单的“××后”说法，比如，70后、80后、85后、90后、95后、00后……，用来描述不同年龄段群体所具有的不同个性特征。笔者认为，因为成长媒介环境的不同，每一代人的确带有剪不断的时代烙印“脐带”。“××后”说法幕后，恰恰反映了大众媒介的时代嬗变与观念变迁。类似“××后”说法尽管不够规范，甚至还往往被标签化，但是不同年龄段划分是“代际划分”的常见方式；不同年龄层群体身上的确有代际差异、代际个性特征；各个不同年龄层的群体“画像”，能够部分反映代际差异及其共性特征。

结合上述相对杂乱的术语表述，笔者这里用简洁的示意图方式，展示它们之间的关联（如图3-3）：

① 美国报刊经常喜欢以某一特定称谓来泛指某一时代出生的、有着诸多共性的群体。比如，林肯一代人被称为“粗鲁的一代”（Blundering Generation），指出生于19世纪60年代至80年代初的美国人；“迷惘的一代”（Lost Generation），指一战后感到悲观失望和精神空虚的美国青年一代，尤指20世纪20年代的美国作家；“静默的一代”（Silent Generation），指对政治持怀疑观望态度的人，特指20世纪50年代的美国成年人；“愚蠢的一代”（Generation Jones），指出生于1954—1965年的美国人；“垮掉的一代”（Beat Generation），指美国20世纪五六十年代对社会不满的部分青年。

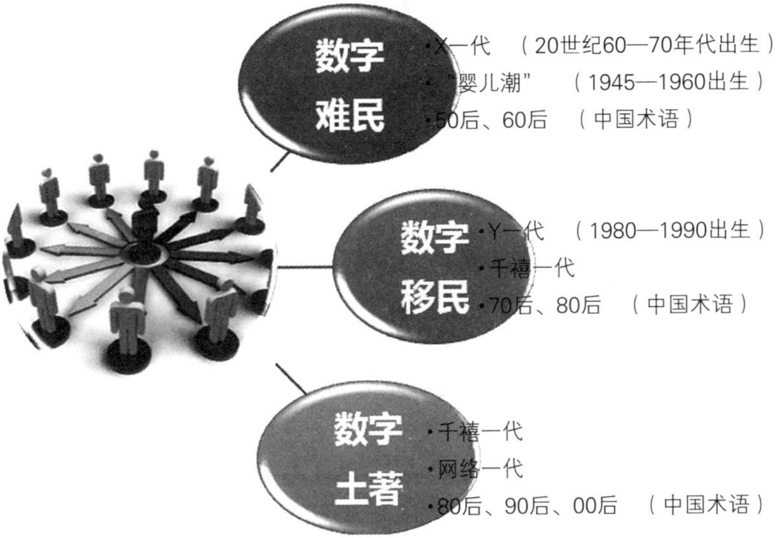

图3-3 数字难民、数字移民、数字土著三者之间的关联

笔者认为，“数字土著”一词指伴随数字化、移动化、智能化成长的一代（或几代人）是最传神的。“数字土著”们已经习惯于迅速地接受网络信息，喜欢游戏生活、游戏人生，而不是“严肃、刻板、单调”的程序化工作，喜欢并习惯“永远在线”等等，这已经成为他们日常化的生活图景。

“数字土著”历经三重革命

2018年1月18日《中国儿童参与状况报告》（2017）调查显示，我国中小学生拥有专用手机的比例达75.9%，85.5%的人有QQ号，70.9%的人有微信。这份报告是在对全国7城（北京、无锡、安阳、贵阳、广州、哈尔滨、德阳）8847名中小学生调查的基础上得出的研究成果。

无独有偶，美国与澳大利亚都曾有类似调查。2018年6月28日，美国“商业内幕”（Businessinsider.com）在线网站[①]以《千禧一代：头可以一周不洗，手机必须刷》为题报道称，在1180位千禧一代受访者（年龄在18—34岁）接受“你愿意吗？”系列调查问题中，100%的受访者都拥有手机；对于手机使用的选择上，有41%的受访者表示“宁愿放弃洗发一周，也不放弃手机”，有54%的受访者表示“愿意放弃电影、电视一个月”，有28%的受访者表示“愿意放弃他们的宠物”，仅17%的人愿意放弃手机。2017年10月《每日邮报》一则报道称，对4000名澳大利亚人（年龄范围在8—34岁）的调查显示，澳大利亚“千禧一代”对手机的依赖很严重。70%的受访者表示，睡觉时他们的手机要放在一臂可及的位置；64.5%的受访者表示，他们曾将手机带到浴室里；53%的受访者表示，他们半夜会查看手机消息。当问及要给多少钱，澳大利亚“千禧一代”才愿意永远放弃手机时，大多数人表示至少需要500万澳元。

从国内外更广泛的视野看，类似聚焦青少年一代手机使用、手机依赖的实证调查很多，国内外相关研究基本形成了一定共识，即全球范围内青少年手机依赖日益普遍，且无明显差

① “商业内幕”（Business Inside）前身是创建于2007年的Silicon Alley Insider，2009年改名为Business Insider，总部设立在纽约，“商业内幕”在线网站除了报道与分析商业资讯外，另将娱乐与新闻整合进来，令人耳目一新的“前卫”评论广受欢迎，是近年来美国最具影响力的商业新闻网站，被《时代》杂志列为“最优秀的25个金融网站之一”。

异性。对于如何解决青少年过度沉迷手机问题，主流看法是：强化媒介鉴别能力，不能单纯靠“阻、断、绝”，只能在接触基础上进行“良性依赖”引导，让青少年们形成理性使用手机的习惯。

如果从媒介变迁的视角出发，“数字土著”其实正在经历过去几代人所无法想象的三重革命——互联网革命、移动网络革命、社交网络革命。[①] 笔者认为，在短短十几年的时间中，人类出现同步发展、交叉使用、高度融合的“三重革命”，正是过去几代人所没有全部经历的人生体验；“三重革命”彻底改变着“数字土著”们的人际交往、家庭生活、消费行为、工作方式等各个方面的游戏规则。面对数字化的汪洋世界，“数字土著”们的行为方式、思考方式、价值观正在发生前所未有的深刻变化，这正是探究“数字土著”概念及其所代表的社会现象的重要意义所在。

学者王红新认为，目前我们数据产生的速度是人类增长速度的40倍，人类正在迈向第四大文明时代——移动互联网文明。笔者认为，代表移动互联网文明的主体，正是20世纪八九十年代出生的、逐步成长起来的“数字土著”一代——中国更喜欢用“90后”“00后”术语。相比较于“数字移民”一代，“数字土著”一代从小学到大学各个阶段的教育环境彻底改变：完全离不

---

① “三重革命”之说，来自美国学者李·雷尼（Lee Rainie）与巴里·威尔曼（Barry Wellman）所著《网络化：新的社会操作系统》，中文版书名为《超越孤独：移动互联时代的生存之道》，中国传媒大学出版社，2016年版。

开电子设备，喜欢网络完成作业，偏爱电子阅读，喜欢玩手机小游戏，从小习惯小屏观看动漫，熟稔在线交流的方式，善于“一心多用”（一边听音乐，一边写作业，一边聊天）……由此，媒介使用环境的变化带来了全然不同的生活学习的行为场景：随时都在接触“屏幕”信息，在家喜欢宅着上网，面对面交流能力不足，课堂出勤率低，上课听讲不够专心……

“数字土著”身上的独特标签

作为新一代“数字土著”，当下青少年的童年生活是由智能移动终端接入数字世界构成的，身上拥有过去一代甚至几代人都没有过的崭新的、代表移动化的标签。

1.在线社交是“数字土著”们从小就熟稔的社交方式。在线社交代表了一个完全在网络空间中存在的、新形式的社会交往文化，可以说，“数字土著”们每天醒着的所有时间几乎都保持在线，没有把网上的生活与现实分开，而是把“永远在线”看作现实生活中的一个无缝延续。他们为自己创造了多重数字身份，这些数字身份与他们的现实身份同时生存，创造了属于他们自己的虚拟社会、虚拟文化。这些基本上都是他们上一辈“数字移民”所不知道、甚至不理解的文化代沟所在。

2.手机游戏是“数字土著”们从小就伴随的娱乐方式。作为一款商业产品，备受关注的《王者荣耀》游戏是成功的。从数据看，截至2017年5月，累计注册用户超2亿，日活跃用户超8000余万，其中00后用户占比超过20%。面对《王者荣耀》《绝地反击》等层出不穷的手机游戏，“数字移民”一代似乎总是不能理解：“数字土著”为何如此沉迷于网络游戏不能自拔？要知道，“数字土著”们从小就接触《魔兽》《传奇》《CS》等游戏，从小就熟悉键盘的字母游戏、拼写游戏、动漫游戏，他们早就习惯了“寓教于乐”的游戏学习方式，他们认为游戏其实也是一种生活。

3.多重任务处理是“数字土著”们从小就养成的学习方式。在我们日常生活中，当前四五十岁的“数字移民”父母一代常常有类似的感慨：“现在的小孩子似乎都比以前更聪明，知识面更广，学习认知能力更强……”，其实暗示了当代青少年在学习与认知方面的变化。一方面，如果说“数字移民”“数字难民”更习惯文本阅读，更喜欢传统“慢阅读”方式的话，“数字土著”则更习惯屏幕阅读、快速阅读。另一方面，“数字土著”深度陷入而且熟练于多重数字任务处理，经常利用各种网络资源同时完成家庭作业、玩游戏、娱乐，以及和众多在线朋友聊天。目前主流的研究结论认为，两者之间的认知差异与所接触的媒介环境、年龄层面相互关联，尽管“多重任务处理”学习方式与状态不一定效果更好、效率更高、方式更优。

可以说，具有独特时代标签的“数字土著”一代，是在线的一代，也是屏幕的一代；是游戏的一代，也是动漫的一代；是碎片化的一代，也是娱乐化的一代。

第五节

微力无比，
微信改变生活方式

从“刷”微信及其朋友圈开始新的一天，已经成为很多中国人的生活常态。微信作为月活跃度超过10亿人的“国民社交软件”，渗透到每个人日常生活的方方面面，已经成为中国移动互联网的奇迹。

如果说，乔布斯的iPhone改变了世界，那么，张小龙的微信可以说改变了中国，改变了中国人的生活方式。

微信软件下载的官网首页（http://weixin.qq.com/）左边区域，有这样几行字——

微信，是一个生活方式

超过十亿人使用的手机应用

支持发送语音短信、视频、图片和文字

可以群聊，仅耗少量流量，适合大部分智能手机

微信7年，一切都被改变

让我们先简要梳理一下微信发展的七年历程：

2011年1月21日，微信上线。

2012年4月，微信发布4.0版本，微信朋友圈登场。2012年7月，微信推出4.2版本，新增视频通话功能。用户可以通过朋友圈发布文字、图片、音频、视频。

2012年8月17日，微信公众平台上线。公众号成立引发了新媒体革命，吸附走了几乎所有传统媒体、自媒体的流量。

2013年8月，微信5.0版本发布，微信支付、游戏中心上线。

2014年1月，微信推出“微信红包”功能。当年的马年春节，“微信红包”一炮走红，一场“抢红包”的狂欢模式粉墨登场，踹开了移动手机支付的“一扇大门”。

2014年3月，全面开放微信支付功能。

2014年8月，微信支付正式公布“智慧生活”全行业解决方案，全面对接日常消费支付。

2017年1月9日，微信正式推出小程序。

…………

再来看看微信吸纳移动用户的强大能量。[①]从统计数据看，几乎平均每隔半年左右的时间，吸纳用户增速都在过亿，这是一个非常可怕的数据与增速——相比于此前所有PC互联网产品，这是绝无仅有的。

---

① 这些用户数据均来自微信公布的历年《微信数据报告》披露，不同报道有时会把“用户数量”称为“日活跃用户”或者“月活跃用户”；早些年份数据报告指向“国内用户”，最新的2018年报告指向“全球用户”。微信争夺用户从一开始针对中国市场，故前几年更多使用“国内用户”一词；随着微信用户拓展到全球，把用户数量重新界定为“全球用户”是符合现实的。

2012年3月，微信用户数量突破1亿；

2012年9月，微信用户数量突破2亿；

2013年1月，微信用户数量突破3亿；

2014年9月，微信用户数量突破4亿；

2014年12月，微信用户数量突破5亿；

2015年6月，微信用户数量突破6亿；

2016年3月，微信用户数量突破7亿；

2016年8月，微信用户数量突破8亿；

2017年9月，微信用户数量突破9亿；

2018年3月，微信用户数量突破10亿；

…………

移动互联网充满了变数，而人们利用这种变化创造了一个新的通信工具，改变了人们的生活模式，创造了一种新的生活方式，这个工具在中国就是微信。微信作为即时通信工具、社交工具、资讯获取工具、移动金融工具，公共服务入口、娱乐游戏入口，已经深深融入我们日常生活的方方面面。微信已经成为中国移动互联网的一个奇迹，已经超越国界，得到全球用户青睐。“微信，是一种生活方式”已经成为现实。

聊一聊，聊成最大的社交平台

简单地“聊一聊”功能，潜移默化地改变了中国人的沟通方式，让微信最终成为中国最大的社交软件。2014年2月7日，新加坡《海峡时报》报道过这样的一番场景：

杜永飞（音）过去习惯于每周更新一次自己的微博，在坐地铁上下班途中浏览自己所关注的微博。不过，在房产中介公司工作的26岁的杜先生，已经差不多半年没有登录过自己的微博账号了。他在对比微博和微信时说："微博变得乏味，评论都是四平八稳的。我已经转用微信，微信更私密，大家更畅所欲言。"

正是从2014年左右开始，作为更加简洁化、更有人性化、更具私密性的社交软件微信，逐渐超越微博、QQ，最终成为中国最大的在线社交平台。在可以预见的将来，微信作为中国社交应用第一屏的地位毋庸置疑。"有事微信说"，似乎成了我们每一个人的口头禅。作为人际沟通的重要工具，微信契合了社会黏性与人性化的发展态势；从微信聊天1.0到2.0，再到之后的2.1、2.2、2.5、3.0、3.5，微信一直执着于一件事：让用户更方便地加更多的好友。尽管微信多元功能已经拓展到微商、公众号、支付平台方面，社交属性依然还是微信最本质的核心功能，可以说"无社交，不微信；无微信，不社交"。因为我们的确需要这样一个聊天平台，方便记录、分享、展示日常生活，得到被关注、被点赞、被承认的社交存在。

赞一赞，赞出分享的不竭动力

可以说，微信朋友圈正在塑造我们新的分享方式、交往方式，满足我们"关注"与"被关注"、"点赞"与"被点赞"的需要。

2012年4月，随着微信4.0版本更新上线，微信设计出体现社交黏性的核心功能——微信朋友圈，从此可谓彻底改变了现代人的生活节奏。基于熟人关系所构建起来的微信朋友圈，日益变成了一种最潮流、最入流、最主流的社交方式，并深度左右我们的日常生活。在朋友圈24小时“不打烊”的社交空间中，我们知悉了别人，也看到了自己。

腾讯公司发布的《微信影响力报告》（2016）显示，拥有200位以上好友的微信用户占比最高；有61.4%的用户每次打开微信，必刷微信朋友圈；每天都会使用的微信功能调查中，朋友圈排名第一；朋友圈点赞比比皆是——晒图点赞，给个人动态点赞，给转发文章点赞……“点赞”往往能收获双重效果：赞者表达了认同感；被赞者获得满足感。

微信朋友圈之所以流行，本质在于它营造了一个黏性很强、真实与虚拟结合的社交空间环境，形成了源源不断地分享的精神动力。社交产品的作用之一，就是能够让人与社交关系网内的朋友分享信息、共享感受。使用社交产品的人，不只是被动地接收信息，还不时发出信息，对信息进行评论、分享、讨论，从而创造出一个共有、共享、共建的“社交家园”，进而形成你我他乐于“入圈”“归圈”“找圈”的一种社交归属感，源源不断地分享成就了微信朋友圈。

目前，尽管无数吐槽指向微信朋友圈，认为朋友圈被人情世故、微商、资讯、无聊眼球所轰炸与绑架，但依然没有改变微信及其朋友圈作为使用率最高的在线社交平台的事实。每个人似乎都“无可救药”地爱上玩微信，爱上刷朋友圈，即便是你在克制不去打开微信，时间一长却枉然，因为无数工作、交流、生活都需要借助微信才能完成。无论是玩或不玩，聊或不聊，刷或不刷，每天都有成千上万的人被这个平台与圈子套牢，绘声绘色地直播、浏览自己的“掌上生活”。

扫一扫，扫成消费的支付入口

简单的“扫一扫”功能，让微信成为人们日常流水式消费的主要支付入口，正在潜移默化地改变着中国人的传统消费模式、支付模式。

得益于以“用户为本”的创新模式，微信已经满足网上购物、叫外卖与电影票、实体店结账、菜场买菜支付、水电费支付、车费支付、聚餐分摊账单、预约医院挂号，预订酒店等等一切生活消费需求。所有这一切，只需要点击几下手机屏幕，扫码即可完成，成为中国人手掌之上最便捷的移动“电子钱包”。得益于微信普及，中国消费者完全可以不带任何现金和银行卡出门，这也是中国移动互联网完善发达生活场景的最佳写照。根据“易观国际”（Analysis International）的数据显示，2013年微信支付问世那一年，腾讯在移动支付市场占有率（按交易规模计算）只有3.3%，支付宝市场占有率却为70%。截至2016年7月，微信支付份额已经增加到38%，微信支付活跃用户数量比支付宝多出1倍。

原本属于支付宝的市场份额，之所以被微信支付逐渐蚕食，核心还是微信的社交功能属性更强，使得用户习惯养成后产生的依附性更强，成功走出了一条“先社交后支付”的转型之路；相反，阿里巴巴CEO马云一直羡慕微信的强社交属性，试图让支付宝走向“先支付后社交”之路，却始终无法取得成功。相比微信平台来说，天猫（包括淘宝）平台的商业属性更强，更多占据大额商品交易的在线支付市场。根据笔者观察，截至2018年，微信支付已经夺得移动支付市场的“半壁江山”，形成了自己独特的竞争优势。基于依托黏性强的10亿用户这个前提，微信支付的使用频率已经远远超越支付宝，成为“小额支付、日常支付、流水支付”消费的最大赢家。

目前，从“刷”微信及其朋友圈开始新的一天、结束睡前的一天，已经成为很多中国人的生活常态。如果说，乔布斯的iPhone改变了世界，那么，张小龙的微信改变了中国，改变了中国人的生活方式。

第六节

点赞之交：人际关系日益肤浅化

当微信日益深度融入我们的社交生活，微信朋友圈开始从私密化到公开化，从圈内人转为圈外人，从熟人拓展到陌生人，“点赞”成为朋友圈好友相互招呼的一种手段与姿态，可谓古有“点头之交”，今有“点赞之交”。

一旦“点赞之交”成为“屏社交”的一种常态，多少就意味着这样一个残酷现实的到来：“屏社交”正在取代原始的“深社交”，“屏社交”根本无法推动人际交往的亲密度，反倒让现实的人际交往日趋肤浅化，“点赞之交”不过是在线社交的一座社交神龛，一个社交符号，一种社交礼仪。

朋友圈作为微信体现社交属性的“集中营”，其发展轨迹经历了从熟人到陌生人、从私密到公开、从真诚相待到履行礼节的演变过程，逐渐形成了泛滥化、过度化、肤浅化的“点赞之交”在线礼仪，真可谓：古有“点头之交”，今有“点赞之交”。

屏幕社交：人际交往日趋在线化

这样的日常社交场景，每个人可能碰到过——

你特地约一位好朋友出去谈事情、聊天、聚餐的时候，他却紧握手机，低头不语。

原来，他正在跟另一个好友“聊得火热”，却对面对面的你不冷不热、爱理不理。

其实，上述见面情景正是“屏幕社交”带来的尴尬现实，多少意味着这样一个残酷的事实：人们可能的确身在一处，而他们的社交关注和沟通焦点却在别处——这也就是美国社会心理学家肯尼斯·格根（Kenneth Gergen）所描述的“在亦不在”（absent presence）的游离生存状态。过去几年以来，“屏幕社交”席卷中国，智能手机成为“屏社交”中的第一屏。在日常生活中，很多人都会发出“离开了手机，你还会社交吗？”“你多久没有和朋友坐下来畅快淋漓地谈天说地？”等类似的追问。手机之上的“屏社交”软件及各种应用程序的出现，诱使人们与手机难舍难分，我们每个人似乎深陷“屏社交”无法自拔，人们的社会交往更加呈现“在线化、虚拟化、屏幕化”趋势，“屏社交”正在取代原始“深社交”模式。

在强大的“屏幕社交”面前，现实社交及其人际关系开始变得脆弱、肤浅、表面。“屏社交”无法体验表情、手势、眼神的表达，无法辨别内心真实的情绪与情感，不利于深层次的情感交流和精神交流，容易导致社会交往的“异化”。虚拟社交与现实社交在移动的时空场景下变得黑白颠倒；各类社交媒体隐蔽地将用户的“现实关系链”进行了巧妙的虚拟迁移，虚拟社交和现实社交才形成了比重上的颠倒。正因如此，建立更具亲密度的人际关系，实现“深社交”就变得越来越难。

朋友圈点赞：相互“应付”的社交符号

不时对圈内好友“点赞”，是微信朋友圈的一大功能。喜欢“瞎逛”微信朋友圈的人都知道，看到圈中好友发布诸如晒吃、晒娃、晒家庭、晒旅游、晒美文等资讯或图文之后，或者出于同感，或者出于套近乎，或者出于面子，及时点赞是经常之事。久而久之，微信上的各类“点赞之交”，就变得随时、随意、随心，“屏幕社交”的社交礼仪孕育而生：点赞、献花、竖拇指、评论、拉黑……于是乎，屏幕之上的“点赞之交”，最后逐步变成了一种社交符号，“点赞之交”日益变得肤浅化、形式化、仪式化。

图3-4　微信上的各类“点赞之交”，逐渐变成了在线社交的一种仪式

细细梳理看，微信朋友圈中的“点赞式社交”，一般包括以下三种类型：一是赞亲戚与家人——类似点赞，显然不带任何功利目的，点赞所展示的内涵其实无关紧要，都代表着一种关注与肯定、加油与鼓励、祝福与思念的文化符号。类似点赞已经逐步削弱甚至替代电话（短信）问候、定期探望、相互拜年等传统的仪式感，成为自媒体时代黏合家庭或亲情的有效沟通的社交新方式。二是赞领导与同事——类似点赞，一方面是出于日常工作需要，所点赞内容往往与工作或专业相关；另一方面可能出于礼貌性回复；有时还是出于官场潜规则需要，出于对上级领导的尊重，引起领导关注等心态，包括生活或者工作吐槽、旅游或出差晒图、工作或专业感受等等。三是赞好友与朋友——类似点赞，可能出于兴趣爱好、价值观、审美观等方面情投意合，也可能是从维护人际资源的考虑出发，以此表示“加油”“安慰”“理解”“肯定”等等，方便维系或者持续获得对方的关注。

笔者的一个高校朋友不止一次地感叹说：“因为喜欢摄影，加上在高校教授视觉艺术，微信好友可谓‘遍布天下’，自己每天喜欢晒一些美图；每次打开微信，屏幕上方总有无数未读‘点赞’提示，看到朋友们给自己点赞，自己一直很在乎，觉得朋友们都很在意自己，也对自己的摄影作品充满自豪感。2017年12月，广州《财富》全球论坛期间，我发了一张自己感觉最满意的美图之后，朋友圈照样迎来无数点赞。可是，第二天当我问起‘点赞’的朋友对昨天所发美图有何评价时，好多朋友都惊讶地问：‘啊，你发的是什么美图呀，美女图吗？’很多人当面再次翻看手机后才知道是什么照片。经过这次我才体会到，很多朋友其实都在例行公事地点赞，不会太在意发的内容到底是什么，只是礼节性表示而已；点赞似乎成为微信朋友圈好友相互‘应付’

的一种手段。从此之后，我就不太在意好友们的点赞，自己也越来越少点赞朋友圈的好友。”

关于上述的一番感慨，相信大多数人都会有同感。更为搞笑的，可能还有这样的场景：一个朋友曾在朋友圈留言，“零件老化，正住院重新修理一下！”随后除了收到无数“献花”“拜佛”“加油”表情符号之外，同时也收到了无数“点赞”“拇指”“偷笑”“坏笑”等表情符号，多少让人哭笑不得。这些表情符号背后，大多数是平时熟悉朋友的随意聊侃，原本并无恶意。恰恰是这些随意之举表明，当“点赞社交”成为一种网络社交的惯性、仪式、礼仪的时候，真实的在线友情到底有多牢靠？其实很值得推敲。

点赞之交：无法建构现实亲密关系

生活经验告诉我们，相互赞美是人与人之间增进感情的重要手段。“点赞式社交”流行，一方面是现实社交真实称赞的无限延伸，另一方面还是现实社交真实称赞的深度异化。各类实验研究表明：现实生活中，人们更倾向和离自己较近、经常与有机会接触的人建立亲密关系。而透过虚拟的网络平台，借助频繁“点赞”，看似更容易建构起亲密关系，其实只是一种虚幻的表象而已。对此，麻省理工学院的赛瑞·特克尔（Sherry Thurkle）研究发现，点赞行为对人与人之间的真实了解不起什么作用，“点赞式社交”所获取的亲密感其实并不完整，它不一定能转化为现实生活中的人际联结。

从更广泛的社交视角观察，如同过去人们相互碰面时的“点头之交”相似，“点赞之交”更多表现为在线好友相互招呼的一种手段。而一旦“点赞之交”成为“屏社交”的常态，多少就意味着一个残酷现实的到来：“屏社交”正在取代原始的“深社交”，开始让现实的人际交往日趋肤浅化。笔者认为，“点赞之交”不过是微信朋友圈的一个社交“功能符号”，“点赞”已经蜕变为在线社交的一座社交神龛，一个社交符号，一种社交礼仪，我们无须把“点赞之交”上升到甄别亲疏远近、感情联络的精神需求层面，从而也就无须太在意朋友圈点赞数量的多少、点赞频率的高低，不必背负“屏社交”质量好坏的思想包袱。

第七节

朋友圈好友：五类“标签好友”，你属哪一类？

作为社交时代“圈群型动物”的我们，如今最依赖、最离不开的，大概就是微信朋友圈。

微信朋友圈之所以火爆中国，其实还是深得中国文化的精髓。“圈子文化”自古有之。过去，典型中国人的社交生活，正由无数圈子组成。朋友圈之所以变成中国人在线社交的主要空间，就在于它成功地在掌媒之上搭建起中国人过去熟悉的“圈子文化”，造就了手机上无数的“圈群”。网友有句“名言”说得好：朋友圈就是一个人最好的标签！在“屏社交”时代，我们每一人都是他人的“标签好友”。

在“屏社交”时代，我们都是“圈群型动物”；每个人在他人的朋友圈中都有一个“标签”，我们都是他人的“标签好友”。裹挟中国人潜在的“圈子文化”需求而来，微信朋友圈一直风靡全国，每个人每天都游走于数不清的“圈群”无法自拔。

平时，笔者时不时地会观察与思考这样一个问题：面对浩瀚的朋友圈好友，他们到底都是一些什么人？笔者尝试将朋友圈好友归纳为五大类型。

如下图表所示——

图表3-5　笔者朋友圈五大类型

第一类：爱晒型——一切皆可以晒

笔者基本不在朋友圈发自认为个人隐私方面的信息，比如孩子照、生活照、家庭照等，而自己的朋友圈一直存在每天晒生活的好友——晒鞋子、晒美食、晒礼物、晒身材、晒孩子、晒生活、晒恩爱……一切皆可晒！

这里有一个小插曲。前几年笔者有几个平时很熟悉的同事，每天每次打开朋友圈，都有他们每时每刻喜欢“霸屏”的留言、留照、吐槽；从早到晚，他们一天的生活轨迹似乎都能从微信朋友圈中找到，他们似乎总是无所事事地“活”在朋友圈，他们的“霸屏”信息大多数属于生活琐事，每天不停地晒走路、晒牢骚、晒孩子、晒生病……用学术术语来说，他们完全属于社交平台的“过度分享狂”[1]。实不相瞒，笔者实在无法忍受每天被琐碎无聊的信息“轰炸”，只好在某几个深夜时分，悄悄地删掉了很多微信好友，从此不再关注他，朋友圈从此“清净”了许多。

移动化社交时代，“分享就是一种美德”已经成为多数人的共识。对于分享，目前依然有两种不同认识的观念碰撞：第一种认识，恰如著名华人女作家亦舒所言——真正有气质的淑女，从不炫耀她所拥有的一切，她从不告诉别人她读什么书，去过什么地方，有多少衣裳，买过什么珠宝，因为她没有自卑感。第二种认识，则恰如80后炙热“网红”郭敬明所言——独自看到世间的美景而无人分享，真是一种让人沮丧的遗憾。我想拍下全世界的美景，带给你看。

上述两种认识，其实都有道理。对于朋友圈的分享，笔者一直认为，个性不同、工作不同乃至感触不同，随时分享、乐于分享、敢于分享是一件快乐的事情。移动化社交平台培养了人们的分享理念，通过分享赢得关注，通过分享缓解压力，通过分享赢得机遇，已经成为大多数人日常生活的新常态。当然，喜欢“晒”生活的一个重要前提，最好要掌握一定的度，不要过分地“暴晒”“裸晒”“全晒”。过分“晒”一定程度上就是社交虚幻化、孤独化、上瘾化的病态表现。毕竟，我们已经进入社交信息泛滥化、社交交流肤浅化、虚拟社交上瘾化的移动化社交时

① 关于社交平台上的“过度分享”现象，本书第五章节有详细阐释。

代，需要我们这些真实的“主体”更加清醒一些，以此抵御移动社交工具带来的“异化与奴役”。

第二类：缄默型——长期“沉默寡言”

2015年12月，《中国纪检监察报》报道过这样一则消息：山东省某市公安局副局长吴某，在微信朋友圈中批评“一国两制”政策，违反政治纪律，被山东省纪委通报处分。据悉，此消息一度在官场热议，很多官员为此还清理了他们的微信朋友圈。

这么多年来，很多人估计都有类似感受：厅局级以上官员、纪检或组织部门、省市办公厅等所谓敏感部门的高级官员，是微信使用频率最低的一个群体。《南方周末》曾在一篇题为《官员们的微信朋友圈》的文章中剖析过“官级越大，发言越少，社交越少”现象。这篇文章中提到，大多数官员随着职务变得越来越重要、越来越高，他们会很少表露个人观点和情感；职级越高，发的内容越少，甚至从不发言。在很多人的朋友圈中，的确存在多数上级领导或者其他高管、高官长期“沉默寡言”的现象。笔者在私下场合问及“位居高位”的一些朋友时，他们也提及平时都会经常翻阅朋友圈，也会看很多公众号文章，只是不发言、不转发、不点赞而已。

进入2017年以来，笔者还发现了另一种新现象：大量普通好友开始在微信朋友圈长期保持“静默、潜伏、窥视”。一名好友聊天时曾感叹：通过关注几个经常浏览的公众号，基本可以获取想要的信息，朋友圈分享早已经牢骚化、矫情化、碎片化，实在没有什么有价值的信息值得分享、转发、点赞。当然，当问及原因时，很多朋友都提及，他们之所以喜欢“潜伏”，是不愿意暴露自己的个人隐私，担心自己的生活变成他人谈资。

第三类：营销型——有需要的私我

类似以下情景，估计每个人都似曾相识、见怪不怪——

“亲们，帮忙扩散与投个票呀，选15号，打开页面下拉，直接打钩……”

“亲们，帮忙点个赞；若能集齐12个品牌，可以免费领取试听课，感谢各位，拜托啦！”

“国际一线品牌，有需要的私我！”

…………

所有上述微信朋友圈的类似留言，其实都根源于掌媒时代宣传、营销或广告的新渠道、新方式、新思路——微商营销。简单追溯，基于越来越多的人开始习惯移动手机支付，2015年移动化微商营销迎来“红海之年”。借助朋友圈这个无限拓展与延伸的“关系链闭环”，通过微信好友之间不断“刷屏、转发、点赞、评论”等走流量的方式，不少广告商、微商、品牌商都获取了不错的传播效果或者利润收益。经过2年多的野蛮生长后，2017年微商就早早耗尽了“营销红利期”。因为一旦微信用户熟悉了微商的套路，变得无法忍受每天看到无数微商“轰炸”之时，微商被屏蔽就在所难免。为此，有人发出如下感叹：每当微信群多了一个“微商”，现实一定就会少了一个朋友。

第四类：鸡汤型——满满的正能量

下面这些耸人听闻的鸡汤文标题，很多都在上了一定岁数的老人群体朋友圈中流转过无数遍：

“太可怕了，未来80%的公司要被清洗，有图有真相！”

“不要再吃这个菜了，百分之百致癌！”

“风靡日本，健身减肥十大秘诀”

…………

当然，笔者的微信朋友圈接触到的“鸡汤文”标题，显然不仅包括上述养生、科普、情感、社交等鸡汤文章，还包括各种励志性鸡汤故事——所有的名言警句统统来自尼采、于丹、盖茨、马云、巴菲特……这些“鸡汤美文”总是试图让你忘掉现实，每天生活在满满的正能量氛围之中，靠一针针“人工鸡血”生活着、奋斗着、憧憬着。

当今，微信朋友圈资讯的“内容鸡汤化、本质营销化、标题渲染化”肆意泛滥现象，从一份调查报告中可以得到验证。2016年2月，全球调研机构凯度（Kantar）发布《中国社交媒体影响报告》，报告分析了微信上“最热门的50个公众号”三个月（2015年9月15日—12月15日）区间的文章阅读情况。这份报告认为，微信公众号变得越来越“感性”，有19个属于情感类公众号，而2014年只有3个；情感类文章受欢迎程度较过去有明显提升，阅读量也从去年的21%上升到34%，其中“心灵鸡汤”类内容贡献了重要的力量。

第五类：专业型——汇聚专业资讯

【南亚参考】洞朗对峙：不丹和印度官方是如何表态的？

热烈祝贺某某传播研讨会成功召开；

《时代》周刊封面文章：中国赢了，美落居第二；

权威发布！新一届中央政治局全体成员简历；

…………

上述文章都是笔者在手机上乐意点击、快览或偶尔点赞的时政类资讯，这些资讯一般都能从微信朋友圈看到，有时笔者还会把某些文章转发到自己的朋友圈，配上“需者自取”的评论，时不时还能收获到一批好友点赞。可以说，基于专业分工、工作性质、兴趣爱好的不同，很多人的微信朋友圈都有“情投意合”的一批同事、朋友，从而建构起相对封闭、亲密、熟悉的不同“圈群”社群；很多“专业型”好友总是乐于及时（甚至是第一时间）分享自己或认可，或批判，或解密的专业类信息资讯。可以说，由科研界、学术界、传媒界等所搭建的专业类文章，成为“专业型”朋友圈之间高频率点击、转发、评论的核心内容。

从自己从事的传媒业看，笔者不得不发出感叹：从某种程度上说，包括微信公众号在内的移动社交平台，是“害死”报刊在内传统媒体的“罪魁祸首”。传统媒体辛苦生产出来的原创内容、独家猛料，一旦被公众号、朋友圈等社交平台转发，基本都属于“一转没”——转走了流量、转走了影响力、转走了用户。

基于知识产权保护意识不强的缘故，传统媒体的专业性内容已经失去了过去专有的传播渠道，在微信朋友圈中变得随时“触手可及、唾手可得”，这让采集、制作、生产专业内容的“正规来源”“正规出口”“正规渠道”变得可有可无。

第八节

朋友圈蝶变，“三天可见”是一种抗争

当连卖菜大妈都主动加你为好友（转账支付方便）时，微信朋友圈显然已经变味，演变成为工作圈、人脉圈、交易圈、合作圈、支付圈。

2017年7月，微信朋友圈推出“三天可见”“半年可见”功能。在笔者看来，朋友圈“三天可见”的本质，是基于在线社交“商业化、泛滥化、肤浅化”的残酷现实前提下，人们在线社交狂欢后自我保护的一种方式，是人们渴望回归正常现实社交的一种抗争与选择。

随着微信朋友圈的普遍流行，微信朋友圈已经不再私密，不再纯粹，某种程度上成为“江湖的世界”。这种变味背后，正是微信平台过度商业化、追逐商业利润的必然结果。

微信朋友圈三个阶段“进化史”

在笔者看来，微信朋友圈的“进化”大体经历三个阶段：

第一阶段：熟人小圈子。

2011年，微信问世；2012年4月，微信发布4.0版本，增加朋友圈功能，开启了“熟人社交”第一次尝试。与Facebook设置不同，朋友圈内部只能看到帖子下共同好友的评论，属于熟人之间的“小圈子文化”“家庭客厅文化”。最初的朋友圈还仅限于分享照片、评论与回复等基础发布功能，用户更多的是在这个小天地里和亲近的朋友、家人分享自己的喜怒哀乐，了解朋友的生活新鲜事，充满了熟人社交的温暖和坦诚。与微博展示的“广场文化”相比，“圈子文化”当时还不足以形成社会影响力。

第二阶段：资讯大圈子。

2012年8月，微信公众号应运而生。2013年年底，微信新增分享信息到朋友圈的功能。原本相对封闭的“熟人圈子”开始拆除私密的“围墙、藩篱”，微信朋友圈迎来第一次大改造。

当时，用户已经不再满足于单纯的聊天功能，用户对内容的需求和互联网创业风潮催生了微信公众号平台。微信基于其庞大的用户基数，一下子就吸引了众多自媒体人、微博大V、政务新媒体、传统媒体账号进驻；2014—2017年间，微信公众号的数量一直呈现爆炸式增速趋势。[①]微信用户形成分享公众号文章的习

① 腾讯研究院的数据显示，截至2014年年底，微信公众号总数800万个，中国平均每160人便拥有一个微信公众号；2015年年底，微信公众号数量总数突破1000万规模；截至2016年年底，微信公众号数量达到1777万；截至2017年年底，微信公众号数量达到2100多万。从2018年开始，由于微信公众号竞争激烈，加上国家层面加大了对虚假、低俗自媒体的打击力度，微信公众号总数有所减少。

惯，微信朋友圈成为继微博之后又一重要的资讯获取渠道，“微信爆款”成为社会舆情发酵的源头，更容易形成“病毒式传播”舆情热点。

第三阶段：营销大广场。

随着微信朋友圈活跃用户数逐年增加，部分用户看到了朋友圈的商业价值，开始做起熟人的推介生意，掀起过一波“微商行情”：2013年兴起朋友圈代购，2014年表现为层级代理，2015年微商平台化。2015年8月20日，微信朋友圈广告正式上线，不少人收到的第一条微信朋友圈广告来自“宝马中国”，那些没有收到“宝马中国”广告的用户还戏言：这就是“精英”与“草根”之间无法逾越的鸿沟。从此以后，微信朋友圈软文横行，商业气息渐浓。

2017年7月，微信推出代号为“6.5.6”新版本，其中最大变化就是：隐私选项中增添“允许朋友查看朋友圈范围”设置，选项有三天、半年和全部，微信朋友圈上线五年之后，微信第一次允许用户“隐藏自己”。

如果从朋友圈演化历程的角度观察，朋友圈“三天可见”“半年可见”功能，其实顺应了“社交民意”，满足了很多用户自主选择的潜在需求。毕竟，朋友圈从私密的“熟人圈子”到公开化的“半熟人圈子”，再到“陌生人圈子”，朋友圈已经完成从“私家领地”到“公共广场”的转变，朋友圈已经彻底变味，朋友圈日益演变成了工作圈、人脉圈、交易圈、合作圈、支付圈，这也是微信平台逐步商业化的必然结果。

“三天可见”，正反方都信誓旦旦

朋友圈出现“三天可见”功能后，争议一直不断。支持派与反对派的声音交织，两派都提出过各自具有代表性的言论观点，时不时成为朋友圈到处传阅的“爆款”鸡汤文。

支持者认为，朋友圈“三天可见”利于保护隐私。支持者认为，“朋友圈里并非全都是朋友”，会引发诸如隐私泄露、上当受骗等问题。比如，有时大家一起开会，初次见面加个微信很正常，而这些人可能以后很少有机会再见面，却可以通过朋友圈了解对方很多涉及隐私的细节，“三天可见”可以预防陌生人的追查，保护个人隐私不受侵害。此外，微信朋友圈已经成为一个半公共的空间，对朋友圈分组、设限理所应当。

反对者认为，朋友圈“三天可见”导致“友尽、损友”。反对者指出，朋友圈“三天可见”功能设置是一个败笔，因为它违背社交媒体的原则，导致朋友圈逐渐走向封闭。对于一个新朋友来说，朋友圈无疑是快速了解对方的渠道，通过翻阅对方的朋友圈，很容易看出这个人的才华、思想、见解、价值等，即便是对方不经常发原创内容，只是转载，也可从转载内容了解对方的性格与喜好。如果是建立在互信的基础上，担心对方通过朋友圈获取自己的隐私，就不再具有社交的意义。朋友圈原本可以扩大社交，“三天可见”的结果等于封闭了自我。

2017年朋友圈“三天可见”功能推出前，朋友圈就出现过“关闭微信”“退圈”“退群”的巨大声浪。比如，2016年4月，一篇北大博士、网名“破破的桥”呼吁《退朋友圈保智商》①一文一度“刷屏”微信朋友圈，引发了共鸣。这篇网文的主旨就是反思与抗议微信朋友圈，认为朋友圈造成了“信息污染”泛滥，充斥着各种谣言与伪科学。这篇文章中提到：

“我父母也上微信了，他们那同学圈子没法看，整天分享的都是伪科学、谣言和心灵鸡汤。拉黑不商量。”

“这帮人很多还是教授呢，个个都热衷传播那种最傻的谣言，真不知道怎么当上的，教出的学生该有多蠢哪。”

“自从学会上网以后，妈妈今天告诉我不能吃鸡蛋，明天告诉我不能吃鱼，最后家里啥都不敢吃。她怎么就那么爱信那些胡扯呢。”

“微博让你发现社会上有很多傻×，微信让你发现身边有很多傻×。”

“退圈保智商。”

这些资深却年轻的网民们抱怨的，是对“无效信息”泛滥网络的抗争。“破破的桥”对微信朋友圈无效信息乱象的批判，得到了很多网友支持。有的网友直言，自己已经被朋友圈的无效信息“虐得很惨”，大量信息垃圾耗费了时间和流量，如今他已经“退圈”。此外，这篇文章还被新华网、人民日报网等传统主流

---

① 《退朋友圈保智商》一文，最初出现在“破破的桥博客”中，是《信息污染系列》文章中的其中一篇，最早上传于2015年7月7日（参见http://blog.sina.com.cn/s/blog_56fc0caa0102vrvq.html），该文引发普遍关注与普遍共鸣，却出现在2016年4月左右。

媒体关注与转载，一些主流媒体为此还推出过一系列评论文章，聚焦微信朋友圈的“资讯乱象”“广告乱象”“营销乱象”。

图3–6 “谣”钱树（张滨漫画）

“三天可见”矫正社交泛滥化

如果沉浸朋友圈久了，我们多少都会发现：朋友圈，其实就是一个社交江湖——有的人长期保持沉默，有的人天天牢骚不断，有的人天天晒娃晒物，有的人天天忙于促销，有的人天天晒“鸡汤”……可以说，在移动互联网时代，刷朋友圈已经成为很多人日常生活的组成部分。很多人喜欢通过朋友圈去了解一个人，查看一个人的动态，猜测一个人的喜好，揣摩一个人的品味……朋友圈宛然成为我们“围观”与“被围观”的主要社交场域。

2018年以来的很多调查都显示，越来越多的用户开始启用朋友圈时间设置功能，纷纷把朋友圈设为“三天可见”“半年可见”，主动缩小朋友圈留言的查看时间范围，很多人甚至还关闭了朋友圈。我们不由追问的是：越来越多的人主动隐藏自己的“江湖世界”，幕后代表了无数微信用户怎样的社交心态之变？从微信朋友圈进化史看，面对微信平台的日益商业化，面对在线社交的泛滥化，很多人开始正视朋友圈所带来的种种负面干扰。

微信朋友圈设为“三天可见”引发的无数争议，一方面是广大网民自我解构、过度解读的结果，另一方面还代表了很多人对在线社交的重新审视与反思。很多人会觉得，虽然在线社交降低了人们的交往成本，提升了人们的交往效率，却没有真正提升人际交往的真实感、安全感、满足感。笔者认为，越来越多的微信用户开始接受朋友圈“三天可见”等设置功能，幕后代表着在线社交“商业化、泛滥化、肤浅化”的残酷现实，表明人们希望自我掌控在线社交的分寸感、主动权，渴望回归正常真实社交、回避虚拟社交泛滥、避免信息过度干扰，体现了人们对在线社交的一种自我反思、自主抗争、主动保护。

第四章 支离破碎

——阅读碎片化

▶ 场景一：每个人都习惯了手机阅读

现在的人都习惯用手机阅读，买书看的人很少了！我每天坐地铁上下班，看到的都是埋头看手机的人。不只是年轻人，还包括那些五六十岁的人，甚至六七十岁的老人。

——笔者一位微信好友的朋友圈留言

▶ 场景二：读书之前不忘打开Wi-Fi

早晨起来读书，忽然想起手机还没有打开Wi-Fi，没有Wi-Fi怎么看书呢？于是我先打开了Wi-Fi，然后打开了手机……

——笔者一位微信好友的朋友圈留言

▶ 场景三：我快要被碎片化阅读害死

我每天总是不由自主地打开微信朋友圈，无数次点击再点击、翻页再翻页，不厌其烦、乐在其中、消耗生命……

最可恨的是，我的脑海中根本留不下一丁点印象。甚至我会迟钝地怀疑，顺便发出哲学般地质问：我TM到底为什么要打开它？我突然意识到，我真的快要被碎片化阅读给害死了！

——摘自网络上一名网友的感言

第一节

受众40年：从听众到用户的“媒介记忆”

作为信息传播的接受者，中国受众——报刊的读者、广播的听众、影视的观众、网络的网民、手机的用户，大体构成了传播学意义上的“受众变迁史”。

改革开放40年来，不同媒介对不同年龄阶段的中国受众构成了独特影响，对不同受众形成了不同的“媒介记忆”，从微观层面反映出每一种主流媒介所产生的具体影响，形成了不同受众在生活中对不同媒介偏爱的“代际差异”。

一直以来，我们把读书的人叫“读者”，听广播的人叫“听众”，观影视的人叫“观众”，放在一起统称“受众”[①]。如今，网络“网民”、手机“用户”成为新媒介技术形态下拓展了的“受众”。作为传播学中的三个基本概念，“传播者、媒介、

① “受众”一词，最早出现在威尔伯·施拉姆《传播学概论——传媒、信息与人》一书中，是相对于传播者而言在传播过程另一端的读者、听众与观众的总称。关于“受众”的分析与研究，一直是传播学“5W”系统中不可忽略的重要一环，发展形成了不同的“受众观”理论体系。

受众”三者构成了一条完整的传播链条。

在这里，笔者以我国改革开放40年为时间坐标，通过40年来“中国受众与媒介”的互动变迁——听众眼中的广播、读者眼中的书刊、观众眼中的影视、网民眼中的网络、用户眼中的手机，展示不同媒介对不同年龄段受众所形成的独特“媒介记忆”，从微观层面展示不同时期的主流媒介对人们及其生活所造成的具体影响。

听众与广播：七八十年代的美好记忆

20世纪七八十年代的中国，广播曾是最主流的传播媒介。自从中国拥有广播以来，广播就具有鲜明的意识形态属性，每一次的政治变迁甚至都成为中国广播分期的重要节点。20世纪70年代之前很长的一段时期内，广播都是报纸和通讯社的发声工具，是报纸新闻的“有声版”，承担着敌我斗争、阶级斗争、舆论宣传的喉舌功能。

20世纪七八十年代，伴随中国步入改革开放新阶段，广播媒介迎来自身发展的“黄金时代”，成为信息传播的主流媒介。长篇评书、报告文学、广播连续剧、点歌台、相声综艺、新闻与报纸摘要、电影录音剪辑、儿童广播……这些广播节目成为50后、60后、70后三个主要年龄阶段群体成长中的重要“媒介记忆”。20世纪70年代至80年代上半期，广播媒体在中国大地独领风骚，涌现了大批经典栏目与剧目，深受中国广大听众喜爱。比如，以中央人民广播电台为例：“嗒嘀嗒、嗒嘀嗒、嗒嘀嗒——嗒——嘀——小朋友，小喇叭开始广播啦！”这段开始广播曲堪称永远的经典之音，在某种程度上都是“泛70后”童年美好回忆的一个文化符号；比如《夜幕下的哈尔滨》《四世同堂》《平凡的世界》等等一批长篇连播小说，由于其通俗性、故事性以及主持人的感染性，深深影响了50后、60后、70后等几代听众群体。另外，进入20世纪80年代中后期之后，基于情感话题的私密性和广播的匿名性，“情感夜话”类广播节目成为传达情感与体验的良好互动平台，深夜广播还被誉为“最后的心灵触媒”，一度是全国各地广播台竞争的“不二法门”，成为中国广播史上听众参与度最高、影响力最广、黏性最强的节目类型之一。

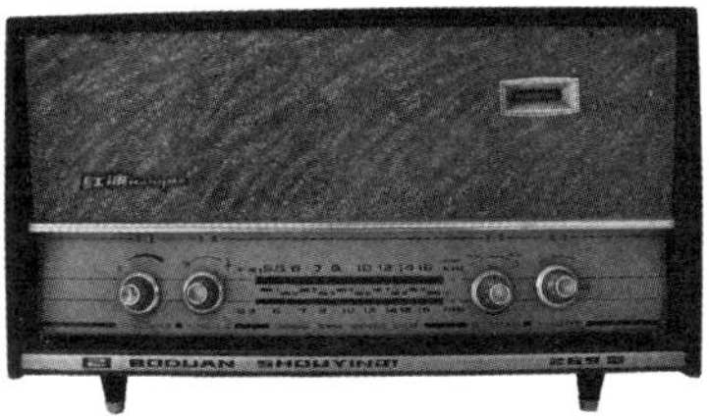

图4-1　很多70后、80后都熟悉的老式收音机

1991年12月31日，《人民日报》公开报道的数据显示，中央人民广播电台的《今晚八点半》全国所有听众近5亿；1993年全国听众调查显示，《午间半小时》固定听众高达4.9亿人。[①]可以说，截至20世纪80年代末、90年代初，广播媒介对中国受众的渗透达到了

① 1987年1月1日，中央人民广播电台开播了两档广播节目——《午间半小时》和《今晚八点半》。《午间半小时》是一档以新闻性内容为主的综合性广播节目，设有5分钟的新闻和若干新闻性、知识性、服务性等不同内容的小栏目；《今晚八点半》是一档综艺类广播节目，以听众点播的内容为主，涉及音乐、曲艺、电影剪辑、人文知识等多方面内容。《午间半小时》从2001年1月1日改名为《午间一小时》，《今晚八点半》节目于1998年12月31日停播。

历史顶峰。作为“听”的传播艺术，“听广播”对六七十年代年龄阶段的中国听众来说，都具有丰富的想象力，在心中留下了美好的广播记忆。20世纪90年代中后期以后，随着电视媒介进入寻常百姓家，我国的“广播盛世”逐渐消退，广播听众急剧下降。

广播具有最大限度的包容性和延展性。随着移动互联网的普及，广播形态因具有与移动互联融合的天然基因，逐步发展成为移动平台上无数垂直化的音频产品。广播这个原本几乎被淘汰的传统媒介（传统媒体），正在重新焕发出“唯愿偏安一隅”的独特魅力，多少成为儿童“睡前神器”、成人“汽车伴侣”、老人“晨练随听”的现象级存在。

从世界广播发展史看，广播也是高度工业文明社会的宠儿。从全球范围看，广播作为信息匮乏时期独特的一种主流媒介，除了西方学者早期提出耸人听闻的“魔弹论”[①]之外，广播媒介因其只具备调动听觉的单一功能，它带给世界、带给中国以及个体受众的印象，其实没有什么“广播依赖”“广播沉迷”之说。

① “魔弹论”是20世纪20—30年代风行一时的传播效果理论，又被称为“皮下注射理论”。该理论认为：传播具有极其强大的威力，受传者就像是射击手面对的固定不变的靶子，或是躺在病床上接受治疗的病人一样，只要枪口瞄准靶子，或者针头准确扎入病人身体的某部位，子弹或药水就会产生强大而神奇的效果。传播者只要使信息对准受传者，就可以把自己的思想、情感和动机灌注到受传者的脑海中，迅速使受传者的态度和行为发生改变。这种观点由于二战前夕德国宣传部门的推崇和鼓吹运用而影响甚广。由于它过分强调传播的强烈主观意志而忽视其他传播要素，蔑视受传者的主观能动性，时至今日这种观点早就被人们抛弃。

读者与书刊：80年代中国迎来“阅读热”

在80年代中前期的中国，甚至黑白电视机还是奢侈消费品，“听广播、读书、看报”似乎是人们日常媒介接触的“老三样”。回顾20世纪80年代，那还是一个媒介资源相对匮乏的时代，除了广播媒介黏住大量固定听众之外，中国同时也迎来了阅读的鼎盛时期，全民阅读的热情全面迸发。

以书籍及杂志为代表的纸质媒介带来的“阅读热”，是20世纪80年代中国最突出的文化现象。以50后、60后为主体的知识分子构成了这波“阅读热”的核心受众主体，具体体现在“出版热”“杂志热”“文学热”“诗歌热”等相互交叉的多重文化领域。当时，一本新书的起印量最低都有十万、八万册，整个80年代的文化出版业得以迅猛发展。《中国出版年鉴》（2006）的权威数据显示，中国图书出版业1985年达到历史顶峰，总印数64.66亿册（张），为中华人民共和国成立以来最高水平，1985年也成为中国图书出版产业发展的一个重要分水岭，此后总印数开始呈现下降趋势。当时，新华书店似乎天天都有新书上架，书店每天都是人头攒动，有些书甚至必须通过排长龙才能购到；当时，文学杂志如雨后春笋，发行量大得惊人。号称纯文学期刊的“四大名旦”——《当代》《收获》《花城》《十月》都曾经是千千万万文学青少年的必备读物，它们构成了纯文学的“梦工厂”。整个80年代，《收获》《人民文学》两本纯文学杂志发行量曾达到上百万份，被看作文学杂志“黄金时代”的一个最醒目标签。“诗歌热”也是20世纪80年代的一道靓丽风景线，北岛、舒婷、顾城、汪国真，对当时人们的人生观都产生了重要影响，影响了整整一两代人。

对于50后、60后甚至70后三代“数字难民”（包括部分“数字移民”）来说，20世纪80年代作为一个全民的阅读时代，这种媒介环境对他们一生阅读习惯的养成产生了重要影响。尽管上述三代人在步入互联网时代后都学会了利用互联网获取资料，也喜欢上网，但一般都是更习惯阅读纸质书，认为网络阅读的感觉不够真实、不够庄重。在这几代人的人生经历中，80年代全民“阅读热”现象，留下的都是一桩桩颇有“仪式感、庄严感、自豪感”的媒介记忆。

观众与影视：90年代影视走向娱乐化

伴随着改革开放，20世纪80年代中期后，影视开始走进市民生活。20世纪90年代，中国社会形态发生深刻变化，录像带、电视开始逐渐替代书刊，成为走进人们日常生活的“主流媒介”。人们的阅读回到了一种冷静和理性的状态，大众阅读追求实用性，希望读书就读“有用的书”。随着电子媒介资源的日趋丰富，80年代的广大“读者”，开始变成90年代的广大“观众”，文化空间开始由印刷媒介市场转向电子媒介市场，文化承载的主体与表达开始以文学为中心转向了以音像为中心。

从黑白到彩色，从大块头到更轻便，从玻璃屏到液晶屏，从模拟信号到数字信号，再到当下流行的高清电视、盒子电视、手机电视……对无数电视观众来说，80年代电视的“高贵”之身、90年代录像厅“风靡”之广、21世纪第一个十年电视“换代”之快，都让很多人印象深刻。到了20世纪90年代中后期，家用必备电器——电视机已经走进千家万户，我国已经基本实现平均每户拥有一台电视机，电视成为家庭娱乐生活不可缺少的一部分。茶余饭后，一家人坐在一起看新闻联播、影视剧，成为无数家庭不可或缺的组成部分。在很多观众心目中，整个90年代留下了《渴望》《水浒传》《还珠格格》《白娘子传奇》《鹿鼎记》《我爱我家》等不少经典电视剧，90年代也被称为电视剧的“黄金年代”，为了看一部电视剧曾经出现过万人空巷的奇观；90年代的《综艺大观》《正大综艺》《同一首歌》等综艺节目崭露头角，预示着电视的娱乐功能初露锋芒，表明电视节目从稀缺走向丰富、从艺术走向商业、从主流走向通俗成为历史的必然。

图4-2　20世纪90年代的一家录像厅，成为很多70后、80后的“青春记忆”

伴随着电视机的流行普及，在高档电影院、街边网吧流行之前，全国大小城镇档次不一、良莠不齐、环境不佳的录像厅曾经风靡一时，成为无数70后、80后的“青春记忆”“经典回忆”，录像带成为很多人珍藏着的“90年代记忆”的一种缅怀与纪念品。在20世纪90年代，一个大电视机配一个VCD机，再加上若干经典光碟，就可以开一家录像厅。当时，由于公众娱乐活动相对缺乏，去录像厅观看影视录像、盗版电影成为一个新的选择；20世纪90年代，可谓是中国录像厅发展的“黄金时代”，是中国内地流行的“港片时代”，是中国影视转型的“娱乐时代”。

尼尔·波兹曼深谙麦克卢汉“媒介即讯息”思想精髓，他对电视媒介天然具有“娱乐至死”倾向的阐释与批判，可谓入木三分。他在《娱乐至死》一书中提到：“娱乐是电视上所有话语的超意识形态，不管是什么内容，也不管采取什么视角，电视上的一切都是为我们提供娱乐。”换句话说，90年代的影视是中国娱乐业的广阔舞台。从中国媒介与受众的变迁看，事实的确如此。如果说70年代的“听广播”、80年代的“爱阅读”都带有强烈获取资讯、学习认知、丰富知识的功能的话，从90年代开始的大众“观影视”行为，从此开始步入不可回头的“娱乐至死”之路。与此同时，西方社会从20世纪50年代出现过的“电视人”“沙发土豆”“影视迷”现象，90年代开始在中国上演。

90后与媒介：最后一代“PC原住民”

进入20世纪90年代中期之后，伴随电视媒介走进普罗大众的同时，PC互联网随之迎面扑来，主要有以下几个标志性事件：

1994年4月20日，中国正式接入国际互联网；

1995年1月，中国国内第一份上网的中文电子刊物《神州学人》出版；

1995年5月，我国向社会开放网络接入和提供全面服务；

1998年5月，在联合国新闻委员会年会上，因特网被正式宣布为继报刊、广播、电视三大传统媒体后的第四大传播媒体。

从受众变迁的视角看，时代感强、个性鲜明、标签化的一代中国受众诞生——“90后”。根据我国2010年第六次人口普查数据显示，90后一代人口总数达1.74 亿，约占我国总人口的11.7%左右。由于1995年前后是中国互联网发展史上的重要标志年份，还延伸出了指代更细化、更具体的“95后一代”（指1995年至1999年出生的中国公民）术语，95后一代也被认为是全面接触PC互联网的第一代人。①从媒介变迁视角看，移动互联网与PC互联网的迭代，形成了“代际断层”，90后算是最后一代“PC互联网原住民”。

“90后一代”生于长于互联网崛起时代，他们是互联网的“孩子”，身上充满着互联网特质，他们的互联网基因似乎与生俱来。对90后来说，互联网就像呼吸的空气一样。2003年，当大多数90后尚在稚嫩懵懂的年龄阶段（10岁左右）时，QQ用户注册

① 自从2015年开始，QQ空间联合企鹅智库每年都会发布《“95后”新生代社交网络喜好报告》，这份报告也让“95后新生代”概念得以逐步流行，这批人的年龄一般为18—23岁，人口总数大约7848万；未来5—10年，他们将全面步入社会和工作岗位，成为社会的消费主力。在笔者看来，为了黏住“95后”所代表的年轻人，社交平台QQ空间每年发布类似用户行为报告，显然是出于商业发展与竞争需要。单纯从代际概念差异的描述来说，“90后”与“95后”的代际差别其实并不大，很多描述95后的一些所谓独有标签，平时往往也被用于描述90后一代群体。

数升至2亿人；2004年，90后回家后喜欢上网“百度一下”；2006年，年龄最大的90后（16岁左右）步入高中，这一年淘宝网成为亚洲最大购物网站；2012年，社交媒体微信兴起，年龄最大的90后（22岁左右）已经大学毕业，成为最早、最快使用微信软件的一个群体。在网络世界中他们更加注重自我和个性化表达，弹幕网站、脸萌、节操精选、吐槽文化、表情语言……很多媒介接触调查都表明，90后一代不太关注时政新闻，只关注娱乐八卦；不太关注宏大叙事，只关注自己的生活遭遇；不太关注线下行为与活动，更热衷于虚拟空间的吐槽、脑洞大开的恶搞。“90后一代”受众作为极具鲜明时代烙印的术语，成为学术研究、媒体报道、消费市场、社交网站等不同领域都重点关注与追踪研究的一个群体。

受众与媒介：四大媒介“和谐共处”10年

从1995年到2005年前后的10年，成为中国受众（读者、观众、网民、用户）相对“和谐共处”的10年，是新老四大媒介（报刊、电视、电脑、手机）发展呈现“齐头并进”的10年。从媒介变迁的视角看，1995—2005年前后，有关四大媒介发展的标志性事件，笔者总结如下——

1994年11月8日，第一届“央视黄金时段招标”举办，竞标《新闻联播》前后黄金时段，孔府宴酒以3079万元夺得1995年“标王”桂冠，标志着中国电视大举迈入商业化，这次广告招标开创了电视媒体广告经营的全新时代。

1996年，广州日报报业集团成立，成为中国报业崛起的标志性事件之一。90年代中期逐步兴起的报刊亭，成为中国报刊文化的标志之一。

1997年，传统媒体进军网络出现三大动作：《人民日报》于1997年1月1日正式推出网络版，新华社在1997年11月7日正式开通网站，中央电视台在1997年注册顶级域名www.cctv.com。

1998年，中国门户互联网（搜狐、新浪与网易）初现“三足鼎立”。三大门户网站全面涉足新闻传播，提供新闻之丰富、速度之快捷，让众多传统媒体网站望尘莫及，而真正的残酷较量尚处于酝酿期。

2004年2月，新浪、搜狐、网易相继宣布盈利。

2004—2005年，中国手机市场步入产业成熟期，中国制造了全球超过1/3的手机，销售了全球10%以上的手机。

2005年，我国智能手机异军突起，百万像素现身争宠，游戏手机初露锋芒，手机电视、手机报纸呼之欲出。

从20世纪70年代互联网诞生，到1998年互联网被官方作为媒体承认，经历了短短的30年时间。互联网发展变化之大、网络用户增速之快、用户习惯转变之速，人们以前都很难想象。我们可以发现，对四大媒介的发展来说，1995—2005年前后的10年，代表了“报刊鼎盛、电视主流、网络壮大、手机突起”格局的同步发展、齐头并进。四大媒介之间各有所长、相互借鉴，受众数量交织拓展，体现了中国媒介消费市场走向丰富化、升级化、竞争化的趋势特点。

众所周知，2005年以来的10年，成为手机媒介高歌猛进的10年，手机成功夺走了原本属于报刊、电视、PC电脑的受众地盘，将“地球村”最广大用户都吸引到小小的“魔屏”中来。2018年，人民网董事长卢新宁在深圳演讲时，曾提及这样的一组数据：有学者做过这样一项研究，一种新的传播介质要普及到5000万人，收音机用了38年，电视用了13年，互联网用了4年，微博用了14个月，而微信只用了10个月而已。

如图表4–3所示——

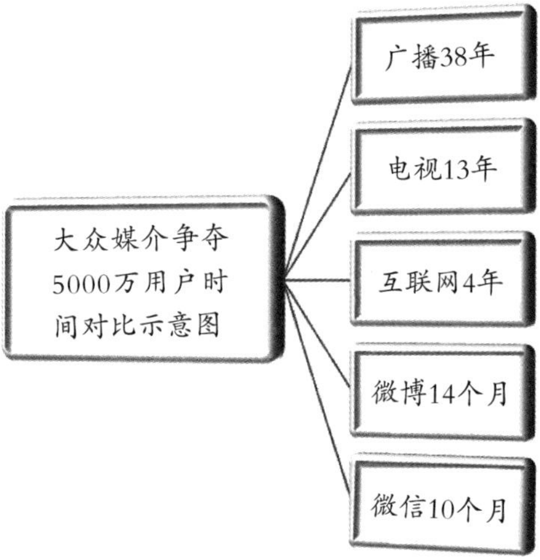

图表4–3　大众媒介争夺5000万用户时间对比示意图

这些类比数字提醒我们：我们所处的这个新新媒介世界，正面临原有受众高度聚拢到掌媒平台的“大迁徙”新阶段，速度之快、规模之巨、影响之深前所未有，可以说颠覆了所有最有想象力的大胆预言家的想象。由此，我们可以得出一个结论：2005年以后移动互联网的崛起，让人类从此彻底摆脱了空间的束缚，做到了真正意义上的人类互联网普及。

用户与手机：每部手机都有独特标签

虽然10年前的2008年，中国网络已经很普及，但毕竟还是处于PC互联网时代，互联网使用群体基本集中在一、二线城市。2005年以来，三星、苹果等智能手机的普及，让移动互联网的普及开始加速。在我国，移动互联真正冲破了时空、地域、阶层之间的技术壁垒，原本的听众、读者、观众、网民统统在移动互联的大潮中被“统战”，被裹挟变成了“手机用户”，每一个手机用户都有自己的标签，每一个手机用户都有自己的价值，每一个手机用户都是网聚力量的起点。于是，不同年龄段具有不同偏好的媒介用户图景出现——

00后——移动互联网原住民：他们天然习惯手机刷屏，积极投入各自的兴趣爱好，偏好App应用为手机游戏、即时通信、在线视频和在线音乐，对游戏需求和美拍需求突出。

90后——PC互联网原住民：代表更年轻的文化，比较适应互联网文化的极速变化，偏爱《王者荣耀》《绝地求生》《荒野行动》等手游，属于网络消费的主力军，成为引领移动互联新时尚的中坚力量。

80后——PC互联网原住民、移动互联网移民：曾经在聊天室第一次约网友见面，用QQ视频聊天，做过淘宝，熬夜打过PC游戏，血液流淌着互联网的基因。

70后——互联网移民：大多在25岁左右开始接触互联网，30岁左右全面接触移动互联网，喜欢游走于电子媒介和纸质媒介之间。

60后——互联网难民：基本从五六十岁开始接触智能手机，喜欢打打麻将，玩玩牌，聊聊天，看看书；2015年前后开通微信，喜欢通过朋友圈找老友，养生、健康、新闻、红包往来、音视频问候成为他们的新风尚。

对于媒介需求，结合网络上对不同年龄层面不同喜好的形象描述，以下不同的生活习惯与场景，可以形象地反映出不同年龄群体媒介接触的“代际差异”：

60后——爱逛几百平方米的蔬果零售或批发市场；喜欢听广播，喜欢看电视，喜欢阅读，正在着迷微信。

70后——爱逛几千平方米的集贸或批发市场；喜欢看电视，时常捡起书籍，不时阅读报刊，沉迷在线私聊。

80后——爱逛几万平方米的百货类大型商场；偶尔捡起书刊，习惯网络阅读，喜欢网络吐槽，偏爱婚姻育儿类App。

90后——爱逛几十亿平方米浩瀚无边的“网店”；很少捡起书刊，熟悉网络搜索，熟稔在线社交，偏爱手机游戏。

00后——根本不去蔬果市场，不愿去逛商场，不屑去逛网店；除了书面作业之外，他们不会再用笔，似乎从小就爱“逛圈子”……

当前，我们生活在掌媒建构的全新的“媒介记忆”时代。等到二三十年过去，如今的90后、00后到底会有怎样的“媒介记忆”？这是一个有趣的话题，暂时似乎还没有什么现成答案。显而易见，手机如人，已经带有丝丝生命；人赋予手机生命、价值、理念、情感，手机带给用户身份、地位乃至价值观的象征。每部手机用户都有自己的定位及圈子，每部手机都有属于自己的独特标签。对中国而言，由手机媒介主导所带来的文化转型及其社会文化心理转型，是当前中国社会转型的一个重要表征，一个重要方向，一个重大课题。

第二节

往事如烟，指尖流淌过的“流行文化”

从书刊到PC电脑，从笔记本电脑到智能手机，我们的指尖其实流淌过“书信文化”“博客文化”“短信文化”“微博文化”“微信文化”“符号文化”等不同媒介形态的“流行文化”。

上述指尖“流行文化”的快速变迁，恰恰反映出我们的阅读、书写、表达等交流方式发生了不可逆转的巨变——载体从大到小，文本从长到短，叙述从繁到简，速度从慢到快，呈现从文到图……这些巨变背后，蕴含着人类社会传统阅读体系、写作体系的彻底改变。

哲学大师萨特曾说过：没有任何东西比一本书对我更加重要，因为书是我的宗教。如今，年轻一代的“宗教”变成了智能手机。由智能手机新媒介编织的无形巨网，把人们网罗在丰富的信息海洋中的同时，也让人们与阅读、书写行为渐行渐远。无论如何振臂直呼，我们所揪心的事实其实正在上演：再也无法回到“见字如面”的情感交流，再也无法延缓“阅读式微”的蜕变步伐，再也无法阻挡“视觉文化”的发展势头。

消逝的“书信文化”

作为人与人之间沟通和传递信息的书信，是人类伟大的创造，更是人类文明的象征。“鸿雁千里传真情，一封家书抵万金”，作为中国传统文化形式的书信具有独特的“东方韵味”，具有丰富的文化内涵，承载着人与人之间的情感交流。对于人与人之间的情感沟通，往来书信有着独特的功能、意境与魅力。20世纪八九十年代，传统书信往来非常频繁，每年邮政局收发的信函数量多得惊人。

图4–4　封尘在柜子某角落的书信，成为当前很多70后、80后怀念的青春记忆

近年来，当我们习惯了社交软件即时联系的时候，“书信时代”已经消逝，手写书信基本变为了人们复古、怀旧的一种古老形式，互联网给传统的书信文化造成了洪水般的冲击摧垮。如果说，在PC互联网时代，电子邮件还具备传统书信的某些特质，如今人们连电子邮件都很少用，取而代之的是微信等即时通信。当今所谓的“信”，已经表情化、语音化、符号化，传统通信方式所具有的亲切笔迹和情感期待已经消失殆尽。即时通信工具的技术烙印，已经渗透到人们的日常生活、情感生活之中。

即时可听、可读、可见的通信技术对书信文化最直接的影响，就是我们越来越少地用笔书写，“鸿雁传书”时往往陷入提笔忘字、无从下手、无话可说的空白与尴尬境地。不少人感慨“写信不知道该说什么”“写信感觉很别扭”；无数70后都怀念20世纪80年代中学时代互通书信的纯真美好；而很多90后、00后“数字一代”甚至不知书信为何物。2017年以来，《朗读者》《见字如面》节目播出，给了国人一种久违的书信文化气息，引起了人们内心最深处的情感共鸣。

我们的“书信文化”还会回归吗？答案显然是不会的。花点时间“写信、读信、等信”，已经变得无比遥远；传统“书信文化”留给我们的，可能只剩下一种艺术、一种仪式、一种情怀而已。

短暂的“短信文化”

短信（Short Message Service，简称SMS），是用户通过手机或其他电信终端编写文字内容，通过电信服务商提供的中转站，到达另一手机用户的点对点信息发送接收过程。

2004年前后，当手机媒介初步普及、尚未足够智能的时候，中国一度流行过手机“短信文化”。因其时间的无限性、地点的任意性、交流的灵活性，手机短信开始取代原有书信，成为通俗大众文化、民间文学繁荣的一大表现。可以说，“短信文化”是媒介变迁过程中一个新的大众文化现象。对于整个中国互联网来说，2003年前后手机短信的出现有着里程碑式的意义——手机短信一度成为挽救当年互联网泡沫，让商业网站起死回生的“救命稻草”。手机短信繁荣背后，显示了手机媒介除了承载通信工具之外，还具备了人际交流、信息传播的强大媒介功能，手机短信成为手机媒介发挥强大作用的初始产物。关于手机短信的兴起及其繁荣，以下几个时间节点值得记录：①

2000年11月，中国移动推出“梦网计划”，开始开展手机中文短信业务，中国联通跟进开通类似服务。

2001年，短信业务成为中国电信发展的一大增长点，全国短信业务量189亿条，收入20亿元。

2002年，手机短信成为时尚；这一年春节，央视春节晚会首次接收短信祝福与问候。

2003年前后，新浪、网易、搜狐三大门户网站的股价纷纷上扬，很大一部分归功于短信业务。

2004年春节期间，我国短信发送量就超过70亿条。信息产业部统计，2004年我国手机用户超过3.3亿户，全年手机短信发送量超过2177亿条。2004年，传统媒体推出的“手机报”，成为媒体与受众沟通的主要形式，成为传媒业价值链的重要一环。

2005年，文字短信发送量增速开始变缓，全年手机短信发送量3046.5亿条。

2003年农历正月初一，美国“哥伦比亚号”航天飞机失事。19分钟后，新浪发布第一条快讯，通过短信业务和短信点播平

① 关于手机短信发展的历程，本节数据的归纳与梳理主要来自陈洁所著的《新数字媒介论稿》一书，该书纳入《当代新闻传播学读本》（第二辑）系列，上海三联出版社，2007年版。

台，向全国手机用户发布相关新闻数十万条。凭借这次突发事件，新浪新闻短信新增用户10万，按照每月30元包月费用计算，仅这一条新闻就给新浪带来了300万元收入。以此为标志性起点，即时向手机用户发送“短信新闻”，成为当时商业新闻网站、传统媒体网站争相效仿的做法。2003年，由于手机短信在伊拉克战局、非典时期新闻传播中的突出表现，甚至有人认为：手机短信在传播速度与效率方面已经超越传统媒体和互联网媒体，手机短信是“第五媒体”的观点被大胆提出来。

2003年，手机短信以迅雷不及掩耳之势，成为当时大型商业新闻网的“摇钱树”。由于短信业务的带动，整个中国网络产业进入一个高速发展、快速盈利的时期；靠着强势的产品与市场化运作，手机短信一跃成为无线通信运营商重要的收入来源，同时还给网络服务商、手机生产商和软件业带来了经济增长点。

2005年之前，由于手机短信的廉价与便捷，手机短信一度是继PC网络聊天之外深受人们喜欢的交流方式。此外，因为信息承载的功能强大，手机成为传统媒体抢滩的新传播平台，成为报刊阅读的延伸。在日本，畅销小说《深爱》首先通过手机广泛传播；被分割成60条短信“发行”的中国第一部手机小说《城外》，掀起过一波“手机小说”的创作潮。

可以看出，2005年前后是手机短信产业的“巅峰时刻”，2000—2010年是手机短信产业的“黄金十年”。十年期间，手机短信形成了一条从内容生产、营销传播到业务创新的完整的信息产业链。与此同时，每一个环节都涌动着淘金激情，也因其暴利的无限诱惑，手机短信行业一直是鱼龙混杂、良莠不齐。对于短信产业的昙花一现，有的学者把手机短信比喻成“一群欢乐的蟑螂”。从国家层面看，全力治理“垃圾短信”“黄色短信”“诈骗短信”“虚假短信”一直从未松懈，近年来治理力度还持续加码。

2012年前后，伴随“两微”（微博、微信）的先后崛起，“短信已死”预言从实践层面逐渐得以证实，短信退出了自己短暂盘踞的历史舞台。基于智能手机的推广、移动网络的普及、即时软件的流行，“短信之死”表面上是死于微信出现，实则是死于技术进步。

式微的“博客文化”

博客（Blog）原本是“网络日志”（Web Log）的英文缩写，特指一种网络个人出版形式，20世纪90年代中后期，博客诞生于美国，新闻、政治类博客曾在“德拉吉报道”披露、“9·11”事件现场目击、伊拉克战争报道等事件中发挥了重要影响，从一开始就具有某种程度的精英文化特质。

2002年8月，“博客中国”（Blogchina.com）诞生，短短三年内得到迅猛发展，成为当时中国最新的一种文化现象，形成一种全新的网络文化——博客文化。博客登上中国文化传播的舞台，一度掀起我国公众的写作、记录热潮。2005年成为中国的“博客元年”，博客全面走向大众，全社会开始接纳博客、拥抱博客、经营博客。与美国“博客文化”聚焦时政领域不同，中国“博客文化”从一开始就充斥着娱乐元素，充满看客的围观与诱惑，先后出现过木子美、竹影青瞳、芙蓉姐姐、流氓燕等炒作风波，同时出现过以徐静蕾博客、韩寒博客等为代表的精英写作现象，形成了一个更加多元的网络话语空间，代表着一种从精英到草根的大众文化潮流。当时，中国的博客被普遍认为是一个开放的公共论坛，在引导与建构舆论方面扮演着重要角色。

从媒介形态看，“博客文化”作为一种新型的书写形态，体现了PC互联网时期“阅读+写作”融合的初级阶段，延续了过去阅读写作的传统优势，借助商业发展的逻辑思路，成为替代书写的一种新兴文化形态。2002年从博客进入中国开始，就是商业思维的产物，它更多是从“展示价值”出发，核心是借助博主声望、信息价值、文本质量接通商业价值，商业价值成为“博客文化”的最后归宿；一旦它不再具有商业价值，博客的衰落也就成为一种必然归宿。

时至今日，博客作为一种单独的信息服务平台，因其互动性不即时、书写要求高、社交性不强等内在的机理缺陷，商业开发上已经被证明是失败的。伴随移动互联网的出现，从2009年微博兴起之时，火热了五年左右的博客开始淡出网络视野，逐渐销声匿迹；占据PC互联网端口、相对僵化的“博客文化”，逐渐被新兴移动端更加灵活的“微博文化”取代。

纷杂的“微博文化”

微博，顾名思义就是微型博客，博客的微缩版，具体表现就是发布的微博信息不能超过140字。当然，现在的微博会员可以发布长微博。微博的出现，为网络用户提供了一个信息分享、传播以及获取平台。

美国最先出现推特（Twitter）[①]之后，2009年国内新浪微博的测试版上线。2010年，搜狐、网易、腾讯继新浪之后纷纷推出微博服务。每个网民都可以快速地在这个新兴的自媒体聚合平台上发布消息，即时获得反馈。2010年，被誉为中国的“微博元年”。不足140 字、碎片化的精简文本，成为在高节奏、强压力生活中人们对精神快餐的追求。微博具有书写快、传播广、即时交流的特点，引发了精炼表达和快速阅读的风暴，逐渐派生出一种新兴的大众文化——微博文化。

微博可以让普通人激扬文字、抒发快意恩仇，给政治官员、文化大腕、娱乐明星提供了宣传自己的阵地，成为一种新型的大众传播形态、人际交往工具或者社会运动有效组织的平台，微博所形成的社会舆情一度备受官方关注。微博的出现，狠狠地把“社交+写作+阅读”向前推进了一大步。微博的转发、评论功能至关重要，它终结了没落的BBS和博客，微博繁荣的“致命武器”就是即时反馈。反馈是建立在社交之上的，无社交“不写作、不阅读、不交流”的时代初步拉开序幕。微博的出现，还造就了最早一批对微博极度依赖、极度狂热的“微博控”。

《新媒体蓝皮书：中国新媒体发展报告》（2012）的数据

---

① 微博最初起源于美国，埃文·威廉姆斯于 2006 年 8 月推出Twitter 服务，成立初仅限于向好友发送文本信息，很快Twitter 风靡全球。2007 年起以“饭否”为代表的国内第一代微博客悄然兴起，发展之路并不顺利，这些独立的微博不断暴露出致命问题，中国微博的第一波试水人纷纷失败。

显示，2011年以来，中国微博进入快速发展阶段；截至2011年12月，中国微博用户总数达到2.498亿，已经成为微博用户世界第一大国。可以说，2012年前后成为微博发展的“巅峰时刻”。从统计数据看，2013年微博用户规模逐步下降，使用率逐步降低。微博的快速衰落，关键在于未能敏锐察觉用户移动社交需求的改变，导致平台功能退化，不可避免地逐渐被新兴的社交平台分解与蚕食。微博的兴衰史，一方面表明了社交媒体竞争的残酷无情，另一方面也给当今风头正盛的社交平台提供了前车之鉴。

渗透的“微信文化”

2011年微信面世以来，它就以风驰电掣般的速度闯入人们的日常生活。[①]微博衰落的原因之一，离不开2011年1月21日腾讯推出的即时应用微信。别忘了，截至2013年1月，微信注册用户已经突破3亿；一旦微信成为黏住用户的“掌上神器”，微博使用率、用户流失也就在所难免。

微博与微信的功能区别，很多人都有过零散的形象比喻，阐释两者在社交属性方面的差异所在，归纳起来主要有：

微博是公共广场，微信是自家庭院；

微博玩的是公共关怀，微信玩的是自我关怀；

微博属于公共空间，微信属于私人后院；

微博玩的是消息，微信玩的是关系；

① 有关微信的发展简史，可见本书第三章《微力无比，微信改变生活方式》一节。

微博是信息载体，微信是社交工具。

闲来无聊，每天时不时地、有意无意地“浏览、批阅、研究”微信朋友圈：一一点击，消除微信小红点；一一翻阅，查看朋友圈留言、晒图、牢骚——不管有用还是没有用，从上拉到下，一行一行，一串一串；无数次的翻页动作，变得娴熟潇洒；翻阅之余，心里琢磨着朋友圈某某身处何处，心情如何，正在忙啥；看到朋友圈某些“流言蜚语、美文鸡汤、高大上评论”，或转发与留存，或感叹与补充，或附和与点赞，或聊侃与献花，或批判与不屑……这些都是社交平台微信的魔力所在。

多方数据显示，目前中国有超过九成手机用户每天都会使用微信，半数用户每天使用微信超过1小时；61.4% 的用户每次打开微信必刷朋友圈。对很多人来说，停留在微信上所花费的时间，甚至超过正常的8小时工作时间、8小时睡眠时间，“微信生活”其实早已经消融工作与生活的时空分野。微信用户增速之快、年龄跨度之大、使用频率之高、黏住用户之强，都让人叹为观止。

伴随微信全新打造社交型帝国的加速推进，微信被广泛应用于生活、政务、商业、金融、就医等方方面面，深深地融入人们的日常生活，改变了人们的生活状态，逐渐形成了独特的内容丰富的“微信文化”——圈群文化、社交文化、分享文化、点赞文化、红包文化、支付文化等等。伴随微信对人们生活、学习、消费的高度渗透，“微信控”一族在中国接踵而至、批量存在，人们似乎从未像现在这样如此迷恋一款社交软件。

笔者觉得，“微信控”们的典型表现特征是“三狂”——

“狂刷”“狂晒”“狂点赞”。按照微信沉溺的程度不同，有的网友把“微信控”划分为三个阶段：

初级阶段——平时频繁“只看图片和信息不说话”；

中级阶段——“休息时间全占用”，“工作时间也在聊微信”，“双休日基本不休息，随时都在发微信”；

高级阶段——“熬夜都在玩微信”，“半夜还要刷新朋友圈”，“日夜颠倒习惯刷微信的‘重症患者’”。

当前，基于微信消耗时间、虚度时间、占据时间的强大魔力，越来越多的用户开始加入对“微信控”的反思行列。对此，甚至有网友发出了振聋发聩的警世之言：国人百年前躺着吸鸦片，百年后躺着刷微信！在“微信文化”的浸染下，如何降低微信使用对人的俘虏、绑架与奴役，回归人所应具有的、真正的个性和创造性，值得我们每个微信用户做出深刻反思。

最新的移动技术与媒介技术的无缝融合，不但压缩了原有“书写+阅读”时空，还改变了人的情感交流的时空方式，情感交流随时、随地、随意。在微信世界，每个人都面临着多重“拇指任务”的无情诱惑——复制的文字、即时的反馈、伪造的美文、频繁的交流、刺激的游戏、快感的视频、空心的情感…… 从“书信文化”到“微信文化”，尽管只有一字之差，却代表着我们“书写+阅读”形态的天壤之别。不同媒介形态的指尖文化，从某种程度上反映了我们“书写+阅读”体系发生了不可逆转的巨变——载体从大到小，文本从长到短，叙述从繁到简，速度从慢到快，幕后是人类阅读体系、写作体系的彻底改变。

第三节

刷屏速览，“手机阅读”的是是非非

面对微博、微信、抖音等各类App，我们每一个人都被大量可有可无的信息包围、环绕、绑架，我们每个人都慢慢变成了“手机控”“低头族”“刷屏族”。

各类调查已经证明，基于移动端口的移动化阅读正在成为“主流阅读”，手机阅读已经成为人们的首选移动阅读方式。很多人都有类似的无奈感言：在掌媒时代，每天的碎片化时间不去刷手机，我还能干什么？我已经没有办法在碎片时间不去打开手机了！

当前，基于移动终端的移动化阅读日益流行，逐渐成为一种新的主流阅读方式。移动阅读体现了社会发展的鲜明时代特征，这是媒介技术进步、人们生活方式以及文化环境变化的综合产物。移动阅读的表现方式是内容承载方式的变迁——由传统的印刷品、台式电脑等到手机、Kindle等移动阅读终端，其显著特征就是“碎片化阅读”，具体表现就是手机阅读。

碎片时间不刷手机，还能干啥？

尼尔·波兹曼在《娱乐至死》中曾开宗明义地提及：“毁掉我们的不是我们所憎恨的东西，而恰恰是我们所热爱的东西。”智能手机作为“我们所热爱的东西”，在中国爆炸性普及是从2013年底开始的。短短5年时间之后，手机“刷屏式阅读”几乎夺走了我们每个人所有的碎片化时间。

以下几个生活场景，我们每个人估计都深有体会：

排队等餐厅叫号，公交车站等公交，多数人都在低头刷手机，其中很多时候就包括我。

马路边等个人，三分钟内一定要打开朋友圈刷一刷。

上班时忙得没时间看书，下班后累得没心情看书，只能利用零散的碎片化时间，看手机新闻，刷微博，浏览小说，断断续续进行阅读，我已经没有办法在碎片时间不去打开手机了。

去菜市场买菜的时候，除了用手机支付菜钱之外，我必须不时刷新一下微博，瞄几眼微信朋友圈，看是否有好玩的新闻，看看是否有好友发朋友圈。

去楼下取快递，一定是拿着手机不时打开锁屏划拉几下，除了看一眼取快递密码之外，再刷一遍天猫或者京东之外，我都不知道我到底在划拉什么，到底在找什么……

现在的每个人都习惯用手机阅读，买书看的人很少了！我每天坐地铁上下班，看到的都是埋头看手机的人，不只是年轻人，还包括那些五六十岁的人，甚至六七十岁的老人。

可以这么说，由于智能手机的影响，我们的注意力已经支离破碎、高度涣散。智能手机其实承载了各种强刺激之源——微博、微信、朋友圈，《王者荣耀》，App推送、抖音……它们随时随刻都在占据我们的心智空间，随时随地试图诱惑我们一一点击，打开浏览，乐不思蜀……

手机阅读，数字化阅读方式之首

在当今时代，碎片化的手机阅读作为一种阅读方式，每个人都无法回避，尽管很多人还对“手机阅读到底是否还是阅读？”还存有一定争议——在很多人看来，人们在手机上娱乐和阅读往往是“玩手机”而已，并非传统意义上的阅读。随着阅读载体的技术变迁，我们显然要承认阅读观念发生的变化，手机阅读已经在人们日常阅读中占据重要地位。

历年来的数据都表明，手机阅读接触率多年来一直呈现持续增长的趋势。2018年《全国国民阅读调查报告》的最新数据显示[①]，2017年我国成年国民媒介（包括书报刊和数字出版物）的综合接触阅读率为80.3%，数字化阅读方式（网络在线阅读、手机阅读、电子阅读器阅读、iPad阅读等）的接触阅读率为73.0%，较2016年的68.2%上升4.8个百分点；图书接触阅读率为59.1%，较2016年的58.8%上升0.3个百分点；报纸接触阅读率为37.6%，较

① 数据来自2018年1月中国新闻出版研究院发布的第十五次《全国国民阅读调查报告》。关于阅读调查的数据统计与分析，历年的《全国国民阅读调查报告》一直都具有重要的参考价值，成为中国学者引用数据的权威来源之一。

2016年的39.7%下降2.1个百分点；期刊接触阅读率为25.3%，较2016年的26.3%下降1.0个百分点。

如图表4-4所示——

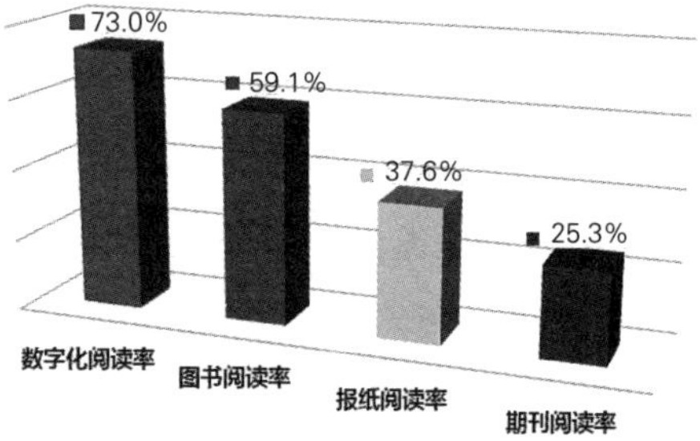

图表4-4　2017年我国成年国民媒介阅读率

报告还发现，虽然2017年我国成年国民人均纸质图书、期刊的阅读时长都有所增加，但纸质媒介的阅读时间整体较短，人均每天读书、读报和读期刊时间之和，都不及人均每天手机接触时长的一半。从具体数据看，2017年我国成年国民人均每天手机接触时长为80.43分钟，比2016年增加6.03分钟；63.4%的成年国民进行过微信阅读；2017年我国成年国民人均每天读书时间为20.38分钟，人均每天读报时长为12.00分钟，人均每天阅读期刊时长为6.88分钟。

如果深入对比历年的《全国国民阅读调查报告》，我们还可从中得出以下两个结论：一是手机阅读已经位居数字阅读的首位。从2014年开始，手机阅读接触率开始大幅赶超网络在线阅读接触率；从2015年开始，手机阅读时长已经居于数字媒介使用的第一位。二是微信阅读近年来具有较强黏性，成为手机阅读的重要体现形式。从2014年开始，国民阅读调查开始将微信阅读的时长纳入，历年微信阅读的时长都呈现同比大幅增长的趋势。作为一个非专业的社交软件，微信将“社交+阅读”巧妙地融为一体，“社交化阅读”成为手机阅读最突出的新兴阅读方式。微信阅读能在国民阅读调查报告中占据一席之地，作为当前手机阅读中表现最突出的新生力量，从侧面反映出微信阅读在国民阅读中占据的重要地位。

短平快浅，手机阅读带来的变化

从PC电脑走向“手机身体”，从书房、课堂走向公交车、行走的路上……我们的阅读方式迎来了全新革命，手机阅读随时随地得以发生。毕竟，十几秒可以刷完一个短视频，一两分钟可以刷一次朋友圈，三两分钟可以浏览一篇短文，十几分钟可以打一回手机游戏……手机阅读悄无声息地具有了西方传播学意义上的“麻醉功能”①。

首先，手机阅读是一种“浅层阅读”，必然导致阅读内容的分离、片段、多重交迭，知识获取凌乱与碎片。

移动阅读并不等于浅阅读，但移动阅读促使了浅阅读的盛行。尼尔·波兹曼认为，媒介形式偏好某些特殊的内容，媒介本身虽

① 1948年，拉扎斯菲尔德和默顿合著出版了《传播研究》一书。针对传播的负面效应，两人提出了“社会麻醉”之说，认为人们如果过度沉溺于媒介提供的表层信息和通俗娱乐当中，就会不知不觉地失去社会行动力，而满足于“被动的知识积累”，“社会麻醉”之说成为阐释传播负面效应的经典理论。

然没有思想，最终却能控制文化。手机作为掌媒时代的“媒介中心”，这种便携式、小型化的媒介特质，决定了需要生产在任何环境、时间和场所都适合的内容，而这样的内容很难承载厚重、深度方面的思想内容。从表面上看，手机阅读让知识获取更加便捷与有效，人们拥有了更多选择的自由与空间，扩大了知识获取的广度，但这样的阅读形式短暂、断裂，无法持久，必然导致这样的结局：阅读内容分离、片段、多重交迭；知识获取凌乱、碎片；阅读的目的性和思考性减弱，不利于我们系统、专业、深精知识的获取和积累。当然，手机阅读所带来的“浅阅读”，作为一种简单轻松的阅读形式，简单、直接、感性、瞬间得到满足是其主要目的。我们必须承认，浅阅读也是一种阅读方式，是对深阅读的重要补充。但如果这种阅读方式成为主流的阅读形式，显然会影响到我们每个人的逻辑思维、理性思考。

其次，手机阅读也是一种“快感阅读”，很容易让人沉溺于感官娱乐的氛围不能自拔。从手机阅读的速度看，人们对时效性的追求可以实现以秒为单位。正是对阅读速度的过度追求，才导致阅读者读到的新闻信息都是易读性的、简短化的、碎片化的。玩游戏、刷朋友圈、看爽文、播视频……这些都是顺应人性能得到及时反馈的浏览方式。通过这种方式，我们可以在短期内获得虚拟的、易逝的愉悦性快感。与获取的短期快感相比，学习、工作等愉悦性的获得，从本质上都需要漫长的积累过程。为此，有网友戏言：“一个人开始废掉的迹象之一，便是沉溺于短期快感之中，从此不再做长期投入。”

在快节奏的生活背景下，人们需要在海量信息中快速找到自己需要的内容，不仅内容生产者在追求时效性，阅读者也会习惯于点击并浏览“短、平、快、浅”的内容。手机阅读的阅读内容大多数是碎片化内容，往往都是图文并茂，甚至今后还会更多以短视频呈现，阅读者更倾向于通过刷屏进行跳读、略读、快读，很容易让人沉溺于感官娱乐的氛围不能自拔，久而久之就为逃避深度思考提供了借口，进而失去深度思考的认知习惯，导致注意力的分散和记忆力的淡漠。

阅读蜕变，更加泛化的“视觉阅读”

在《娱乐至死》一书中，尼尔·波兹曼对印刷媒介形成的“阐释年代”倍加推崇，对“图像时代”全无好感。在波兹曼看来，印刷机统治美国人思想的那个时期，属于“阐释年代”，认为阐释是一种思想的模式、一种学习的方式、一种表达的途径。所有成熟话语拥有的特征，都被偏爱阐释的印刷术发扬光大——富有逻辑的复杂思维，高度的理性和秩序，对于自相矛盾的憎恶，超长的冷静和客观，以及等待受众反应的耐心。

20世纪70年代，文化批判大师丹尼尔·贝尔在《资本主义文化矛盾》一书中就宣告：“当代文化正在变成一种视觉文化，而不是一种印刷文化，这是千真万确的事实。”从手机阅读的发展趋势看，手机阅读行为其实正在发生异化，很可能变成一种更加泛化的“视觉阅读”。当前，所谓手机阅读的真实状态往往是——网上冲冲浪、看看短视频、玩玩小游戏、朋友圈晒晒图……

把文字逐渐转换为图像，无疑是人类传播媒介技术革命的伟大胜利。数字媒介的普及，把人们从电视机对面的沙发拖到更加便捷化、更加小型化的“窄屏”上，从此面对超越文本、快速浏览、更加碎片化的内容、空间、载体。电视媒介的出现，已经让人类迎来“视觉中心”时代，智能手机的出现更是把“图像时代”推进了一大步，同时更是带来了意想不到的后果：让人们更加远离印刷品、印刷文化的客观环境。相比印刷媒介的“读”来说，依托小屏的“看”，其实不需要任何启蒙教育，更不需要任何早期专业训练。

“视觉阅读”在一定程度上弱化了青年人的理论思维能力。现实状况正是：一代又一代的年轻人变成“数字一代”。一旦游离了深度的文字阅读，其实就离开了让语言成为理论思考的肥沃土壤。在笔者看来，视觉图像为主的大众媒介，实际上就是印刷媒介的“潜在杀手”。视觉化语境之下的手机阅读，其实包含原本根本不属于阅读的上网聊天、看视频、玩游戏等行为，手机阅读开始让人们对印刷媒介的“印刷符号”望而生畏，对传统纸质阅读更加敬而远之。

从未来的潜在影响看，人类日趋走向“视觉阅读”带来的负面影响显而易见：未来一代中，可能继续产生动漫大师、形象设计师、电玩大师、电影特效大师，从此可能不再出现语言大师、文学大师、哲学大师；日常生活中，从此可能不再有文字阅读、经典文本、文学记忆。

第四节

碎片至死：传统阅读“梦逝”碎片化

“碎片化阅读”成为当下最让人揪心的一种社会现象。在数字媒介的汪洋世界中，“碎片化阅读”已经变成人们阅读行为的一种新常态，人们习惯以快速式、跳跃式、标题式浏览方式获取有用信息，阅读呈现浅显化特点。

如果从阅读系统论的角度，“阅读主体、阅读空间、阅读时间、阅读内容、阅读成效”五个环节的全面碎片化，才是最致命的，意味着过去传统阅读体系的彻底瓦解，并将对个人、群体乃至国民素质产生深远影响。

我们一般会认为，所谓“碎片化阅读”，就是移动掌媒之上阅读内容的碎片化，掌媒内容呈现出碎片化、简单化、零散化的特点。其实，深入解剖“碎片化阅读”社会现象，如果仅仅从内容的碎片化层面理解，还是显得肤浅了一些，还是无法深刻理解“阅读碎片化”现象对个人、群体乃至国民素质所产生的深远影响。

人类的阅读行为，原本是“人们从符号中获得意义的一种社会实践活动”。如果把阅读当作是“传播行为的子系统”，我们就会惊讶地发现，在掌媒时代，“阅读碎片化”实际上代表了传统阅读体系的彻底瓦解。只有从系统论的视角出发，针对“阅读主体、阅读空间、阅读时间、阅读内容、阅读成效”五个方面一一深入剖析（如图表4-5所示），才能洞察人类阅读体系变化带来的深刻影响。

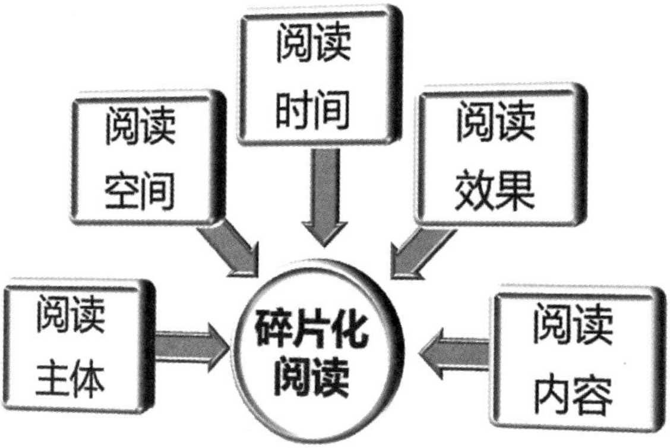

图表4-5　从五个方面对阅读碎片化的剖析

一、阅读主体的“分心化”

人的主体作为一个生物人是不可能“碎片化”，但作为社会人却会被“碎片化”。阅读主体的“分心化”体现在两个方面：一是阅读主体的仪式感消逝；二是阅读主体思考模式片段化。

首先，传统的阅读仪式感消逝。

对于传统阅读的庄重感、仪式感、成就感，中国古人可谓体会深刻，用诗词表达出来妙趣横生。比如，元朝的隐士翁森曾这样说：“凡人及时读书，便可无时不乐。”他写过一组《四时读书乐》小诗，至今传诵颇广，其中有这样一些美妙诗句——

“读书之乐乐何如，绿满窗前草不除。”

“读书之乐乐无穷，瑶琴一曲来薰风。”

“读书之乐乐陶陶，起弄明月霜天高。”

“读书之乐何处寻，数点梅花天地心。”

对读书治学境界的认识，国学大师王国维在《人间词话》中有过深刻论述。王国维借用三段宋词名句，提出了经典的“读书三境界”之说：第一境界是“昨夜西风凋碧树，独上高楼，望尽天涯路”（晏殊《蝶恋花》）；第二种境界是“衣带渐宽终不悔，为伊消得人憔悴”（柳永《凤栖梧》）；第三种境界是“众里寻她千百度，蓦然回首，那人却在灯火阑珊处”（辛弃疾《青玉案》）。王国维正是经历三种境界之后成了一代国学大师，达到了最高的读书治学境界。当然，古人对于读书（阅读）的描述场景，也有“悬梁刺股”“凿壁偷光”“囊萤映雪”“万般皆下品，唯有读书高”“书中自有黄金屋，书中自有颜如玉”等等相对极端与偏激的历史典故。

无论如何，传统意义上的阅读主体其实很在意阅读的仪式感，旨在通过持续性的读书过程，讲究一种氛围，追求一种韵味，达到某种境界，具有很强的高雅感。此外，在传统的阅读场景之中，阅读主体一般相对独处、单向，阅读状态是一种相对独立的个体行为。而在当今新媒体时代，阅读主体越来越不像“个体行为”，围绕某个热点话题往往变成一种“集体狂欢”，充满着作秀成分，阅读者已经很难相对超脱于外部环境，无法构建相对独立、相对独处的阅读空间，进而也就无法形成相对完整、相对独立的阅读主体，阅读主体的主体性、自觉性、仪式感已经消逝。

就笔者个人的观察与经验看，微信平台上很多分享阅读的行为，很多情况下其实只是“知悉”的层面，连分享者自己压根都没有心思阅读他所分享的长文，更何况是他人。分享阅读反馈得到的“点赞”或者“竖拇指”，的确刺激着人们分享的动力，却没有刺激出人们阅读的动力。

其次，阅读主体思考方式片段化。

描述过去传统意义的读书状态，我们一般有类似“净手洁案”“敬字爱书”“废寝忘食”“雪夜闭门读禁书”等等意境，延伸出读书的状态是静心专注，用心推敲，用心思考。如今，受制于外部纷杂的多媒、多屏、视觉化环境的多重诱惑，阅读主体的专注度、深入度大打折扣，导致了阅读思考模式的片段化。“碎片化阅读”极大释放了人们的阅读广度、阅读兴趣和自我主张，同时也极大阻碍了阅读的虔诚度、持续性，阅读目的变得更随意，注意力更加分散，人们更多是寻找自我的心理认同和短暂的愉悦。

当然，关于“阅读主体碎片化”一说，有的学者强调了主体意识的重要性，不认同在互联网上的阅读就是碎片化。著名媒体人、作家梁文道就认为：“阅读没有‘碎片化’一说。只有将阅读碎片化的人，没有碎片化阅读本身。”言外之意在于：阅读主体如何对待内容很重要，有整合能力、有辨别能力、有深度思考的阅读主体，就不会出现“碎片化阅读”。

笔者这里想补充的是，在阅读载体日趋多元化、阅读方式日趋便捷化、阅读内容日趋视觉化的大背景下，的确还有一批经历传统阅读熏陶、依然习惯纸质阅读的学者、专家与大师，他们即便是用移动化载体阅读，他们所获取的信息可能依然是“深度内容”。不可否认的是，当50后、60后、70后几代人逐渐老去，早就习惯于“数字王国”的80后、90后、00后“数字原住民”已经不可能再有传统阅读习惯的长期熏陶，已经很难再有传统阅读体系的“主体性思考、主体性意识、主体性自觉”。

二、阅读空间的“流动化”

电视与互联网出现之前的很长历史时期里，人类的阅读对象基本是纸质书籍，阅读空间一般是固定的——庭院、书房、学堂、教室、藏书馆等等，阅读的空间相对独立而封闭，安静而独处，固定而持久。比如说，著者写作的时候，一般会选择在相对安静、不被打扰的独立空间，试图与自己的思绪对话，力求自己的作品打动人心；读者阅读一本书的时候，同样会在相对安静的独处单元中，“隔空”与作者对话，思考作品所带来的或美感、或思想、或震撼所在。可以说，传统的阅读空间一般具有很强的阅读现场感、空间感、状态感。

随着移动互联网技术的普及与成熟，移动情境之下的“移动空间阅读”开始超越固定独处的空间范畴，变成了一种流动的、零碎的、多元的空间，变成了很多学者关注的“移动阅读”现象：阅读空间逐渐由“固定”变为“流动”，阅读场所由书房、学堂、图书馆转向公交车、食堂、厕所、卧室等场域“无限扩散”。中山大学学者张志安主编的《中国新闻业年度观察报告》（2015）曾刊录过一篇《移动新闻的使用情境及用户体验要素分析》，该文作者张少科、刘慧玲、蒋蕊遥通过522份问卷调查，初步探索了移动情境下14种新闻渠道的使用情况。该小组的调查研究显示，在当今设备基础发展支撑之下，智能手机成为新闻最主要的阅读消费方式，其中部分结论是——

移动新闻的阅读情境地点可以分为家中和家外；

家中使用手机阅读新闻的总时间，几乎与家外使用手机阅读新闻的总时间相同；

睡前在床上阅读新闻的时间，明显高于其他任何情境；

人们在家中阅读新闻的习惯已经从传统媒体的“早间晨报”，成为现在移动互联支持下的“睡前一刻”；

在家之外的全天新闻阅读时间较分散，分布在各个移动场景下的碎片时间段或者非移动场景下的闲暇时间段。

三年前的上述调查，其实已经部分勾勒出“移动阅读”行为发生的空间、场景以及时间。可以说，阅读空间上“无处不在场”的浏览行为，已经变得越来越不像阅读，呈现更加趋向于流动化、零散化、碎片化的特点。在笔者看来，“移动阅读”行为的本质，是占用一个人所有的移动与非移动场景下的所有时空——这种时空可以是厕所里蹲马桶的空隙时间，大街马路边上等红灯的片刻时间，公共交通空间内的闲暇时间……这样的阅读时空不再单一、纯粹、独处，让阅读主体随时面临着各种外来干扰，面临着多界面转换的诱惑。

三、阅读时间的“破碎化”

从传统阅读的环节看，人们读书的时间一般都相对稳定、固定、持续。比如，有人喜欢早晨阅读，有人喜欢午后阅读，有人喜欢深夜阅读，每天阅读时间少有一个小时，多则有两三个小时。甚至被称为“书痴”“书虫”的人对书爱不释手的程度，可以做到废寝忘食。当然，传统的纸质阅读不一定非要坐在书桌前，也不一定要有一个较长的时间段——哪怕只有20分钟时间，一般也不刻意追求速度快慢，无论是清风朗月、刮风下雨，还是夜深人静，一卷在手，就可以做到心与书从容交流，阅读完全可以按照自己的个性与作息时间安排。但无论如何，传统的纸质阅读时间一定是相对独立的、不受干扰的，连贯的、有计划性的。

随着手机阅读的普及，传统的阅读时间已经变得支离破碎，个人阅读时间完全碎片化，很多人可能都经历过这样的生活场景：

早上蹲马桶，看看手机上的新闻；挤地铁时，读点小说，看点视频。

上午到单位，顺手翻翻报刊，打开电脑看看网络新闻。

中午休息时，粗略地翻翻自己订阅的App。

下午下班后，地铁上刷刷手机，翻翻朋友圈。

晚上时间后，饭后陪孩子读一会童书；等孩子睡后，开始躺在床上刷手机、看朋友圈，顺便浏览一些感兴趣的文章……

上述的一些生活场景之下，“手机阅读”时间貌似利用了每天几乎所有的空闲时间，实际上每天耗费大量时间“刷手机”，已经不再是真正意义上的阅读。很多人可能会发出感慨：每天玩手机几个小时，为什么就是没时间读书？核心就在于，被“手机阅读”所占据的时间都被无情地分割，变成了支离破碎的零碎时间，比如厕所中、地铁里、行走中、等车时……如此一来，“碎片化阅读”貌似充分利用了碎片化时间，实则陷入了浪费时光的恶性循环之中。

四、阅读内容的“碎片化”

从阅读载体的变迁看，纸质阅读是最悠久、最具思维力、最有思考性的一种阅读方式，能够给人无与伦比的阅读体验。当我们翻开纸张，心灵便会在文字的抚慰下慢慢平静；在文字的黑白之间，我们更能摒弃杂乱的外界干扰，保持思维专注，引导我们深入思考。相比传统纸质阅读载体，电脑、手机、电子书、iPad……形形色色的数字阅读渠道都为读者提供了前所未有的便利。北京师范大学发布《中国网民数字阅读状况调查报告》（2016）显示，人们的阅读观念正在发生深刻改变，62.7%的受访网民认为数字阅读迟早会取代纸质阅读，其中20岁以下持此观点的受访者高达82.9%。可以这么说，数字阅读、移动阅读、手机阅读等阅读形式以其强大后劲改变着我们的传统阅读习惯，对传统的书报刊阅读造成了严重冲击和空前挑战。

当前，我们的阅读载体已经从传统书籍、报刊、PC电脑，转向智能手机客户端（以各类App与微信公众号为主要代表），智能手机已经成为阅读的主渠道。阅读载体变化的问题关键，当然不在于“读屏”还是“读书”，而是“读书”或“读屏”给我们带来了什么内容。与“读书”带给我们的大多数是深度化、系统化、条理化的知识相比，“屏”内容大多数是“信息快餐”，阅读内容更多表现为实用性、娱乐性和图像化的特点，它的优势在于方便、便携、容量大，“读屏”的目的主要在于获取信息、方便生活、娱乐消遣。

手机阅读带给人们的更多是零散化的信息、知识，这是一个不争的事实。似乎一切信息和知识唾手可得，阅读显得轻松自如。实际上，无论哪一个平台上，更多的只是提供一些浅显的、易于理解的、不需要过多思考就能够获取的信息。人们获得的信息，基本属于资讯而非知识。即便是某些知识性内容需要在新媒体上呈现时，内容供应商也会自觉地将其进行分解化、资讯化、碎片化处理，以便适应阅读载体、手机用户的感官需求，原本内在的体系性、自身的逻辑性往往被肢解。

从智能手机的内容呈现看，理性深入的文章比例很低，文章整体上是越长越深越没有人看。在线社交时代的内容，如果太过于四平八稳，就像一个正襟危坐的人，可能不会受到欢迎；如果太过专业、深度、理性，就会显得太高冷，接受传播度低，反而偶尔的错别字，口语化的表达，标题的以偏概全、耸人听闻，甚至有时粗俗的表达内容反倒看者如云。类似的内容本身就表现出碎片化、情绪化、快感化的特点。一旦我们习惯于这样的“信息快餐”阅读氛围，我们的大脑就会“越来越懒、越来越机械”，不愿再主动思考，进而形成阅读惰性，陷入恶性循环无法自拔。

五、阅读成效的“浅显化”

在我们的印象中，传统阅读是一种“慢阅读”，这种“慢”根源于对读书目的的认知。古人认为，“腹有诗书气自华”，读书关系着人格的养成。即便是有些人的读书境界没有这么高，传统阅读也是一种“享受型”阅读，阅读是一种“美的享受”，体现为一种慢节奏，正如宋代大儒陆九渊所言，“读书切戒在慌忙，涵咏工夫兴味长”。我们说一个人“有书卷气”，表达的其实是“沉静专注”之意，说明阅读成效需要时间来涵养。如今，我们已经迈入了一个快节奏的时代，我们面对的是“快餐信息”，更多表现为一种“消遣式”阅读，“沉静专注”型的阅读主体已经如大熊猫般稀缺；类似做人做事、气质培养等长期的阅读成效，因“信息垃圾”的围困而大打折扣。

一般来说，电子读物具有声像并茂，充满感性诱惑的特质，导致人类的感官积极介入，给用户以感性愉悦；电子读物更多是吸引眼球的场景、事态、画面，凸显的是感性直观，隐退或者被遮蔽的是理性抽象。如此一来，受众面对的远不是印刷文本那样冷静的逻辑，而是感性现象的符号表达。手机媒介以生活化的文化主旨和媒介化的技术逻辑，把受众的阅读注意力从过去印刷文化的“文以载道”的矜持，引导到日常生活“娱乐至死”的情趣。

当我们每天都开始习惯于“读屏”时，阅读目的变得更随意，阅读注意力更加分散，阅读内容失去深度，阅读过程失去思考，阅读也就丧失了明确性、严肃性、目的性、系统性。很多专家都在担心，如今青少年因为电子屏的诱惑，“浅阅读”充斥他们的阅读空间，阅读成效大打折扣，深度性、专业性阅读正在逐渐远离青少年的阅读选择，恐惧读“厚”、读“深”、读“专”的现象，正在成为青少年学习中面临的一个新课题。

简短总结看，“碎片化阅读”是阅读主体、阅读时空、阅读内容、阅读成效的全面蜕变，这一定会对今后人类思维方式、社会文明、文化素养产生深远影响。在移动化新媒介时代，“碎片化阅读”其实导致了人类的整个阅读流程、阅读生态、阅读理念的彻底改变，而且呈现不可逆转之势，这才是最让人揪心的社会现象。

笔者无比感叹的是，在掌媒时代的新新媒介世界，我们的生活空间还能否容下“一张平静的书桌”？在这样一种“移动阅读、碎片阅读、感官阅读”多重交织的媒介生态环境中，此前我们所崇尚的学者、大师、思想家、哲学家，从此还能否持续产生？针对个体、集体与社会以及社会文明、文化修养、文明素质，到底会如何发展？针对个体的逻辑思维、理性思维、感性思维，到底会如何演化？这些都是一些有趣而无解的社会话题，值得我们密切关注。

第五章 无处可隐

——隐私公开化

场景一：朋友圈“收获”朋友闹离婚

下班后，单位同事甲、同事乙一起下班，途中对话如下：

同事甲：最近某某好像不太对劲，估计正与妻子闹离婚！

同事乙：不会吧？前几天还见面聊过，没有听他提起过呀！

同事甲：你难道不知道？翻翻他这两天发的微信朋友圈呀，不是很明显嘛！

场景二：个人隐私就是21世纪的黄金

个人隐私就是21世纪的黄金。我们的一举手、一投足几乎都会留下个人信息的痕迹，在毫无个人隐私保护的数字空间，人们如同在水族馆里裸泳。

——欧盟司法事务委员薇拉·尧罗娃（Vera Jourova）

场景三：我们每个人天天被App监控

支付宝、云音乐、咕咚健身、百度地图……这些App监控、记录着我们的一举一动，比什么天眼都盯得紧。

——摘自笔者一位微信好友的朋友圈留言

第一节

隐私已死？数据化时代的隐私迷局

媒介技术及其载体的最新发展，在侵犯个人隐私的路上似乎越走越远。在媒介4.0时代，我们不得不面对这样一个尴尬的现实：因为隐私信息唾手可得，这注定是一个隐私泄露泛滥的时代；因为隐私数据的一览无余，这注定是一个强化隐私保护的时代；因为隐私保护的盲点多多，这注定是一个深陷隐私迷局的时代。

在掌媒时代，这种“隐私悖论”现象，幕后代表着自我表露与隐私保护、公共领域与私人领域之间的一场长期博弈，需要在全新认知基础上重塑个人隐私的新界限、新规范、新伦理。

自从互联网诞生以来，关于个人隐私泄露的事件就频频见诸报刊与网络。互联网技术的深入发展和智能移动终端的迅速普及，使人们的现代生活深度进入移动互联的数据化时代。在数据化高速发展的今天，个人隐私正在成为一个细思极恐的社会话题。正如网络上流传已久的一个说法：大数据时代，人人都在“裸奔”。可以说，我们的个人隐私从未像今天这样如此受到重视，也从未像今天这样如此受到侵犯。

何谓隐私？仁者见仁，智者见智！

我们都知道，如今互联网的世界没有什么个人隐私可言。近年来，借助智能算法、数据分析工具以及廉价的宽带空间、无处不在的Wi-Fi网络，个人数据源变得极其丰富与立体，也变得极其触手可得。得益于智能手机的普及和移动应用的丰富，数据分析完全可以让一个人的隐私全无。如今，稍微懂得一点技术的网络用户甚至都可以用现成的统计分析工具，比如Google Analytics或Splunk，进行相关数据画像分析。比如，随着智能手机、联网健康电子产品、便携式电子设备的普及与流行，个人健康数据得以急速膨胀、丰富、立体，这些原本都是用户个人隐私的重要组成部分。在数据化时代，数据是被交易的筹码，数据蕴含着潜在商业价值，数据化生存让个人隐私面临前所未有的巨大威胁。在数据化生存时代，你读什么、说什么、想什么、吃什么、如何健

图5-1　互联网大数据时代，每一个手机用户都需要警惕个人隐私沦落成交易品

身，幕后都有来自科技巨头、黑客、朋友圈的时刻窥视，我们的个人隐私很可能随时随地被泄露或者侵犯。

“隐私”概念最早由缪赛尔·沃伦（Samuel D. Warren）和路易斯·布兰代斯（Louis D. Brandeis）两位律师于1890年在论文《隐私权》（The Right to Privacy）提出，他们最早将隐私定义为“不受干涉的权利”。虽然对于隐私的研究历经上百年时间，目前学界甚至在概念层面都尚未达成共识，从侧面可以看出相关隐私议题的复杂性、时代性、主观性。从总体上说，隐私是个人不愿为他人所知晓与干预的私人生活。隐私问题不仅仅是一个法律问题，也是一个伦理问题，还是一个价值判断问题，更是一个社会问题。对于隐私话题，一直以来都是“仁者见仁，智者见智”。

笔者这里并不打算考究关于隐私定义、隐私界定、隐私保护等颇有争议的学理界定，只是从三个侧面简要梳理有关个人隐私话题的历史变迁，以此为探究掌媒时代个人隐私的迷茫与困惑提供基本的考察视角：

一是从历史的坐标看，“隐私”的理解，经历了一个不断发展变化、拓展细化的漫长过程。早期的隐私主要是指涉及生理上的秘密，现在已经基本涉及私人生活的绝大部分领域。移动互联网技术不仅扩大了公共领域，同时也使得私人生活走向公共化，促使了公共领域和私人领域的融合。由此，形成了公共空间、私人空间等相关的隐私划分的理论及其实践，这构成了掌媒时代探讨隐私话题的基本理论框架。

二是从发展的眼光看，不同历史时期、不同民族、不同国家、不同文化背景、不同个体都对其所享有的隐私范围、程度都有不同的认知与理解，深刻说明了“何谓个人隐私”具有一定的主观性、时代性、争议性。比如，同样是一个电话号码，有些人怕被陌生人知道，有些人就不介意被别人知道，甚至还希望让陌生人知道。而在社交媒体时代，个体的手机号码一旦汇集起来变成数据库，变成不法商家的猎物时，变成信息诈骗的非法交易时，国家层面以及我们大多数人都会拿起“侵犯隐私”的法律武器、道德规范进行还击。

三是从媒介的变迁看，只有在19世纪大众化报刊登上历史舞台之后，人类的隐私话题才开始引起人们的足够关注与重视。可以说，人类媒介技术的变迁，为个人隐私侵犯与保护提供了技术支撑与可能。随着人类传播技术的不断发展，新闻传播业与隐私保护之间的矛盾不断呈现新内容、新争议、新困局。从文字到印刷，再到摄影、录音、广播、电视、电脑，媒介技术的每一次发展与普及，都曾在个人隐私话题上掀起过轩然大波，都有载于人类史册的有关隐私侵犯与保护的经典案例。

从本质上看，隐私最重要的特点是私密性、隐秘性，属于个人不愿意公开的秘密。如今，媒介技术的发展已经让人类可以超越时空，让我们每个人都可以变成“千里眼”“顺风耳”“潜伏者”，个人隐私传播瞬间可以实现传遍天下，这让屏蔽我们个人隐私的时间、空间失去了存在的意义。一旦传播媒介融入与渗透到我们的私人空间，人们就开始日益失去对个人私生活的掌控能力，从而让我们的周围遍布“监视器”“窃听器”“偷窥狂”。

隐私已死？“负”隐私时代到来

如今，手机媒介、社交App、移动支付的普及，更是把个人隐私话题推到了风口浪尖。最新传播媒介追求“公开”与个人隐私追求“遮蔽”之间，天然存在不可调和的矛盾性，天生蕴含着对立的紧张关系。在今天和未来，当万物互联网、大数据和人工智能三者叠加在一起之后，我们不会再有隐私可言。

形象地说，我们无时无刻不处于“超级全景监狱”的窥视中，我们的时代已经成为一种“负”隐私时代：一方面，从人肉搜索、偷拍偷录到微信朋友圈的自我“晒”，我们每个人都沉溺在隐私暴露、公开形成的狂欢中；另一方面，各类平台都在出卖个人隐私——大到地址信息、信用卡号码，小到吃喝拉撒。可以说，当人们把越来越多的个人信息放上社交网络的时候，我们其实正在习惯于或主动、或被动地出让个人隐私信息；当我们越来越多地习惯游走于虚拟网络世界的时候，全球流行的社交平台（诸如Facebook、Twitter、微博、微信、抖音、快手等）所代表的互联网巨头联盟，正趁机不断地蚕食个人的隐私领域。面对如此境况，我们个体的反应可能是：毫无知觉，麻木不仁，无可奈何，迫不得已。面对数据化时代对个人隐私的剧烈冲击，不少中外学者都发出过“隐私已死”的时代感叹。归纳看，在数据化时代个人隐私遭泄露的情形，大致可以归为以下四种类型——

一是主动暴露型——尽管用户存在隐私保护的心理与意识，却不妨碍用户的自我披露、自我公开、自我分享，从而形成备受中外学术界关注的“隐私悖论”现象，这种情况的隐私泄露多数是主动为之，或是不得不为之。比如，绝大部分智能手机用户安装了太多平时很少使用甚至不必要的App，参加了太多优惠促销活动。再比如，在自认为安全的社会网络说了很多公开场合不适合说的话，或者发了太多的照片，这些都可能造成人为的隐私泄露。

二是漠视保护型——互联网公司或者用户漠视个人隐私、隐蔽个人隐私权选择造成的隐私泄露。比如，2018年6月，一款名为“航旅纵横App”的版本更新提到，新增“可查看同机人主页”功能，就有用户质疑涉嫌泄露个人隐私。这款航空App就是通过“一揽子”打包授权，以“服务”为名，漠视个人隐私保护，造成了个人隐私的泄密。

三是收集利用型——国家机器、数据开发商、社交网络广告商等主动收集与分析用户数据，进而进行政治管控或精准化营销造成的隐私隐患或泄露。如今，在互联网世界里，成长最快速的生意之一就是如何利用互联网用户数据。比如，很多互联网科技巨头Facebook、Twitter、Ebay、阿里巴巴、百度等都有专业的用户数据分析部门，通过跟踪用户阅读、消费、社交、旅游等行为，有针对性地进行智能推荐、广告营销、商品推广等。

四是黑客攻击型——不法黑客分子或者公司有意窃取用户隐私数据，造成某些人的隐私大面积泄露。暂且不说非法“爬虫”工具，黑客单凭简单的推理，如你的生日、父母姓名、孩子出生年月日、上网登录痕迹（因为你曾在公共空间分享这些信息），往往就能猜中你为电脑设置的安全问题答案、登录密码、邮箱密码等；黑客依靠这些零碎的片段信息，就可以拼凑出一份相当准确的个人档案，然后盗用你的身份消费、支付、借贷……2016年1月，美国最大有线电视公司时代华纳就公开表示，公司旗下近32万用户的邮件和密码信息被黑客窃取，造成了大面积网络用户隐私泄露。根据数字公司Gemalto的披露数据，2016年上半年全球数据泄露总数增长15%，2016年上半年全球范围内数据泄露记录总数超过5.54亿条，可谓是一个触目惊心的数据。

隐私悖论？社交平台的隐私迷局

2018年3月，在中国发展高层论坛年会上，百度CEO李彦宏的一番话引发轩然大波。李彦宏说："中国人对隐私问题的态度更加开放，或者说没那么敏感，如果说可以用隐私交换便捷性或者效率的话，很多情况下他们是愿意这么做的。"

李彦宏的如此一番论断，倒不是他的突发奇想，尽管他因为这番话遭到了广大网民的"血喷"，却也是中国网络社交平台多年来习以为常、见怪不怪的现实：广大用户一直漠视个人隐私上传、公开、分享。从某种程度上看，李彦宏顺口说出了自己的真心话，幕后则代表了互联网科技巨头对用户隐私利益的熟视无睹。从我国来说，从早期校内网、QQ空间、微博，再到最新的微信、抖音，我国社交网络产品的快速更迭，或多或少都有模仿与追随Facebook、Twitter等社交平台发展路径的痕迹，基本都是建立在同样一个讨价还价的基础之上：只要交出自己的个人真实信息，你就能获得网络社交的自由，可以在数字世界自由地搜索或分享。由此，社交平台自然就会产生“隐私悖论”现象[1]——个人隐私披露意向与个人实际隐私披露行为的冲突性，现实表现为尽管用户明确表示担忧个人隐私问题，但往往在社交平台中不会减少个人信息披露。

针对个人隐私保护与隐私认知的不和谐现象，2006年美国学者S. B. Barnes首次提及社交平台存在“隐私悖论”（Privacy Paradox）。此后，欧美学者开始从实证分析、理论模型、案例研究等各个层面细化“隐私悖论”现象探讨，核心就是研究社交平台“用户对隐私风险的感知，与他们上传大量个人信息之间普遍存在矛盾”。目前，很多中外学者的研究都表明，移动社交平台上的“隐私悖论”现象日益突出。移动社交平台的发展，大大降低了作为个体发布信息的门槛，每个用户都可以将自己生产、收集的关于自己或者他人的信息瞬间共享，“晒”个人信息可以方便地“一蹴而就”，“晒”个人信息已经成为一种流行的生活方式；但是这种潮流行为背后，却潜藏着隐私泄密的无形威胁。自我披露者的个人信息可能会被复制、下载、盗取、挪用，然后被应用于不法行为；自我披露者对于风险心知肚明，却并未停止

① 从中国学者对“隐私悖论”研究看，目前基本还是综述西方研究成果为主，以下研究综述具有一定的代表性：徐敬宏、张为杰、李玲《西方新闻传播学关于社交网络中隐私侵权问题的研究现状》，《国际新闻界》，2014年10月；管家娃、张玥、朱庆华、赵宇翔《国外社交网站隐私悖论问题研究综述与国内研究建议》，《图书情报工作》（第60卷 第22期），2016年11月；薛可、何佳、余明阳《社会化媒体中隐私悖论的影响因素研究》，《当代传播》，2016年1月；李兵、展江《英语学界社交媒体“隐私悖论”研究》，《新闻与传播研究》，2017年4月。

"晒"的主动行为。

从本质上看，"隐私悖论"现象的出现，反映了隐私与网络之间存在"内生性冲突"的撕裂张力，是移动互联时代用户陷入社交"媒介化生存"的必然结果，是社交媒介对用户日常生活的强势渗透、无形控制所致。互联网本质上是一种存储、转发、共享的社会技术与生活方式，为了维护互联网的正常运转，必须捕捉、保留与传输用户分享的个人信息；而隐私保护本质上是一种保护、隐蔽、私密的社会共识与自我约束。如此一来，网络技术的强势、渗透、共享与个人隐私的弱势、暴露与独处之间，就很难实现两者相处的融洽、和谐与平衡——自我披露行为一旦过度慷慨大方，结果必然就是牺牲个人隐私。两者如何实现"平衡之道"，今后需要从个人隐私保护的国家立法与规划、企业自律与规范、个体素养与意识三个层面共同努力，这注定需要经历一个任重道远的长期博弈过程。

应当说，人类对隐私认知的心理基础是基于印刷文化的旧时代产物，当前我们面临的尴尬是：一边是电子媒介不断挑战我们的"隐私底线"，一边是我们的文化心理对隐私多少还持有"保守之见"，尚未做好心理准备迎接一个没有"秘密"的数据化时代。毕竟，个人隐私的损失或让渡，是享受互联网和移动革命好处的一个重要交换。当然，媒介技术所引发的个人隐私泛滥现象，并非就是人类社会文化退步或者道德败坏。隐私泛滥引起人们的普遍心理不适与焦虑，需要在全新认知基础上重塑隐私的新界限、新规范、新伦理。

第二节

隐私出让？
社交媒体正在不断蚕食

社交平台Facebook的创始人马克·扎克伯格曾说过：“要想隐私不被泄露，最好的办法就是放弃对社交媒体的使用。”对用户来说，这种想法与做法几乎是不可能的，隐私公开反倒成为大多数社交平台用户的唯一选择。

对很多社交媒体巨头来说，获取、分析与利用用户数据的做法天经地义；全球的几大社交平台汇聚流量的每一次飞跃，往往都建立在侵蚀个人隐私的基础之上。为了更加便捷的社交需求，社交媒体用户或主动或被动地让渡自己的个人隐私。

2018年3月，美国《纽约时报》和英国《卫报》（周日版《观察者报》）先后曝光Facebook大规模泄露个人隐私丑闻。丑闻一经曝光后，社交网络侵蚀隐私的敏感社会话题再度被引爆。

Facebook丑闻：“步步蚕食”个人隐私

英美媒体披露称，英国“剑桥分析”公司未经授权获取了Facebook数千万用户数据，将其用于建立模型，以精准投放广告等方式干预全球多地选举或公民投票前的民意。比如，剑桥分析通过对Facebook数据挖掘获取选民的心理特点，进而有针对性地为特朗普投放竞选广告，辅助特朗普最终赢得2016年美国总统大选。随后，Facebook公司也承认，全球8700万用户资料受到牵连，个人隐私遭遇泄露。

图5-2　2018年3月25日，Facebook在6家英报和3家美报上刊登全幅广告，为隐私数据泄露丑闻事件道歉

Facebook的这次事件，之所以成为公众无法接受的丑闻，核心在于公众对自己的数据用于干预选举不知情，更谈不上同意。美国参议员纳尔逊担忧地表示，如果不监管社交媒体，所有人从此将毫无个人隐私可言。而早在2015年，美国学者洛丽·安德鲁斯所著《我知道你是谁，我知道你做过什么：隐私在社交网络时代的死亡》一书的主题之一，就曾揭示过“社交媒体帝国”Facebook如何对个人隐私权进行的步步蚕食过程。如果深入梳理分析，我们就会惊讶地发现，全球的几大社交平台（Facebook、Twitter、Google、微博、微信等）汇聚流量的每一次飞跃，往往都建立在社交平台蚕食个人隐私、用户一次次“隐私让渡”的基础之上，Facebook的发展史足以证明这一点。

为此，西方媒体曾经梳理过Facebook创始人兼CEO扎克伯格14年以来的14次道歉，而每次道歉几乎都与侵犯用户个人隐私相关。比如，Facebook成立前一年的2013年11月，还是哈佛学生的扎克伯格就“积攒”了第一次道歉的经验。他的这次道歉，源于他开发创建的哈佛大学学生选美网站Facemash（社交平台Facebook前身）。这个网站能够自动抓取哈佛大学局域网的学生照片，展示在页面以便让访问者判断：谁更具有魅力，谁更吸引人。这种做法在哈佛大学引发轩然大波。在当年扎克伯格的道歉信里，他这样写道：“为了让网站能快速成长和扩散导致这样的结果，我对此感到抱歉，我现在知道我用了错误的方法达成目标。……事情的发展超出我的预期。如果因为我的疏忽给任何人带来伤害，我表示道歉。”此后的多年里，扎克伯格还因广告商分享用户资料、隐藏隐私条款、隐瞒心理测试等各种涉嫌侵犯隐私等行为一一道歉。

可以看出，Facebook每一次推出新功能，都是通过让用户展示更多个人隐私实现的。尽管这些做法都遭遇来自Facebook用户的抗议，都伴随来自Facebook的一次次道歉，最终结局却是用户让步，进一步接受新的社交形态，或主动或被动地出让个人的隐私。对全球各类社交平台来说，他们也往往面临自身的“隐私悖论”：一方面要借助用户数据为用户提供更好的体验；另一方面则因为收集用户数据触犯用户隐私。

隐私公开：一种流行的“亚文化”

对于社交媒体来说，除了一般信息与新闻之外，数字世界的很多内容都是网络用户个人创造的个人信息。全球日益普及的社交平台，导致类似地理位置、婚姻状况、工作单位、联系方式和其他细节等敏感的个人信息，都能在网络世界中被共享、浏览、营销。对此，扎克伯格就曾说过：“要想隐私不被泄露，最好的办法就是放弃对社交媒体的使用。”而在移动互联时代，这种想法与做法几乎是不可能的，“屏社交”已经让人们不可能摆脱使用社交媒体的习惯，隐私公开成为大多数社交平台用户的唯一选择。

申琦曾在《网络素养与网络隐私保护行为研究》（2014）一文中指出，目前社交网络用户隐私的保护方式，主要有三种：一是规避（不使用社交软件）；二是造假（填写虚假个人信息）；三是保护（注重网络权限设置）。而在大多数时候，规避与造假根本行不通，唯有从“注重网络权限设置”上提高隐私保护意识。在手机支付的大背景下，如果不真实填写或造假个人信息，就无法享受到手机网购、转账、预订等带来的便利。比如淘宝、亚马逊等电商平台会根据用户地址和电话等真实信息，进行物品配送服务；百度、Google等搜索引擎会根据我们的搜索痕迹，监视我们的消费倾向与习惯；微信除了即时沟通的功能外，其衍生的转账、红包、游戏及运动功能都渗透到我们日常生活的各方面。

从中国方面来说，智能手机的“国民社交神器”——微信及其朋友圈，已经成为我们日常生活中依赖度最高的社交平台，也是“隐私公开”的重要空间。微信及其朋友圈空间到处充斥被曝与自曝的“隐私悖论”，成为微信留住用户、黏住用户、捆绑用户的法宝之一。在微信时代，“暴露隐私”“隐私公开”似乎成为现代人的一种时尚潮流，人们已经不能满足把秘密写在日记本中留给自己看，而是需要受众、互动与反馈。比如，展示自我形象、个人活动和日常生活等场景的自拍、上传、分享、转发，一方面是个人的兴趣与自由，另一方面一旦共享于微信朋友圈，就为满足人们了解一个人的生活隐私、满足窥探他人生活秘密提供了机会。受到点赞、转发或追捧的自我展现者，会因为得到他人认同，刺激更多展现自我的分享欲望，让朋友圈的自拍秀每天都“源源不断”，如此构建着完整意义上的社交“信息闭环”；朋友圈流行的自拍、晒娃等分享行为，让我们每个人都沉溺于隐私公开所形成的愉悦、满足与狂欢之中，源源不断地向微信平台提供“内容源”，让隐私暴露与公开成为一种流行的“亚文化”现象。在一定意义上，我们或许可以这样理解：个人隐私的主动公开表达，也是人们对生活方式、情感体验的追求、表达和自娱自乐。

公私不分：隐私界限日益消融

在这样一个社交化生存时代，原本泾渭分明的公共领域和私人空间之间的界限，因交流与交往时空的打通变得模糊、消融。比如说，我们可能都有类似的以下生活经历——

无论身处何处，每个人都可以借助手机进行亲密交谈。而你的上司随时都可以轻易地打断你的家庭聚会。于是，私人空间就变成了公共空间。

在上班的间歇时间，随时可以顺手答复老婆、孩子、闺蜜、恋人的问候或者求援。当然，你还可以顺手送花、献吻、抛媚眼……于是，公共空间此刻变成了私人空间。

在地铁上，笔者曾经有这样一次印象深刻的偷听经历。对面站着一个中年妇女，她正用蓝牙耳机与他人一直对话，声音不大不小，周边的乘客足以听得很清楚——

算了，虽然他算是某某公司（很多人都熟悉的知名科技公司，起码笔者比较熟悉）的一个中层……我俩都见过呀，听过他平时总是忙于工作、应酬……是的啊，我知道，他的工资是很高……（停顿）。但是，他根本不管自己的老婆孩子……所以呀，离婚，我看还是比较好的选择吧……

可以说，智能手机随时让私人生活暴露在公共空间的生活场景，已经越来越普遍。比如，微信朋友圈总爱议论的一些话题——私密的朋友离婚话题、公司老板的八卦话题、社会的热点话题——都在一一表明，微信朋友圈已经成为一个“私人空间+公共领域”的混杂空间，我们已经无法说清楚这样的追问：这些到底是个人隐私还是公共话题？还是兼而有之？

此前，很多学者的研究认为，微博所代表的舆论场属于公共空间，微信所代表的舆论场属于私人空间。实际情况却是，伴随手机媒介功能的丰富与泛化，智能手机不仅仅扩大了公共领域，同时还推动着私人生活走向公开化，从而彻底瓦解了公共领域与私人领域原本泾渭分明的界限，推动着“私人空间+公共领域”的深度融合，从而也就造成了隐私泄露随时随地可能发生。

重塑规则：隐私保护欧盟在行动

隐私数据与数据分享，界限到底如何划分？如何建立规则、如何遵循规则都是亟待解决的现实难题。首先需要明确的是，隐私数据受到保护是人的一项基本权利。如今很多科技巨头未经本人同意的前提之下“跟踪用户”投放广告，其实已经侵犯用户的数据隐私权。另一方面，“隐私数据”的分享十分必要。以人工智能为例，人工智能分析只有掌握大量的数据、例子，才能逐步提高“智能”。正如硬币的两面性一样，“隐私数据”也有两面性，信息共享公开中裹挟着安全隐忧。从目前看，单纯依靠互联网公司的自律远远不够，还需要通过规则重塑，将“收集隐私、出售隐私、获利隐私”潜规则关进法律的笼子里，进而实现用户信息不再“裸奔”。

可喜的是，一向在人权保护走在全球前列的欧盟有了最新动作，为迈入移动互联时代的各国提供了规则示范，为各国在大数据背景下的数据保护规则制订提供了全新视角。2018年5月25日，欧盟正式实施“史上最严”的《通用数据保护条例》（General Data Protection Regulation，简称GDPR），也被称为“欧盟数据宪章”。GDPR明文规定，网站经营者记录客户的搜索和购物记录前，必须事先声明并获得用户同意；不能再使用模糊、难以理解的语言或冗长的隐私政策从用户处获取数据使用许可；明文规定用户个人可以要求责任方删除关于自己的数据记录。如果违法，企业将面临高达全球年营收4%或者2000万欧元（约合1.5亿元人民币）的巨额罚款（两者取其高）。

总而言之，在移动社交化时代，我们每个人都无法避免不使用社交媒体。在“媒介社交化、生存社交化”的背景之下，让渡部分非核心个人信息、个人数据的同时，隐私法律的规范（国家层面）、社交平台的自律（企业层面）、保持自我表露与隐私关注的平衡（个体层面），都是个人隐私保护不可忽略的三个层面；三者之间最终实现良性互动，还需要经历很长时间的磨合、碰撞与博弈。互联网用户如何最小化留下数字印记的风险，需要在法律、商业和个人领域之间重新建立一个新平衡。对此，“万维网之父”蒂姆·伯纳斯·李则早就为人类指明了解决之道——漏洞由人创造，也能被人修复。

第三节

隐私泄露，智能手机变成“隐私大盗”

智能手机成为那只“看不见的手”的“隐私大盗”，通过网络数据库偷偷地保存、传播着我们的个人信息。我们的个人信息无时无刻不处于“超级全景监狱”的窥视之中，商家、媒体、银行、政府都在密切地关注我们每一个人。

从当前看，智能手机正在成为个人隐私的“天敌”，手机媒介与个人隐私之间无法调和的冲突愈演愈烈……

2018年7月，一款问世不久的全面屏手机vivo NEX成为手机用户口中的“流氓软件鉴别神器”，原因在于这款手机自动升降摄像头的设计。在使用一些软件时，这款手机的前置摄像头会突然默默地升起，“偷看”你一眼后默默地缩回。虽然后来证明这只是“虚惊一场”，这类“顽皮”摄像头还是带出了一个老问题——智能手机时代的隐私保护话题。

手机App暴露隐私？家常便饭！

地图、团购、支付、社交、旅游、理财……在数据化信息社会，人们已经完全离不开手机，离不开手机应用App软件。手机作为我们日常工作、生活、交流最便捷的“身体器官”，其实包含着我们大量的个人信息及隐私。

明明一个P图的智能手机App，原本它只需要读取你的相册和相机权限，可是你根本就不会注意到，它还会读取你的手机联系人、定位等其他个人数据。于是，一只“看不见的手”通过数据库偷偷地保存、记录，甚至公开传播、贩卖、变现着我们的个人信息。

一般来说，手机隐私权限按照风险程度的不同，可以分为三种级别：一是“核心隐私权限”，包括获取位置信息、读取手机号、读取短信记录、读取通话记录等；二是“重要隐私权限”，包括打开摄像头、使用话筒录音、发送短信、发送彩信、拨打电话等；三是“普通隐私权限”，包括打开Wi-Fi开关、打开蓝牙

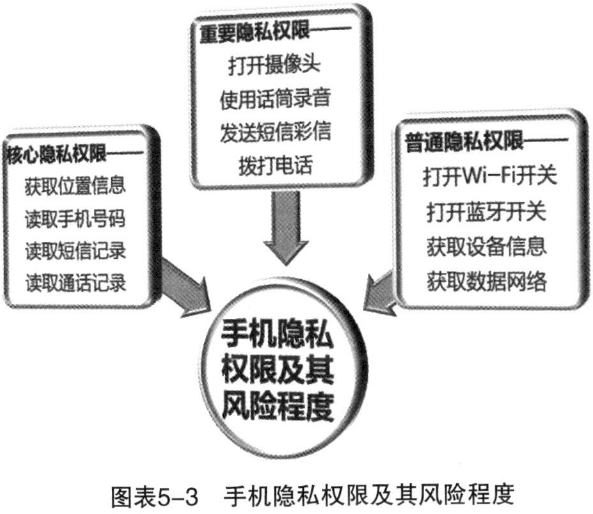

图表5-3　手机隐私权限及其风险程度

开关、获取设备信息、获取数据网络等。如图表5–3所示——

2018年1月，腾讯社会研究中心联合DCCI互联网数据中心，联合发布《2017年度网络隐私安全及网络欺诈行为分析报告》（以下简称《报告》）。《报告》对1129款手机App（852个Android手机App、275个iOS手机App）“三类隐私权限”获取情况进行统计分析。《报告》隐私安全测试显示，2017年下半年，852个安卓手机App中有98.5%都要获取用户隐私权限。在对隐私侵犯类型认知调查显示，60.9%、53.5%、47.3%的受访网民认为“读取通话记录、读取联系人和读取短信”属于侵犯个人隐私，位列前三。可以看出，开源的安卓系统是智能手机操作系统中的最危险者。在庞大的安卓App软件中，窃取手机用户隐私的行为多年来已经成为行业常态。

当前不少手机App一旦装上，用户几乎就成为透明人，这让我们的个人信息无时无刻不处于“超级全景监狱”的无形窥视中——商家、媒体、银行、政府都在密切地关注我们每一个人。对软件开发者来说，获取用户数据的做法天经地义，这些无论对信息推送、广告投放还是软件改进都至关重要。当我们乐此不疲地享受手机App带来的愉悦体验时，殊不知我们的手机正在让每一个人“裸奔”，手机用户毫无隐私可言——那些手脚不干净的App好似一双双偷窥的眼睛，暗地打通了连接个人隐私与商业数据之间的秘密通道。

地图类App须全授权？过度索取！

来自艾媒咨询（iMedia Research）的数据显示，截至2017年第四季度，中国手机地图用户规模已达7.07亿人。上海市消保委的调查显示，97.63%的被调查消费者手机安装了地图类App，多达82.59%的消费者担心地图类App泄露个人信息。上海市消保委评测选取了消费者使用率较高的5款热门地图类App（百度地图、高德地图、腾讯地图、搜狗地图、图吧导航）发现，多个地图App存在申请敏感权限与实际功能不对应的问题。2018年7月，新华社报道称，上海市消保委通报，让消费者"离不开"的手机地图类App存在多重个人信息安全风险，包括过度索权、利用技术手段绕开授权流程等问题。

测评中，上海消保委发现，很多App缺少让消费者"一次性授权"选项，与消费者个人隐私关系度密切的通讯录、短信等敏感权限一旦授权，这些App将永久性获取该权限。比如，高德地图在安卓系统中要求"读取联系人""读取短信"行为长达8年之久。在上海消保委进行的约谈现场，就为何需要获取如此敏感的权限时，高德地图方面的负责人称："这是2010年之前就申请的，当时网络环境和现在不一样。"高德方面承诺尽快更新版本，下一版本将关闭对上述敏感权限的索取。与高德地图类似，腾讯地图在iOS系统里也申请了高度敏感的通讯录权限。腾讯地图负责人在约谈现场表示，会在新版本上线后关闭对通讯录权限的索取。

从用户角度看，虽然很多手机用户都担忧使用地图App软件可能会泄露个人隐私，但作为正常使用软件，不得不"被同意""被授权"。

移动应用App泄隐私？防不胜防！

多年来，以Google公司的安卓系统和苹果公司的iOS系统为代表的移动操作系统逐步取代了桌面操作系统，成为公众接入移动互联网的主要入口平台。移动平台的高度互联性是一把双刃剑，它同时会使用户轻易暴露在攻击者的威胁之下。受政治、军事和商业利益驱使，其中针对个人隐私的窃取行为是其中的“重灾区”。

为了盈利，不少App开发商会与广告商进行合作，这种合作潜藏了隐私泄密的陷阱，导致恶意广告插件横行、盗取用户流量、收集用户隐私信息等不法行为。2018年7月，国家计算机病毒应急处理中心监测发现，10款违法有害移动应用[①]存在于移动应用平台中，提醒广大手机用户不要下载这些违法有害移动应用软件。这些违法有害移动应用软件主要危害，涉及恶意传播和流氓行为两类。前3款移动应用捆绑了恶意广告插件，这些广告插件会在手机屏幕上匿名弹窗，强行推送广告，严重干扰手机正常使用，造成流量损失；后面7款移动应用存在危险行为代码，要警惕这些移动应用私自下载安装移动应用，窃取用户隐私信息，造成

① 国家计算机病毒应急处理中心披露的这10款移动应用App分别为：1.《Candy Crush Saga》（版本V1.12.0）；2.《雷霆战机》（版本V1.0）；3.《推箱子》；4.《快抢红包最新版》（版本V2.0.7）；5.《快抢红包最新版》（版本V2.0.8）；6.《自动抢红包最新版》（版本V2.0.7）；7.《给点电我就飞》（版本V1.1）；8.《经典桌球》（版本V1.5）；9.《打地鼠》（版本V1.0）；10.《模拟开火车》（版本V3.0.2）。

用户隐私泄露，资费消耗。

对很多“跑族”来说，健身应用App能帮跑步者优化路线，随时记录的轨迹数据、路线数据、里程数据等信息，往往成为“跑族”们在社交账号上炫耀的一大资本。殊不知，健身应用App也会带来意想不到的安全风险，它甚至可以泄露秘密的军事基地细节。2018年以来，西方发生过两起因健身软件App泄露军机的事件。第一起是年初Strava健身软件“全球热力图”，涉嫌泄露美俄海外军事基地。由于该App可以记录全球2700万使用者上传的每一次健身活动和移动情况，并将这些信息分享给他人，结果一系列隐秘军事基地在“全球热力图”上暴露无遗。通过对海量数据的综合分析，曝光了美俄等国军事基地、秘密设施和军事巡逻路线。第二起是芬兰开发的健身App“极地流动”，涉嫌泄露军事基地、间谍部门的敏感人员资料。调查发现，只需要从“极地流动”软件中获取“开发者文档”，相关人员不仅可以浏览用户共享的公共数据，还可以得到那些将个人资料设置为隐私用户的健身踪迹信息，这些信息涉及数百万使用该软件的用户。《环球时报》7月10日报道称，借助这些健身痕迹信息，调查记者能轻易地找到美国国家安全局、美国特勤局、英国军情六处以及俄、法、荷多家情报机构工作的人员姓名和地址。

上述10款移动应用App、两个健身App的隐私泄密，不过是移动端口应用App涉嫌隐私泄密的冰山一角。当我们下载一款移动应用App时，很可能在不知情的情况下，成为随身打开个人隐私泄露的“潘多拉魔盒”。

隐私背后是大商机？隐私经济！

从PC互联网到移动互联网，从PC电脑到智能手机，大家早就习惯了这样一个司空见惯的现象：你浏览过的网页总是特别了解自己，总会在显眼之处不断推送一些让你看似感兴趣的内容、资讯、广告、链接等等。

在网络上，我们每天都在产生大量浏览记录、搜索痕迹、社交足迹。除了姓名、住址、电话等固定信息外，还充斥着每个人会友、吃饭、网购、旅游、信用等动态行为数据。它们有些由我们自己发布，有些则来自于社交分享。搜索过什么内容，看过什么新闻，喜欢什么视频，买过什么东西……这些真实的数据都被一一记录下来，成为商家、黑客暗中窥视的大数据。早在2010年，《华尔街日报》的调查就显示，当时全美最大的50家网站在每个访问者的电脑上平均安装了64种追踪技术。可以说，自从互联网普及以来，收集上网用户的信息和行为方式，是很多互联网公司都致力于挖掘的大金矿。基于大数据挖掘，人类掌握的有关数据整合的技术手段远超以往，这些技术手段所表现出的控制力量超乎想象。

分门别类地“出卖”用户信息，则成为互联网领域不法商家新的生财之道。通过数据分析，网络后台可以捕捉每一个人的网上行为，然后有的放矢地精准营销和推介个性化广告。公司拥有较大的自由度，可以通过相互交换用户数据获取更大利润、更多商机。在这个资本主导、流量变现、营销至上、万物互联的世界，用户数据其实就是“金山银山”“大金矿”。从个人“隐私数据”中挖掘正向的经济价值，这就是“隐私经济”的真正内涵。

可以说，智能手机作为公众隐私保护的一大“盲区”，我们每时每刻都在担忧个人隐私泄露。作为手机用户，大多数时候我们是挣扎无望、深陷焦虑、孤掌难鸣的个体存在：既想要最人性化的智能体验，又想要健全的隐私保护。对手机用户来说，拿起法律武器的同时，还需要在日常行为中管住自己的一颗好奇心，不主动做网络上的“透明人”，时刻高度警惕身边的“隐私大盗”——智能手机。

图5–4　不做网络“透明人”（张滨漫画）

第四节

过度分享：
个人隐私的“自我贩卖”

社交媒体的高度发达，让社交媒体用户的分享行为变得易如反掌。社交媒体时代，最怕什么：隐私泄露。其实，社交平台上绝大部分个人信息往往是自我分享的，社交媒体平台网格化中个人的“过度分享”，为用户的隐私泄露提供了可乘之机。

可以说，“过度分享”正在成为社交媒体的“慢性毒瘤”，成为个人隐私的“自我贩卖”，导致社交媒体用户的“隐私疲劳”——用户一旦习惯了隐私泄露迟早会变成“社交日常”，从此也就不再在乎个人隐私保护。

我们每个人的朋友圈可能都会有这样的微信好友：某某好友在家休产假，总喜欢没完没了地分享处于哺乳期的可爱儿子（女儿），分享孩子洗澡、睡觉、吃饭、哭相等等文字、照片或视频……甚至在1个小时内，可以连发五六条分享到微信朋友圈。面对朋友圈喜欢“霸屏”的类似分享行为，不知你看到后会有什么感觉——每次都去“点赞”？还是装作视而不见？还是觉得让人生厌？这里就涉及一个社交媒体蓬勃兴起后“屏社交”时代的一个新词：“过度分享”（oversharing）。

社交媒体流行“过度分享”

一般来说，“过度分享”是指个人（或者企业）过度频繁或庞杂地传播自己的信息，类似“轰炸式”传播常常使原本的关注者慢慢流失，最终失去原有的个人亲和力或品牌影响力。那些事无巨细在社交平台“晒”一切的人——无论是早午晚餐吃了啥，还是夜跑路线，还是他们对热点事件的看法，他们往往第一时间通过社交网络传达出去，这正是“过度分享”的典型表现。

2008年12月，《韦氏新世界词典》票选“过度分享”为当年的年度风云词。“过度分享”已经成为当前困扰社交用户的一个社会问题。从中国的视角看，伴随我国传媒全面走向市场化、步入互联网化，网络空间对隐私话题的青睐日趋流行，经历了天涯跟帖、博客“身体写作”、微博自曝、微信分享个人隐私等不同的发展阶段。随着社交媒体的深入渗透，自曝隐私者有增无减，曝光内容更是五花八门——个人收入、年终奖金、理财亏损、心理缺陷、情感困惑、家庭自拍、闺蜜关系等生活细节，都成为社交平台用户自曝、分享、公开的内容。

与此对应的是，从2014年开始，“过度分享狂”（diarrheaist）成为网络英语新词，泛指在社交网站上分享过多信息，特别是个人消费、活动、行踪等相关信息的人。其实，通过自拍秀、心情秀、状态秀、生活秀在微博、微信朋友圈等各类社交平台刷屏的人，就是移动社交时代典型的“过度分享狂”。当然，“过度分享狂”现象的背后，多少与一批过分关注者相互关联：当我们倾向于把“分享上瘾”标签推给“过度分享狂”的时候，实际上过度关注者也上瘾了，比如“点赞党”一族。说到底，过度分享基于过度关注，如果没有点赞、献花、评论等互动与反馈，分享更新从此就会失去部分动力。

基于分享与关注的关联度，一种新的网络文化生态——窥视文化——由此产生。借助丰富立体的社交平台，人们可以不间断地在社交网络发表新鲜事、更新状态，分享自己的心情、行为、位置，社会从原先“单向透明”的权力国家过渡到“全景透明”的网络社会。在这样一种全景式网络社会中，人们不仅是信息的分享者，同时也是他人分享信息的窥视者。信息生产与信息浏览成为同步交织、相互推动的个人网络行为，进而创造出一种新形态的网络文化生态——窥探文化。加拿大著名媒体人霍尔·涅兹维奇（Hal Niedzviecki）在《我爱偷窥》（2014）一书认为“这是一个喜欢偷窥别人，以及被人偷窥的时代”，涅兹维奇还把窥探文化的本质概括为“过度分享”，即个人将私密的生活空间推向公共消费领域，无防备且高频率地分享自己的真实生活和个人信息，通常（但并非永远）基于娱乐目的，但往往以泄露个人隐私为代价，“过度分享”导致的隐私泄露泛滥现象必然在所难免。

基于社交用户的“过度分享”，网格化状态中的用户及其用户隐私已经处于更透明化的状态，用户几乎所有的一切都被赤裸裸地暴露在数据中。通过整合用户的网络数据，一个彻底透明的用户——你是一个什么样的人，需要什么样的服务，是单身还是恋爱，是否需要紧急借贷，都将一一呈现在或者银行或者商家或者朋友面前。

很多父母“养育过度分享”

社交媒体的高度发达，让分享行为易如反掌，分享即刻就能得到来自最遥远朋友的“点赞、献花、评论”。类似分享行为最具代表性的一大群体就是新手父母。这就是一个孩子刚刚呱呱落地，全球就可以立刻获悉、即时看到孩子出生记录画面的移动互联时代。拜社交媒体之赐，新手父母可以将育儿过程的点点滴滴，随时通过社交平台公之于世。

2012年，《连线》杂志（Wired）记者拉卡特（Steven Leckart）曾在《华尔街日报》发表过《没有Facebook的童年》一文，结合“过度分享”（oversharing）与“养育”（parenting）两个常用词语，首次创造性地使用“养育过度分享”（oversharenting）新词，用于阐释新手父母的过度分享现象，有网友把这个词形象地译为“晒娃狂魔”或“晒娃成癖”。拉卡特指出，所谓“养育过度分享”，是指越来越多的父母有把自家小孩的照片、视频等信息分享在网络的倾向，以此形容父母这种无法自拔的分享喜悦与冲动。尽管父母是否“过度分享”没有什么统一标准，但拉卡特从“为孩子着想”的角度出发，让父母重新审视他们习以为常的过度分享行为，此文在社交网络以及各国主流媒体上一度引起热烈讨论。笔者觉得，在移动社交无处不在的时代，身为父母若从来不分享自己孩子的照片或近况，那一定需要很强的克制力、自制力、洞察力。

从中国视角观察看，我们每个人的微信朋友圈的确存在父母“养育过度分享”现象。正如本文开头指出的，有不少父母每天都喜欢“晒娃”，而且是持之以恒、锲而不舍、从不间断地分享“晒娃”。笔者想到的是，这些父母是否想过这样的问题：当孩子迈入青春期的时候，当孩子迈入社会职场的时候，当孩子成年后成为或明星或高管或政要的时候，他是否能够坦然接受当年父母在网络上留下的那些“完整成长记录”？是否有“好事之徒”翻出他童年时代的记录影像，并将他的个人隐私赤裸裸地展示在世人眼前?

笔者认为，与亲密家人一起分享自己孩子的近况照片，当然无伤大雅，还利于增进情感交流。但是，基于Facebook、Twitter、微博、微信等社交平台关于个人隐私保护的复杂或者模糊设定，让大多数用户不见得都有耐心妥善对待隐私——何况有时根本没有隐私保护功能，陌生人通过网络搜索到个人信息是一个不争的事实。日常生活中，许多父母往往过于注重家庭的网络安全，不希望孩子拥有自己的Facebook、微博、微信等社交账户，自己却忘乎所以地在Facebook、微博、微信等社交平台上大量曝光孩子的生活照片，孩子的个人照片可能存在被有心人士复制、利用的危险，这是否涉嫌侵犯孩子的个人隐私呢？孩子从何时能清楚自己拥有隐私公开的“选择权”？你是不是“养育过度分享”的父母？这些质疑都只是善意提醒，显然没有什么标准答案，父母在冲动分享、快乐分享的基础之上，可以斟酌考虑如何保护孩子的个人隐私，因为任何父母都不希望孩子的照片被有心人士复制、利用，都不想对孩子未来带来不必要的麻烦与遗憾。

社交平台频见“人肉搜索”

2007年12月27日，央视新闻联播播出一段抨击不良网络视听报道，其中采访了一个北京某校女学生。这个女孩说道：“上次我查资料，忽然蹦出一个网页，很黄很暴力，我马上把它给关了。”很多网友质疑：一个网页怎么会同时“很黄很暴力”，猜测这名女生没有说真话，甚至通过网络搜出她的住址、学校等私人信息。随后，质疑、猜测很快演变成调侃、恶搞，小女孩竟然成为网民情绪宣泄的工具，给女孩和她的家人造成了极大的心理压力。“很黄很暴力”事件，让网民围绕“人肉搜索”是否侵害个人隐私，一度成为2008年最受争议的话题之一。如果向前追溯，中国第一次“人肉搜索”事件，发生在猫扑网——2006年虐猫女事件，也是中国互联网“人肉搜索”历史上里程碑式的事件。此后，我国因“人肉搜索”引发的涉嫌侵犯隐私的案例不计其数。

互联网兴起给隐私保护带来极大挑战之一，就是影响巨大的“人肉搜索”问题，反映出现有法律对隐私权保护的束手无策。在移动互联时代，基于社交媒体的注册资料、社交分享照片、社交留言截屏等方式，“人肉搜索”拼接出一个人的完整画像更加变得顺手拈来、易如反掌。对每个人来说，你可能不喜欢别人查看自己，却很愿意利用便利的网络查看别人。对很多人来说，上网搜索别人，甚至“人肉别人”，估计都有过以下搜索场景：

1.为了搜索某个人，利用谷歌、百度等搜索工具，不断变换输入关键词，不断查找网页。

2.从被搜索人的姓名入手，再查他朋友的博客、微博、微信，往往会有意外收获。

3.通过对方ID或邮件地址，查出其IP地址，可以获取各种“马甲”的真实身份。

…………

实际上，基于被搜索对象自己不经意间披露过的无数信息——有些是用户在社交网站主动分享的，有些是网络服务商无意泄露的，进而构成他人“人肉搜索”的坚实基础。“人肉搜索”现象表明：第一，社交用户平时的“过度分享”，很可能在某时某刻引发他人的“人肉”，导致个人隐私“裸奔”，进而对日常生活造成严重影响。第二，“人肉搜索”日益普遍，众多网民可以通过协作聚合侵犯个人隐私（或声誉）。第三，散布在网上的个人信息可以被轻易获取、聚合、更改、利用，从而形成某种新的隐私侵权。

社交用户出现“隐私疲劳”

在“自我展示、自我披露”为核心的社交媒体平台上，它可能引发的隐私问题与传统媒体有着显著不同：

一是泄露隐私的主体多元化。在机构化传统媒体时代，新闻传播与隐私保护的矛盾，主要表现为机构媒体偷拍、监视、不当披露等侵权行为，隐私侵权或者泄露的主体单一、明晰；而在社交性媒体中，隐私侵权或者泄露的主体变得多元化，不仅仅是社交媒体本身，甚至包括商家、黑客、朋友都有可能是隐私泄露的主体，个人同样拥有与国家、机构或组织一样的侵犯隐私的能力。基于社交媒体用户"过度分享"的主动行为，很多时候自身就是导致隐私泄露的始作俑者。

二是泄露隐私的范围扩大化。过去，传统媒体侵犯隐私或者泄露隐私，一般只涉及知名的公众人物，一般涉及性、身体、婚姻这样的核心隐私议题；如今，这种问题则可能发生在每一个社交性媒体的普通用户身上，隐私范围延伸到了健康、住址、身份证、喜好等更加细化的微观层面。

三是泄露隐私的边界模糊化。过去，传统媒体侵犯个人隐私，一般都比较明确地跨越了"公"与"私"界限，比较容易区分与界定；如今，社交媒体平台上个人隐私泄露随时随地发生，已经无法辨别隐私泄露到底发生在"公共空间"，还是"私人领域"，甚至很多社交用户早就习惯了在线上公共空间处理自己的隐私事务。

由于社交媒体占用我们大量的日常时间，加上社交网络的个人信息泄露机会多多、保护困难、界限模糊，事无巨细的分享方式必然让个人隐私泄露在所难免；社交媒体带领广大用户，仿佛进入了隐私失控的"盲区"。于是，长期沉浸在社交媒体平台上的用户，自然就会陷入“隐私疲劳”（Privacy Fatigue）[①]。所谓“隐私疲劳”内涵大概是指，用户已经习惯了隐私泄露迟早会变成“社交日常”，从此也就不再在乎隐私保护；至于社交媒体如何设置隐私、如何保护隐私、怎么运作隐私，其实已经变得不那么重要，因为社交媒体用户早就对“放弃”个人隐私见怪不怪、麻木不仁、习以为常。

一旦顺着这个逻辑发展下去，我们就会发现：“隐私疲劳”现象的出现，本质上是用户漠视隐私保护、社交媒体强势侵犯个人隐私的恶性循环，一方面必然导致社交平台的“隐私悖论”现象更加恶化，另一方面对社交时代的个人隐私保护的素质培养、企业自律、国家立法形成牵制与制约。

① 对于社交平台出现的“隐私疲劳”现象，国外已经有不少理论与实证结合的研究论文发表，近年来取得了不少的学术成果。比如：MJ Keith，C Maynes，PB Lowry，J Babb：Privacy Fatigue: The Effect of Privacy Control Complexity on Consumer Electronic Information Disclosure，International Conference on Information Systems，2014，40（a1）:C135；H Choi，J Park，Y Jung：The role of privacy fatigue in online privacy behavior，Computers in Human Behavior，2018，81。而笔者通过关键词“隐私疲劳”，检索“中国知网”统计发现，目前暂未有中文学术性论文发表。在笔者看来，“隐私疲劳”与“过度分享”“隐私悖论”等社交现象，今后可能会成为中国学术界研究“社交媒体与个人隐私”主题中一个重要的细化领域。

第六章 同谱共振

——舆论共振化

▶ 场景一：终端随人走，信息围人转

目前，我国移动终端的保有量超过10亿。“终端随人走，信息围人转”成为新闻传播的新态势。小屏牵动大世界，构成了空前巨大的传播舞台，成为最具挑战性的传播竞技场。

——2017年2月，人民日报社副总编辑王一彪
在移动媒体创新论坛上的致辞

▶ 场景二：今天的主流媒体是谁？

今天的主流媒体是谁？
是朋友圈啊！
同学们，
因为你们的时间都在那里面。

——摘自央视原主持人、互联网投资人张泉灵的演讲

▶ 场景三：满屏都是疫苗疫苗疫苗……

满屏都是疫苗疫苗疫苗！没完没了没完没了没完没了，口水战、重复信息、谩骂猜测……怎么能屏蔽这个关键词啊，看得人烦躁，有价值的信息在哪里？

——摘自笔者一位好友的朋友圈留言

第一节

舆论嬗变：我国舆论生态的演进图景

自1998年中国互联网发展从起始到普及，整整20年间，围绕两个舆论场（“官方舆论场”和“民间舆论场”）之间的失衡与对立、碰撞与摩擦、借力与共振、博弈与融通，大体代表了中国舆论生态的演化之路。

当前，“两微”（微博、微信）与主流媒体分别是两个舆论场的代表性场域。在以新媒体为驱动的媒介融合时代，积极打通“两大舆论场”，改变网上舆论与网下舆论、民间舆论与官方舆论、主流舆论与网络舆论之间的对抗、撕裂、隔阂，依然是建构中国良性舆论生态的使命所在。

自从中国互联网兴起以来，官方话语和网络话语被称为两个不同的舆论场。两个舆论场具有不一样的话语体系、表达方式，甚至还有不同的关注点与切入视角。

Public Opinion：舆论？舆情？

自20世纪90年代后期中国互联网兴起以来，围绕同一个英语词源Public Opinion而来的“舆论”或者“舆情”使用频率很高。日常生活中，Public Opinion的翻译与使用还不仅仅限于上述三个词，类似“公众意见”“公共意见”“公众舆论”“公共民意”等提法也比较常见。我国进入移动互联网时代以来，舆情是一个使用频率更高的概念，舆情几乎与我们每个人息息相关，它就在我们身边，无时无刻不在发生。笔者这里不打算从学理层面深入辨析上述概念，只是借助学者相关研究成果的基础之上[①]，简要地梳理“舆论”与“舆情”概念的内涵、异同与嬗变，以此避免随意地乱用概念。毕竟，这两个概念是深入阐释“掌媒”时代我国舆论生态不可缺少的基本术语。

学者刘建明在《基础舆论学》（1998）一书中对“舆论”定义比较权威，常被其他学者引用。他指出，所谓舆论是显示社会整体知觉和集合意识、具有权威性的多数人的共同意见。陈力丹在《舆论学——舆论导向研究》（2012）一书中做出了更详细的定义：舆论是公众关于现实社会以及社会中的各种现象、问题所表达的信念、态度、意见和情绪表现的总和，具有相对的一致性、强烈长度和持续性，对社会发展及有关事态的进程产生影响，其中混杂着理智和非理智的成分。他还将舆论分解为八个要素：1.舆论主体——公众；2.舆论客体——现实社会，以及社会

① 中国学者有关“舆情”“舆论”概念辨析的学术研究成果中，以下篇目具有一定的代表性：王来华、林竹、毕宏音：《对舆情、民意和舆论三概念异同的初步辨析》，《新视野 》，2004年第5期；杨斌艳：《舆情、舆论、民意：词的定义与变迁》，《新闻与传播研究》，2014年第12期；丁柏铨：《对舆情概念的认知和思考》，《编辑之友》，2017年第9期。

现象与问题；3.舆论自身——信念、态度、意见和情绪表现的总和；4.舆论数量——舆论的一致性程度；5.舆论的强烈程度；6.舆论持续性；7.舆论功能——影响舆论客体；8.舆论质量——理智与非理智成分。

舆论与舆情，是使用频率极高且经常被误用的两个概念。丁柏铨在《对舆情概念的认知和思考》（2017）一文中，指出了存在的两个突出问题：一是将舆情与舆论混为一谈，使用中几乎不做区分，随意置换，互相取代；二是曲解了两者关系，将舆情直接理解成或解释为“舆论情况”的简称，将舆情概念与舆论概念等同，与“舆论情况”完全等同。在丁柏铨看来，舆情既可以是得到公开表达的民意，也可以是尚未得到公开表达的民意，“舆情即民意”一说基本成立。从现实实践层面看，舆情其实就是“社情民意”，至少包括公众对公共问题的情绪、态度、意见三个方面的内容，而且它们经常一同出现在网民的表达实践之中，“网络舆情”说法已经被广泛接受并使用。

对比来看，笔者认为，舆论与舆情既有联系又有区别，对这两个概念的使用还要慎重，不可随意乱用，不可相互替代。

舆论与舆情的关联之处在于：1.舆论是在一定舆情（民意）基础上形成的具有持续与稳定性的共同意见，两者相互作用。2.舆情和舆论都通向公众的心声，都因公众群体参与而形成；离开了公众的广泛参与，就不会有舆论，同样不会有舆情；3.在同一话题范围内，往往既有舆论也有舆情，舆情可向舆论转化。

舆论与舆情的不同之处在于：1.两者内涵有差异。舆论中的

“论”，一般指共同意见的集聚表现，是已经形成一定系统的意见，属于行为领域；舆情中的“情”，一般指较为原始的、零散的、并未统一的意见情况、情形，属于形态领域。2.指向主体范畴不同。舆论可以有更广泛的多种主体，包括“官方舆论”“主流舆论”之说；舆情一般指向民意、民众、民间，一般不会有“官方舆情”“主流舆情”之说。3.存续的稳定性不同。舆论一般是较长时间或者具有持续性共识；舆情一般是因突发事态而起，存续相对短暂或者易逝。4.出现的顺序不同。一般情况下，是先有舆情再有舆论；有未形成舆论的舆情，却无未形成舆情的舆论，舆论是特定舆情的反映。

“两个舆论场”的由来与嬗变

在中国，“两个舆论场”的说法及其嬗变，关乎中国舆论形态的演化进程。“两个舆论场”无论从概念还是现实都在广泛使用。“两个舆论场”之间的博弈至今已有20年，基本轨迹是“两个舆论场”从撕裂到融通、从对立到统一。

“两个舆论场”最早由原新华社总编辑南振中于1998年在新华社工作会议中首次正式提出。他认为，现实生活中存在两个舆论场：一个是老百姓的“口头舆论场”（民间舆论场），一个是新闻媒体着力营造的舆论场，即主流媒体舆论场。当时，中国互联网发展才刚刚起步，最早“两个舆论场”说法并非针对网络舆论的复杂与多元。南振中后来在接受《中国记者》杂志采访时回忆，有一次他在北京搭乘出租车外出，一上车司机就抱怨：“份子钱太多，出租车管理部门以印发学习材料为名乱收费，抨击一些领导干部的腐败行为和瞎指挥。”南振中认为，每个出租车司机都是一只“小喇叭”，他们每天向数以百万计的乘客传递信息、发表评论，影响力不亚于一张日发行量达百万份的大报，口口相传中自然形成一种“口头舆论场”（民间舆论场）。于是，南振中经过思考沉淀后，多次提及以及公开发表过有关“两个舆论场”的观点认识。

伴随中国互联网的兴起，“两个舆论场”之说广泛流行，内涵、指代逐步转移与泛化，演化为“官方舆论场与民间舆论场、主流舆论场与网络舆论场、传统舆论场与网络舆论场、传统媒体舆论场与新媒体舆论场”等不同对应组合的提法。由此出发，我国学术界一般认为，由政府机构、党报党刊、国家电视台、国家通讯社等主流媒介平台传播的舆论，统称为“传统舆论”；由依托门户网站、博客、BBS、QQ、微博、微信等散播的舆论，统称为“网络舆论”。

在移动互联网时代，伴随社交媒体的崛起，“三微一端”（微博、微信、微视频、新闻客户端）成为传播信息流的主渠道，进而延伸出“三大舆论场”之说——主流舆论场、民间舆论场与移动舆论场。甚至可以这么说，如今的社会舆情相当程度上在每个人的手机上生成。笔者认为，“三大舆论场”之说突出了最新移动舆论场的重要地位，却忽略了“网络舆论场”与“移动舆论场”之间存在高度重叠的内涵。因此，严格说来，“三大舆论场”之说是不够规范的。从目前看，无论是“两个舆论场”

之说，还是“三个舆论场”之说，都已经脱离舆论学理概念的初始内涵，都不算是严谨的学术概念，却简洁形象地代表了中国舆论场的不同表现形态，很好地阐释了当今草根民意勃兴与官方舆论管控之间的张力与博弈，从而成为阐释当今中国舆论生态独有的、不可或缺的核心术语与范式表达。

如果以1998年中国互联网发展初始为大概起点，我国的舆论生态演变，大致经历了四个阶段——“网络舆论”兴起、“两个舆论场”共振、“移动舆论场”登场、“顶层设计”引导舆论。当然，以下四个阶段的划分，只是出于阐释不同阶段侧重点需要，我国社会舆论的真实演化轨迹并非如此泾渭分明。

“网络舆论”异军突起

第一阶段（1998—2008年）：“网络舆论”异军突起，“两个舆论场”初步形成分野。

不管是世界还是中国，1998—1999年都是互联网发展历史的重要“孕育期”——1998年，乔布斯回归苹果；微软在IE浏览器引入Web网页设计；Google公司成立。1998—1999年，中国三大门户网站（搜狐、新浪与网易）初步形成“三足鼎立”；刘强东在北京创办京东公司。那是一个群星璀璨的时代，是开始改变人类未来的时代，构成了中国“网络舆论”兴起的技术基础。

谈及中国“网络舆论”兴起，不可绕过的时间节点是2003年。网络舆论成为2003年中国互联网发展的关键词，2003年成为网络舆论备受关注的崛起之年。2003年4月，孙志刚在收容站的非正常死亡一经网友曝光，关于“孙志刚事件”的网络讨论震惊全社会，然后传统媒体立即跟进报道，最终推动国家废止《城市流浪乞讨人员收容遣送办法》，这被视为网络舆论崛起的标志性事件。随后，“珠海买春案”、“西北大学事件”、沈阳“刘涌案”、哈尔滨“宝马案”，成为2003年下半年网民最关心的事件。有人撰文甚至把2003年称作“网络舆论年”，2003年成为我国“网络舆论”由边缘走向主流的标志年份。

随后几年，尤其是2008年成为网络舆情事件的多发之年。2008年前后，网络舆论对于“厦门PX项目事件”（2007年6月1日）、“汶川地震”、“北京奥运火炬传递”、2008年贵州瓮安“6·28”事件、云南孟连“7·19”事件等舆情的高度关注，真实反映了网络舆情与民意的影响力和主流化程度达到一个新节点。至此，“网络舆论场”正式成型，成为反映我国社会舆情与民意的重要窗口。可以说，互联网作为中国社会舆论的放大器，颠覆了传统舆论的传播逻辑，使得不同社会力量、利益群体纷纷主动介入网络舆论，导致传统舆论和网络舆论、官方舆论与民间舆论之间一度形成明显分野。

“两大舆论场”同谱共振

第二阶段（2009—2011年）：新老媒体开始共同参与，网络舆论场与传统舆论场之间高度共振。

2009年微博的兴起，给我国民众带来了一片新的舆论天空，启动了中国民众的个体意识觉醒，意味着我国自媒体时代的到来，网络舆论的监督功能由此被放大。

2009年延续前几年趋势，网络舆论依然相对活跃，网络舆情一度发酵过轰动一时的“邓玉娇事件”（5月）、湖北石首的“6·17”事件、贵阳“11·27”暴力拆迁事件。传统主流媒体从业者突然发现，新闻线索更多来自网络，他们开始习惯从网上寻找线索，“传统媒体+网络媒体”相互配合的监督报道更具威力。传统媒体对社会不良现象的监督报道，经互联网放大产生了强大的舆情压力；网络爆料经过传统媒体深入采访和评论，大大提升了可信度。以此为起点，中国各级政府开始高度重视网络舆情；在网络舆情的推动和政府部门的重视下，一系列社会热点事件最终都得到了较为妥善的解决。可以说，互联网、各级政府与主流媒体尝试相互借力，三者共同放大了社会舆论效果。

从2010年开始，网络舆论平台力量对比悄然变化。网络论坛、博客、门户网站的影响力开始降低，以微博为代表的社交网站异军突起、蓬勃发展。微博崛起之后，微言、微语、微评论开启了“全民皆记者”的微时代，鸡毛蒜皮的事都可能被围观、放大、发酵，形成了具有轰动效应的重大舆情事件。2010年被誉为“微博元年”，中国网络舆论步入“微时代”。2011年1月上海交大发布《2010中国危机管理年度报告》的统计数据表明，我国主要危机事件由网络首发的比例上升到67%，以微博为代表的社交媒体已经成为社会危机事件、群体事件舆情发酵的主要来源地。

2011年，以6月“郭美美事件”、7月“7·23”温州动车事故为契机，更多的社会力量借助网络舆论平台，对政府公共治理提出审视和监督。从“郭美美事件”、温州动车事故可以看出，网络舆情往往发端于一则小小的百字微博，“微言”背后蕴含着巨大的社会能量，不仅能形成巨大的网络舆论，还能影响整个社会的发展进程。比如，“郭美美事件”给中国官方慈善事业、中国红十字会一度造成过空前的信任危机。随后的“微博打拐”和小学生“免费午餐”的舆论传播，由于官民互动良好，一方面很好地展示了依托互联网民间组织力量的成长，另一方面也展示了来自政府层面的包容，各级政府进驻微博，开始主动发声、积极回应，微博政治成为官方政治发声的“聚集场”。从整体上看，2009—2011年这个阶段，新老媒体通过共同参与，初步形成了两大舆论场相互作用、相互借力、互动博弈的格局。[①]

“移动舆论场”闪亮登场

第三阶段（2012—2014年）：移动互联网开始成为社会舆论的新信源，“移动舆论场”成为一个新的重要舆论场。

随着移动互联网发展，微信有所替代微博，微信成为社会话题的集纳、发掘、过滤、设计、编排、发布、传播的枢纽，其信息传播的便利性、及时性、交互性，给原有舆论场结构带来了革命性解构。2012年是中国移动互联网爆发式增长的一年，移动网

① 通过“中国知网”检索相关主题词，笔者发现，2010—2011年成为中国学者聚焦“群体性事件+网络舆情”最集中的两年，把网络舆情与群体性事件结合起来的研究也始于2010年。这从侧面也说明：以微博为代表的社交媒体的崛起，是推动我国各类网络舆情事件发酵、形塑我国网络舆论场的核心力量之一。

络从3G时代向4G时代升级，移动设备用户数开始超越台式电脑数量。2012—2013年，微信的跨越式发展，成为互联网应用增长的重要突破口；2014年中国新媒体发展大潮汹涌，手机上网用户比例首次超越传统PC用户。据中国互联网络信息中心（CNNIC）在2014年6月发布的数据显示，中国网民数量达到6.32 亿人，手机网民规模达到5.27亿，手机上网用户比例首次超过传统PC，标志着中国互联网全面进入移动互联时代。

从2014年为起点，以微博、微信、微视频、新闻客户端为代表的“三微一端”成为中国网络舆论的主战场，诞生了“移动舆论场”之说。伴随掌媒不断渗透，随时、随地、随人的“新闻报道”成为可能，舆情可以在每个用户手中生成，“三微一端”成为社会舆论新平台、新重心，移动互联网开始成为社会舆论的新信源，移动舆论场成为继网络舆论场之后的最新表现形态。对此，有研究者总结为“2014年：移动舆论场初长成”。

如果单从名称上看，移动舆论场似乎只是“网络舆论场+移动”的自然组合，是“移动的网络舆论场”。实际上，基于舆论主体的去中心化、舆论生成的随机化、舆论传播的圈群化，“移动舆论场”远非“网络+移动”这么简单，移动舆论场与传统网络舆论有着不一样的传播形态、内涵、态势。作为社会舆论场域中最新的表现形态，移动舆论场由PC时代的网络舆论场深度发展而来，呈现出小微化、个性化、圈子化、去中心化、碎片化等新趋势。

"顶层设计"注重舆论引导

第四阶段（2014年至今）："顶层设计"加速媒体融合、舆论引导，政府与传统主流媒体主动出击，占领尽可能多的"掌媒"平台，抢占舆论传播移动新阵地。

2014年，中国互联网迎来转折之年，国家层面的占领网络舆论战略开局布阵，传统媒体全面深化改革。优质深度内容与新传播形态的探索性融合，使两大舆论场交集显著扩大，推动了互联网舆情的理性化进程。

2014年，中央网络安全和信息化领导小组正式成立，习近平总书记亲任组长，完成了国家从战略高度对引导互联网舆论的"顶层设计"。2014年8月18日，中央全面深化改革领导小组第四次会议审议通过《关于推动传统媒体和新兴媒体融合发展的指导意见》（简称《指导意见》）。《指导意见》出台代表着国家意志，是党中央着眼于巩固宣传思想文化阵地、壮大主流舆论做出的重大战略部署，体现了执政党充分运用新技术创新媒体传播方式，占领信息传播制高点的决心和意图。

进入2014年以来，以《人民日报》、新华社、上海报业（"澎湃"项目）等为代表的传统主流媒体，加大改变单向传播的传统思维，积极嫁接移动互联网，竞相打造并优化旗下的新闻客户端产品，以尽可能多的占领移动客户端市场，包括推出官方微博、新闻客户端、微信公众号、户外电子阅览屏等。2014年以来，主流舆论场和民间舆论场进一步加强融合，网络舆论共识度与政府认可度双双快速上升，网络舆论生态步入正轨。

可以说，从2014年开始，政府层面与主流媒体的“双微国家队”开始逐步发力，充分利用新媒体传播的最新技术，抢占最新的掌媒传播平台，拓宽传统主流舆论的传播途径，抢占新的传播阵地，一举改变了过去两大舆论场相互撕裂、相互对立、泾渭分明的分野格局，逐渐改变了网络舆论场乃至移动舆论场缺乏主流舆论、权威声音的格局，多个舆论场的共识度明显增强，有利于实现多个舆论场“同频共振”。

简单归纳看，从1998年到2018年，中国互联网发展从起始到普及，从PC互联网到移动互联网，整整20年间，中国舆论场基本围绕“两个舆论场”展开。“两大舆论场”之间的失衡与对立、碰撞与摩擦、脱节与共振、博弈与融通，基本代表了中国舆论生态的演化之路。2017年2月，人民日报副总编辑王一彪曾提到：“‘终端随人走，信息围人转’成为新闻传播的新态势。小屏牵动大世界，构成了空前巨大的传播舞台，成为最具挑战性的传播竞技场。”此言指出了我国正面临“小屏大世界”舆论场带来的新格局。如何面对掌媒之上的“移动舆论场”，将是建构中国良性舆论生态的一个新课题、新阵地、新挑战。

第二节

舆论图谱：“掌媒”时代舆论生态四维透析[①]

如今，我国的舆论生态到底呈现一种怎样的图谱画面？从舆论场域、舆论主体、舆论形态、舆论效果四个维度来看，我国的确面临日益复杂的大舆论场。舆论场之争，看似是公共话语权之争，实则为不同社会阶层、不同利益人群及其价值观的公共平台聚合和思想观念交锋。

从互联网到移动互联网，意味着我国的舆论主战场发生深刻变化。当前，掌媒之上的移动互联平台，成为舆论主渠道、主阵地、主战场。

移动互联网的发展，让智能手机日益成为媒介中心。无论是微博、微信、微视频，还是广播、电视、报刊的移动端阵地，我国的社会舆论从来不是铁板一块。随着去中心化的社交媒体快速发展与更迭，国际国内、线上线下、虚拟现实、体制内外等界限

① 此文曾以《“掌媒”时代社会化舆论生态透析》为题公开发表在《青年记者》（2016年8月下）上。笔者收录时，结合2016年以来出现的最新数据、案例、提法，对原文进行了一定的修改与补充。

日益模糊，无论是从舆论场域、舆论主体、舆论形态、舆论效果哪一个方面观察，我国的大舆论格局都越来越复杂。

维度一：舆论场域

多个舆论场域相互借力，开始呈现“博弈化、共振化、融合化”交替推进的演化趋势。

简短回顾看，2003—2008年间，传统舆论与网络舆论更多呈现相互割裂的分野格局。互联网作为社会舆论的放大器，颠覆了传统的舆论传播逻辑，对传统舆论的可信度、权威性、号召力形成了很大冲击，一度造成传统舆论的被动。2009—2012年间，新老媒体开始共同参与，传统舆论与网络舆论呈现“高度共振”的博弈格局。在此期间，新老媒体共同参与，初步形成两个舆论场域相互借力、博弈互动的格局。

从2012年开始，伴随社交媒体微信的跨越式发展，移动设备成为我国网民上网的第一大终端，智能手机成为新的媒介中心，以掌媒为平台中心的移动舆论场成为社会舆论信源、舆论生成、舆论发酵的主阵地。甚至有人撰文指出，移动互联网时代其实存在“三个舆论场”——主流舆论场、民间舆论场与移动舆论场。2014年12月，时任国家网信办副主任彭波公开演说中首次提及“移动舆论场互联网思维”。彭波表示：“2013年是我国移动舆论场的起始阶段，今年是移动舆论场发力的一年。微博和微信成为信息传播的重要平台，政务微博、微信以及媒体的官微、微信公众号也取得长足的进展。这种发展改变了网上舆论各种力量的对比，改善了网上舆论生态。”从2014年开始，人民网舆情监测室每年推出《中国移动互联网发展报告》之外，还单独发布《中国移动舆论场研究报告》，可见国家层面、主流媒体对“移动舆论场”的重视。

可以说，相较于过去的传统舆论场，“三微一端”代表的移动舆论场域显性与隐性影响并存，人们受到不实信息影响的风险急剧增加，移动舆论场的载体多元化（传播交融渗透）、传播病毒化（发酵即时急速）、舆情共鸣化（舆情放大情感）、信源混杂化（信源鱼龙混杂）等特点值得人们密切关注。基于技术和社会的双重逻辑，自从2012年以微信为代表的社交媒体崛起以来，学者张华在《“后真相”时代的中国新闻业务》（2017）一文中指出，我国网络移动舆论场呈现出“后真相”特征：成见在前，事实在后；情绪在前，客观在后；话语在前，真相在后；态度在前，认知在后。

从2014年开始，传统主流舆论、PC时代网络舆论、新兴移动舆论日趋交融，多个舆论场共识度明显增强，社会舆论的传播场域呈现“博弈化、共振化、融合化”的趋势。进入2018年以来，“长春问题疫苗”“河南高考答题卡被疑调包”等社会舆情事件，再次成为彰显我国舆论场复杂多元的重要标志性事件。

维度二：舆论主体

舆论传播主体呈现“年轻化、网民化、双核化”相互渗透的多元化特点。

多年来，各类调查数据表明，我国网民年龄结构一致呈现“年轻化、低龄化”的趋势，青少年成为网络文化的主要参与者，年轻网民构成网民主体。比如，中国互联网协会《中国互联网发展报告》（2018）的数据显示，截至2017年年底，10—39岁群体占整体网民的73%，其中20—29岁的网民占比最高，占整体网民的30%。相比中老年人来说，年轻人更容易、更习惯利用多种媒介表达态度。尤其是在涉及切身利益或面对社会不公的情况下，年轻人往往最先发出质疑，敢于抗争，并对话语表达与社会参与的需求强烈，观点上喜欢标新立异，群体感染性强，由此引导社会舆论的形成。可以说，年轻人对社会舆论的主动参与和网下行为意识，对社会舆论生态具有重要影响。比如，类似“网络暴力”现象在年轻网民群体中是经常存在的。

《中国互联网发展报告》（2018）的数据显示，截至2017年年底，中国网民规模达7.72亿，其中手机网民规模达7.53亿，移动互联网的快速发展带动了网民规模的增长。2017年手机上网人群占比由2016年的95.1%提升至97.5%，手机已经成为最主要的移动上网设备；2017年中国网民的人均周上网时长27个小时。可以看出，广大网民已经成为社会舆论的主要推动力。从“人人皆网民”的趋势来看，网络舆论已经是相对较充分、较全面、较快速反映社情民意的有效窗口与平台，本质上也是社情民意的体现。笔者认为，社会舆论传播主体普遍“网民化”趋势，值得我国政府以及管理者高度重视；我们不应再把广大网民视为“少数群体”“少数代表”，把网络意见领袖视为“异见领袖”“异见分子”，把网络舆论视为社会舆论的对立面。从当前看，由网民推动形成的网络舆论，本身就是社会舆论不可分割的重要组成部分。可以说，网络主体与社会主体日趋重合，网络舆论日趋“主流化”，“网络民意”将会越来越代表与反映社会民意，网络舆论也是维护社会稳定的“晴雨表”。这是因为网络舆论形成的背后，蕴含着复杂的社会动因，暗藏着亟待解决的社会矛盾。

英国哲学家卡尔·波普尔认为，公众舆论主要有两种主要形式：机构化的与非机构化的。报纸、广播、电视等传统媒体是机构化的，日常人们在公众场合的闲谈是非机构化的；机构化的公众舆论处于显性位置，非机构化的闲谈处于隐性位置。而在“掌媒”移动时代，借助微博、微信、微视频、App等各类移动客户端，开始出现越来越多的“闲谈”现象，舆论传播主体日趋“非机构化”。相对于机构化的舆论传播主体，“三微一端”所代表的非机构化媒体更少议程设置，更容易形成舆论流、舆情潮，成为新的舆论传播主体，“双核化”舆论传播结构由此渐渐清晰。学者杨东峰在《试论新时期舆论传播主体的变化》（2010年）一文中指出，“双核化”舆论传播主体之间存在博弈——前者是自上而下的主流传播核心，后者是自下而上的非主流传播核心，前者正日益受到后者的冲击，各自存在自身的局限。

维度三：舆论形态

舆论传播形态呈现“去主体化、去中心化、圈群化”复杂叠加的图谱特征。

在过去，社会舆论的传播是有主体的，也是有中心的，一般由专门的媒体机构、政府部门等发出，传播形态呈现自上而下式传播。而在信息移动化的“掌媒”时代，公共信息多是“蒲公英式”传播，一条好信息会被用户以各种方式分享、重复发送，每个人都能成为信息的发散源头，导致发布来源多、覆盖面广，并能形成持续性影响。具体到社会舆论来说，原有的“中心—受众”二元结构被彻底解构，每一次形成的社会舆论可能来自不同的主体，很难判断真伪，很难查询信源；同样，社会舆论的生成与传播，可能源自于一个普通人，以他形成传播中心，舆论的扩散速度呈裂变式增长。

作为一个社会人，总是生活在一定的关系网络中——圈子中。一般意义上的圈子，主要指的是一个人的朋友圈与关系圈。随着媒介的变迁和媒介形态的更替，社会圈子也有了新的表现形式。比如，传统的现实圈子不断被分化和弱化，新的圈子类型正围绕掌媒平台重新聚合和重构。有研究指出，移动互联网对个性化的推崇，使具有相同爱好、相同价值取向的人很容易形成相对封闭的圈子。与微博受众范围广、数量大，带有大众传播特征的不同，微信主要限于熟人朋友圈，相对封闭性传播，但微信的舆论生成却不封闭，同样可以扩散到社会，甚至在一定区域扩散得更快，产生的社会影响更集中、更强烈、更广泛。

从可见的未来趋势看，微信及其朋友圈一定是社会舆论生成和活跃的重要平台，也是社会舆论扩散的重要渠道。正如央视前主持人张泉灵所戏言：“今天的主流媒体是谁？是朋友圈啊！同学们，因为你们的时间都在那里面。”当每一个“掌媒”用户都可以成为媒介与传播中心时，就往往会导致社会舆论引导的“去权威化”“去中心化”。也就是说，对社会舆论的价值认知更加多元化，传统舆论模式中以媒体主导、上传下受的传播模式被逐渐弱化。这也就意味着，社会舆论场很难再有传统意义上的“全盘通吃”的舆论引领者，从而大大增加了社会舆情预判、引导、疏通的难度。

2018年以来，舆论传播形态呈现“去主体化、去中心化、圈群化”特征的一个典型现实案例，就是7月21日由自媒体公众号“兽楼处”发布的《疫苗之王》（作者“兽爷”）一文。这篇被称为“几无新意”“材料堆砌”“信息拼接”的长文，借助娓娓道来的逻辑分析，通过讲故事式的表达风格，直击长春长生公司缘何“一路总是在赢，一直无所不能”，文章瞬间刷爆朋友圈、霸屏朋友圈。《疫苗之王》，一个非机构化的自媒体作者，一篇非权威发布的网文，一个靠微信圈子传播的“爆款”，一石激起千层浪，而且是一次巨浪，一下子引爆了中国整个舆论场。

维度四：舆论效应

舆论传播效果呈现“破窗效应、蝴蝶效应、蚂蚁效应”耦合交叉的共振效应。

美国心理学家菲利普·辛巴杜提出的“破窗效应”，意思是说：一个公共房子，如果其中一扇窗户破了未能被及时修补，那么其他窗户就会莫名其妙地被人打破。如果应用于社会舆论传播，“破窗效应”反映了社会舆论传播的“从众心理”现象。比如说，如果“移动舆论场”大肆传播砍人、跳楼、凶杀等信息，就会引起“破窗效应”，则不利于社会稳定。2011年6月发生的“郭美美事件”，原本是一个年轻女孩的炫富行为，却被眼尖的网友发现，该女孩被微博认证为“中国红十字会商业总经理”，由此引爆了网络舆情，可谓是社会舆论“破窗效应”的典型样本，严重影响了政府在慈善事业上的公信力。

美国气象学家爱德华·罗伦兹提出的“蝴蝶效应”，意思是说：蝴蝶翅膀的一次振动，可能会引发一场飓风，也可能引发一场暴风雪。如果应用于社会舆论的传播，“蝴蝶效应”反映了社会舆论的“龙卷风”现象，揭示了舆论传播的极端化、群体性、连锁性、放大化特征，我们称之为“舆情龙卷风”或“舆情风暴”。2008年发生的“毒奶粉事件”，则是社会舆论“蝴蝶效应”的典型样本，导致了中国奶业一度出现“寒冬”。

近年备受关注的“蚂蚁效应”，意思是说：一群蚂蚁选择一棵百年老树的树底安营扎寨，它们每天挪移一颗颗泥沙，又咬去一点点树皮……终有一天，百年老树会轰然溃倒。舆论传播的“蚂蚁效应”形象地展示了集群的力量，可谓“千里之堤，溃于蚁穴”“成也蚂蚁，败也蚂蚁”。掌媒时代舆论主体的个体化、非机构化与多元化，意味着社会舆论的“群体传播”时代到来，社会舆论很容易形成“多重圈群化”，“人言可畏”在群体传播时代更具破坏力和杀伤力。圈群舆论传播中的“情绪化、集群化、极端化”倾向，往往会导致舆论传播的偏向，成为非理性的众声喧哗。2018年7月，备受关注的疫苗事件舆情瞬间发酵，就是典型的“蚂蚁效应”的舆情案例，多少与我国疫苗长久以来险情不断、管理模式滞后、危机应对不力密切相关，一举通过《疫苗之王》这样的自媒体文章一下子掀起了舆情巨浪。

在掌媒时代，上述三种效应的耦合交叉，充分显示了社会舆论传播效果的不确定性、传染性、非理性、放大化、群体性、裂变性等文化特质。当然，如果政府或主流媒体掌握了上述三种舆论效应的传播规律，尽力规避社会舆论传播的风险，及时、主动、有效、正确地进行社会舆论引导，就能很好地实现“正能量”式的传播效应。

总结来看，无论是从舆论场域、舆论主体、舆论形态、舆论效果哪一个维度来看，我国都面临日益复杂的大舆论场格局，社会舆论以及网络舆论场领域同样存在着“三个地带”[①]——红

① “三个地带”的凝练与形象说法，来自习近平总书记对我国思想舆论领域的深刻认识与阐述。习近平总书记2015年12月11日在全国党校工作会议上的讲话中提到，思想舆论领域大致有红色、黑色、灰色“三个地带”。

色地带、黑色地带、灰色地带，这些看似为公众话语权之争，实则为不同社会阶层、不同利益人群及其价值观的公共平台聚合和思想观念交锋。在我国的大舆论场之中，红色地带是我们的主阵地，一定要守住；黑色地带主要是负面的东西，要敢于亮剑，压缩其地盘；灰色地带要大张旗鼓争取，使其转化为红色地带。

第三节

媒体融合：打造新型主流媒体的实践[1]

2009—2012年，我国以报业为代表的传统媒体开始步入寒冬期，其间“两微”（微博、微信）崛起，逐渐带走了传统媒体的广告、用户、流量。2014年8月18日，《关于推动传统媒体和新兴媒体融合发展的指导意见》中强调：“着力打造一批形态多样、手段先进、具有竞争力的新型主流媒体。”此后，我国传统媒体开始加大转型融合步伐。

总结四年来我国打造新型主流媒体的实践之路，我们可以发现：在“政治逻辑+新闻逻辑+市场逻辑+产业逻辑”四重框架中，传统主流媒体初步解决了“政治逻辑+新闻逻辑”的融合发展，从“市场逻辑+产业逻辑”层面转型为具有持续竞争力、盈利能力的新型主流媒体，仍然显得任重而道远。

① 本文部分内容与观点曾公开发表在《青年记者》（2018年8月下）。笔者之所以把“媒体融合”现象收录进来，核心是在于：作为中国舆论引导不可或缺的组成部分，传统主流媒体所起的作用不可忽视，甚至是今后构建中国网络舆论的一支“主力军”。

自从2014年提出“打造一批新型主流媒体”战略以来，我国传统媒体的融合发展已由理念走向实践，全面梳理四年来打造新型主流媒体的实践尤为必要。

打造新型主流媒体：七大类型

1.以央媒军团《人民日报》为代表的“人日模式”，注重“价值导向”。

近年来，以《人民日报》为代表的“央媒军团”，从引导主流舆论、打通两大舆论场的战略高度出发，取得了不可低估的作用。人民日报通过构建“三跨”（跨部门、跨媒介、跨平台）标配性的“中央厨房”为抓手，全力出击移动端口，坚持“内容+”优势，坚持“价值导向”，初步构建了《人民日报》“全媒体矩阵”，在主流舆论引导方面发挥了不可替代的作用。与《人民日报》融合发展的轨迹类似，新华社、《光明日报》、《经济日报》等央媒基本也坚持类似路径。

2.以浙报资本运作跨界并购为代表的“浙报模式”，注重“用户思维”。

2011年借壳上市一年后，浙报集团斥资32亿元收购边锋与浩方的游戏平台，提早步入“连接用户、聚合用户、服务用户”的社交化发展模式，开启“新闻+娱乐+社区化”内容架构。此后，浙报集团围绕“建设互联网枢纽型传媒集团”为战略目标，积极推进“报+网+端”深度融合，以资本运作、跨界并购、聚合用户为战略重点，逐渐形成了“三圈环流、三端融合、三点发力”的新型传播格局。

3.以上海报业集团再造平台为代表的“澎湃模式”，注重“机制创新”。

创办于2014年7月的“澎湃新闻”，恰逢中央提出打造新型主流媒体战略前后，真正发力移动客户端，目标正是打造新型主流媒体。上海报业真正适应新媒体业态，通过“另起炉灶”式平台再造，主打优质原创性时政内容，探索出了一条通过争夺海量用户“赢得广告、赢得流量、赢得受众”的实践路径，成为当前为数不多的通过机制创新赢得先机的实践案例。

4.以《广州日报》等地方主流媒体为代表的“广日模式”，注重“服务本地”。

与央媒军团人民日报布局全国、争夺全国乃至全球用户不同，很多地方媒体在坚持舆论引导的基础上，从服务本地出发，实现本地用户聚合，增强本地用户黏性。近年来，广州日报报业集团立足区域优势，依托纸媒品牌优势，通过打造本地服务的“广州参考”App、连接社区的“E家通社区”、汇聚政务的“广州+”App、专注健康的“健康有约”App、智库分析的“数据与数字研究院”等多元化产品，推动新老媒体深度融合，初步实现了“纸+网+端+库”多元化的内容拓展。

5.以财新传媒尝试内容付费为代表的“财新模式”，注重“专业优势”。

起步于2009年的财新传媒，凭借独家、权威、专业的原创内容，走出了一条“非体制内的传统媒体，也非纯粹新媒体”的专业化传媒探索之路，大胆尝试“内容付费”，坚持打造可以持续发展、公益性的盈利发展模式，让我国传媒界看到了“新闻专业主义”坚守的意义与曙光。

6.以湖南广电为代表的打造视频平台的“芒果模式”，突出“独播IP”。

从2014年开始，“芒果TV”就开始了强调“渠道+内容为王”的理念，强化独家节目的知识产权保护、芒果TV的独家播出，在互联网版权上一律不再分销，以此打造自己的互联网视频平台，由此还触发了传统媒体开始重视独家内容的版权保护意识。依托湖南卫视优质综艺节目内容，芒果TV逐步探索出了一条基于优质视频内容的“独播IP”平台化模式，实现了从传统电视媒体向视频平台的融合转型。

7.以最新组建中央广播电视总台为代表的“广电模式”，注重“媒介融合”。

从中西传媒产业对比看，一个具有强大传播力、引导力、影响力与公信力的传媒集团，应该拥有最完备的传播媒介融合系统。2018年3月，中央电视台（中国国际电视台）、中央人民广播电台、中国国际广播电台拉开了全面融合的序幕。最新打造“广电模式”的意义在于，遵循传媒发展的产业规律，借助兼并重组的方式，实现传媒产业的优胜劣汰。目前，我国传媒领域“广电模式”的实践探索才刚起步，其步骤、规模、成效有待进一步观察。

打造新型主流媒体：三种认知

对于如何打造新型主流媒体，传媒业界、学界、官方因所处立场不同，认知的侧重点会有所不同，当前存在“顶层设计、理论研究、传媒实践”三个层面的认知维度。

1.从顶层设计层面看，新型主流媒体要具有强大的主流舆论引导力。

当前，社交媒体成为舆论传播的重要平台，极大地改变着舆论生成、舆论表达和舆论引导的舆论格局，已经对传统的舆论引导模式提出了严峻挑战。中央强调“推动传统媒体和新兴媒体融合发展，是党中央着眼巩固宣传思想文化阵地、壮大主流思想舆论提出的重大战略”。对行政取向的传统主流媒体来说，媒介融合的关键是如何巩固官方舆论场、增强舆论引导力的问题。

从顶层设计层面看，通过打造新型主流媒体占领舆论引导的主流阵地，深刻体现在习近平总书记在不同场合的历次重要讲话中。2013年8月19日，习总书记就深刻地指出：“宣传思想工作是做人的工作的，人在哪儿重点就应该在哪儿。很多人特别是年轻人基本不看主流媒体，大部分信息都从网上获取。必须正视这个事实，加大力量投入，尽快掌握这个舆论战场上的主动权，不能被边缘化了。”2016年2月，习近平总书记再次就融合发展发表重要讲话，提出传统媒体与新兴媒体要“融为一体、合而为一”，融合发展要从“相加”向“相融”迈进。

2.从理论研究层面看，我国传媒理论界更关注打造新型主流媒体“标准模式”方面的学理探讨。

自从新型主流媒体战略提出后，传媒学术界的聚焦主题词逐渐从“都市报、党报、传统媒体”转化为“新媒体、新型主流媒体”。在核心学术期刊上，学界刊发了大量围绕“新型主流媒体”主题的科研文章，重点围绕新型主流媒体内涵、标准、“三力”以及后来“四力”（传播力、引导力、影响力、公信力）之间逻辑关系等方面的学理探讨。2014年后的几年间，一批围绕“新型主流媒体”“媒体融合”为主题的科研项目先后获得国家或者省级立项。对于如何打造新型主流媒体，复旦大学新闻与传播学院童兵教授在《论新型主流媒体》（2017年）一文中深刻地指出：“我们至今还没有成功地打造新型主流媒体的经验和理想的个案。”他呼吁：“要加快新闻法制建设步伐，让传媒和传媒集团成为完全的企业法人，要确认每个媒体集团和每个媒体是打造新型主流媒体的主体和动力，给予他们充分的发展权利和宽松的竞争空间。”

纵观四年来我国传媒理论界的研究，传媒学界更注重从学理层面剖析打造新型主流媒体的困境、现实与对策，着力于打造新型主流媒体“标准模式”的梳理与建构，试图更好地设计新型主流媒体的“标准、规范、路径”。

3.从新闻实践层面看，大多数传统媒体更关注如何打破“盈利模式”再造的产业困境。

目前，传统媒体成为打造新型主流媒体的“主力军”，但其经济竞争力、传播影响力均受到社交媒体的严重冲击：报刊发行量下降，广播电视收听收视率下降，广告业务下滑，经营陷入困境，人才流失不断，传播影响力削弱。学者陈国权在《新型主流媒体的内涵及打造路径》（2014年）一文中指出，新型主流媒体的传播竞争力，本质是建立在盈利能力基础上的，经济力量弱化往往导致引导力弱化。可见，目前传统媒体的最大困境，源于自身赖以生存的赢利模式坍塌。

笔者认为，传统媒体赢利模式的积极探索，需要在遵循传媒业意识形态属性的基础上，激活自身的产业属性、市场属性。目前，我国传统媒体创新的自主性、积极性还受到一定机制的束缚。主管部门对传统媒体的管理理念、手段与方法，往往还带有浓厚的“行政指令”色彩。为了适应移动互联网时代，打造新型主流媒体的顶层“政策驱动力”亟待进一步“放权、放管”。

“四重逻辑”内涵框架：实践审视

与过去单一媒介（一张报纸、一份杂志、一个电视台、一个网站）模式不同，打造一批新型主流媒体战略需要打破原有体制界限，强调新老媒介一体化运作，塑造形态多样的媒介聚合体。从中国国情出发，我国打造新型主流媒体的实践探索，今后将由传媒产业发展的内部动力和外部压力决定：内部动力方面——政治推动力（产业政策完善、改革方向明晰）、受众需求力（移动化、在线化社交需求旺）、资本积累力（传媒资本储备力）；外部压力方面——移动互联技术发展、跨国传媒与国际资本的进入。

笔者认为，对我国新型主流媒体内涵的深刻理解，其实应该包涵“新闻逻辑+政治逻辑+市场逻辑+产业逻辑”四重逻辑[①]。四重逻辑相互联系，缺一不可，共同构成了打造新型主流媒体的内在因素、内在标准与本质要求。如果对“打造新型主流媒体”内涵做一个基本界定，应该是：在全国范围或一定区域（空间）内打造一批具有可持续发展能力、一定竞争实力、一定传播影响力、强大主流舆论引导力的传媒文化产业集团。结合四重逻辑的分析框架，打造新型主流媒体的三种认知维度都有不足之处，需要有针对性地“抓重点、补短板、强弱项”：

1.顶层设计更侧重于“新闻逻辑+政治逻辑”层面，亟待从“市场逻辑+产业逻辑”层面“放权、放管”。

基于移动化媒介对新闻生产、传播规律、舆论生态的改变，顶层设计层面更侧重从“新闻逻辑+政治逻辑”视角出发，争夺与占领主流舆论场，尤其关注以中央电视台、新华社、《人民日报》等为首的“央媒军团”转型融合，地方性主流媒体整体上还缺乏“顶层设计”。与此同时，打造新型主流媒体的两大内在推动力——市场逻辑+产业逻辑，还存在着来自传媒

① 学者田秋生曾指出，市场化生存的党报从事新闻生产时，同时会受到宣传逻辑、新闻逻辑和市场逻辑的三重制约，提出要以新闻逻辑为中心协调三重逻辑的观点。参见田秋生：《市场背景下制约党报新闻生产的三重逻辑》，《国际新闻界》2009年第2期。笔者认为，伴随社交媒体产业的崛起，上述党报“三重逻辑”的观点需要修正与补充，笔者尝试用“四重逻辑”概括，这样以党报为核心的传统媒体才能适应新的竞争环境，才能赢得发展新契机。

机制方面的制约，“市场逻辑+产业逻辑”层面的创新性、自主性、主动性都有待加强。尽管我国媒体融合的发展逻辑与西方存在差异，但驱动与激活传媒业的“市场价值+产业价值”，也是打造新型主流媒体的内在要求之一。从中西传媒对比看，欧美主流媒体更重视产业收购、商业竞争、资本运作等市场化手段。为了适应移动互联网时代，打造新型主流媒体的顶层设计“政策驱动力”，今后亟待进一步“放权、放管”，充分释放传媒业的“市场属性+产业属性”。从最终成效看，国有控股之下的资本强力参与，可能是新型主流媒体赢得与社交媒体竞争的最佳路径之一。

2.传媒学界更侧重于“新闻逻辑”层面的学理探讨，一直缺乏“产业逻辑”层面具有针对性、参考性的路径指导。

长期以来，我国传媒业的多重功效使得政府、民众乃至传媒界本身都对商业属性认识模糊。改革开放三四十年来，大量传媒学者都重新审视、解释和规划中国传媒业发展框架与模式，但基本局限于新闻传播学的视角，往往先验地将中国传媒产业属性和商品属性作为不证自明的趋势一笔带过。决定我国传媒产业发展走势的主体，除了政府机构、传媒组织之外，产业资本不可或缺。可以说，目前传媒学界一直缺乏既懂新闻理论又懂传媒产业规律的“融合型、复合型”学术科研人才。关于传媒产业属性的科研探讨，传媒学术界长期以来一直停留在“市场逻辑”这样相对宽泛的宏观层面，缺少来自更加具体的中观层面——产业属性的专业化探讨，一直缺乏从“产业逻辑”层面提供具有针对性、参考性的路径指导。

3.传媒实践界一直担负“新闻逻辑+政治逻辑+市场逻辑+产业逻辑”四重使命，打造新型主流媒体之路艰难缓慢。

因为传统主流媒体担负需要协调“四重逻辑”的多重使命，打造新型主流媒体的实践探索更多表现为缓慢式的、渐进式的，而不是创新式的、颠覆式的发展轨迹。从传媒实践看，传统主流媒体兼顾“新闻逻辑+政治逻辑”的双重使命相对容易，因为传统主流媒体一直以来都是具有专业素养的专业化机构，一直遵循传媒的“双重属性”（事业属性+产业属性）的体制框架，能够比较好地完成“新闻逻辑+政治逻辑”的双重使命。

为了与新兴社交媒体竞争，在完成“新闻逻辑+政治逻辑”双重使命的基础上，如何遵循传媒产业发展规律，激活传媒产业发展的内在两大驱动力——市场逻辑+产业逻辑，探索可以持续发展的多元化商业模式变得迫在眉睫。从目前看，主管部门对传统媒体的管理理念、手段与方法，往往还带有浓厚的“行政指令”色彩，创新自主性与积极性还受到一定的束缚。

打造新型主流媒体：路径方向

我国传统主流媒体所面临的挑战，是由传播技术突破所带来的行业性、全局性、颠覆性的全方位挑战。打造新型主流媒体的实践探索，是包括组织架构、生产流程、体制机制、人才结构等在内全面的、彻底的、重构式的转型融合。今后打造新型主流媒体的方向应该包括五个方面：

1.平台建设方面——重塑流程，平台建构“一体化”。

从平台方面看，近年来传统主流媒体搭建“中央厨房”成为流程再造的标配，核心是为了实现内容、平台、技术与渠道的“平台一体化”。从“政治逻辑”层面看，搭建“中央厨房”其实更适合中央级媒体需求，能够发挥舆论引导合力的作用。从本质上看，“中央厨房”强调共享机制，突出的是共性而淡化个性，强调共享而不是独占。需要注意的是，基于需求不同，“中央厨房”建设不可盲目求大求全，不能搞成“面子工程”。对地方主流媒体来说，搭建“中央厨房”并非是转型的主攻方向。地方主流媒体应该突出个性化需求，借助“央厨”平台一体化思维，对接移动化媒介平台，打造“小而精”的新型垂直化平台。

2.传播流向方面——移动优先，传播流向“移动化”。

从传播流向看，如何适应媒介移动化趋势，是传统主流媒体融合发展面临的一个新课题。2018年5月工信部公布的数据显示，我国4G用户总数已达10.8亿户，使用手机上网的用户高达12.2亿户。历年各类调查都表明，人们不看电视、不听广播、不读报刊现象越来越明显，平均每天接触手机的时间越来越长。随着5G、人工智能、可穿戴设备等技术的不断演进，手机媒介必将是信息传播主渠道，移动化媒介必将进入加速发展的新阶段。因此，“移动优先”战略不仅从顶层设计层面得到重视，也成为传统媒体突围的重点。传统媒体亟须改变惰性思维，传播渠道上善于“借船出海”，变原有“纸质媒介”“有形媒介”为“社交媒介”“移动媒介”，实现传播流向“移动化”，进而建构新的传播体系和舆论引导新格局。

3.受众目标方面——整合受众，用户定位“垂直化”。

从实践案例看，“澎湃模式”走出了一条“通过原创内容吸引流量，依靠海量用户获取广告收入”的发展路径。如果与微博、微信、抖音、快手等社交媒体平台的资讯、用户相比，“澎湃模式”所谓的“海量信息”“海量用户”根本无法与社交媒体比拼，基本还要靠黏住中产阶层为主的“主流用户”。因此，对大多数地方媒体来说，一定要依托地域优势，聚力打造“小而美、小而精、小而专”的新媒体项目，整合与细分垂直化的受众资源，把占有用户、发展用户、集聚用户作为重要抓手，加大拓展媒体产业链条，黏住原有传统用户的同时，进一步吸引“垂直化、分众化、个性化”用户，进而转型为以分众化、专业性媒体为主的地方性新型主流媒体。

4.业务形态方面——业态多元，产业逐步“泛内容化”。

从业务特性看，以内容为依托的文化领域一直都是报纸、杂志、电视、广播四大传统媒体的主流业务。十八届三中全会已经基本确立“文化产业市场化”的改革主线。最近几年来，“文化兴国”成为国家战略，文化市场整体规模不断扩大，目前仍然处于发展的初级阶段。传媒行业利润的下一个增长点，一定是文化为主的相关产业；类似影视、创意、游戏、会展、舆情等带有浓厚“文化味”的内容产业，应该成为新型主流媒体深拓的出发点、着力点与落脚点。当然，传统媒体要打破单纯“内容为王”的线性思维，积极借鉴“今日头条”“微信朋友圈”社交平台

“资讯+互动”的运作模式，树立更加宽泛的内容产品理念，借助智能算法、即时分享等反馈机制，实现借助聚合内容传播、线下活动传播的变现能力，构建更加多元化的“泛内容化”产业，打造文化聚合型的新型传媒产业集团。

5.商业模式方面——再造盈利，生存实现“可续化”。

从产业属性看，传统主流媒体同时拥有产业属性和意识形态属性。打造新型主流媒体的实践探索，短期之内还是要坚持“两条腿”走路——政府财力扶持+自身创新突围，两者缺一不可。而从长期发展看，如何把传播影响力“转化”为盈利能力，实现转型融合的自身“造血”非常关键。从传媒实践看，积极培育传媒行业影响力与盈利能力的“双平台”战略，即通过再造商业的盈利平台支撑传播影响力、舆论引导力平台，不失为今后的一种路径选择。经过多年的艰难探索，现有传统主流媒体转型融合中出现了不少持续盈利的实践案例，通过自身“造血”维系可持续发展的盈利模式初见曙光。

第四节

高校舆情：“微”舆论场如何影响大学生？[①]

高校舆论生态系统是一个国家与社会重要的影响场域。整个中国社会舆论生态的复杂化，同样直接反映与体现为高校舆论的复杂化。由于高校师生思想活跃、与PC互联网以及移动互联网粘连性更强，高校的突发事件更易形成舆论热点。

目前看，深入研究高校舆情的自身特点、演化规律和重大舆情的有效干预机制，是全国高校面临的一个紧迫的现实课题。

近年来，高校舆情事件频发，从就业率注水、高校宣传片涉嫌抄袭、院士学术造假、虚报课题经费、教授（叫兽）不轨行为与性骚扰丑闻等，经过各类自媒体的“病毒式”散播，频频让高校的负面舆情事件成为社会关注的焦点。在移动互联网迅猛发展的形势下，高校网络舆情对高校乃至社会的影响日益凸显。如何

① 本章节是笔者参与的2014年国家社会科学基金项目“微时代环境下大学生思想行为研究”课题（项目号：14CK030）中的组成部分，从高校舆情场的这个微观视角出发，从一个侧面也可以反映出中国舆论现象的复杂性、多元性、融通性。

加强高校突发事件网络舆情的管理与引导，是全国高校面临的一个非常紧迫的现实课题。

高校更受“微”舆论场影响

随着“智能手机+社交+媒体”融为一体，高校网络舆论阵地开始由高校BBS论坛转向微博、微信、Facebook、Twitter等更实时的、个体化的社交媒体平台，高校师生无形中形成了一个影响广泛的、相对单独的、黏性更强的“微”舆论场，舆情发酵、舆论生成更容易导致“群体性、放大化”的社会效应。

根据笔者参与的“微时代大学生思想行为研究”课题的问卷调查[①]，目前大学生接收信息、通知的主要渠道还是微信平台，大多数大学生都拥有10个人以上的微信群，微信成为高校教师（特别是青年教师）与学生最主要的信息传播、沟通交流的工具。在微博、微信群上，除了私人化话题之外，一般的公共话题包含以下几方面内容：一是涉及国内外重大问题、社会热点等问题的言论；二是涉及校园突发公共事件等校园安全信息的言论；三是涉及学校教育教学、管理服务、师德师风等的言论。

高校网络舆情，一方面拥有与社会网络舆情相同的内容，另一方面也有自身独特的议题与内容。比如，2014年10月，《辽宁

① 本次调查是2014年国家社会科学基金项目“微时代环境下大学生思想行为研究”课题（项目号：14CK030）中的重要组成部分，从2014年12月开始陆续展开，涉及广东省8所高校，发放问卷1300份，有效样本1223份，个人访谈50人。

日报》刊发《老师，请不要这样讲中国——致高校哲学社会科学老师的一封公开信》以及一名高校教师的反驳文章《回致辽宁日报编辑部的一封公开信》，曾经在高校师生的微信群中被广泛关注、转发和传播，引发了全国高校师生（特别是高校哲学社会科学类教师）的讨论、评论和思考。

由于高校师生是具有较强组织性、较强学习欲、较强求知欲的一个群体代表，他们学习、生活、工作活动空间与场所相对集中，任何社会突发事件，尤其是高校场域的舆情事件都可以迅速在师生的课堂、社团、朋友圈、微信群等“微”舆论场进行传播、讨论、发酵，进而能快速形成明显的“群体性、聚焦化、放大化”舆论效应，可能会产生让人难以预料的连锁效应、放大效应。

高校舆情处理机制相对僵化

我国巨量网民规模之中，大学生已经是最大群体，他们“每日必网”“无网不在”，网络已经深深融入了大学生日常生活学习之中。高校大学生作为网络社群的重要参与力量，以QQ、微博、微信为代表的“微传播”方式，已经成为当下高校大学生不可或缺的生活主题。

在新老媒体加速融合的背景下，从国家或者政府层面来说，重大事件借助主流媒体、官方发布会、移动新闻客户端各类平台等发布渠道，对社会舆论的引导已经初有成效。但对高校来说，除了校报、校刊、校网官方渠道之外，高校权威声音、舆情引导的发布渠道显得单薄与单一，对危机舆情引导的处理机制更为僵化一些，常常处于“被动挨打”的尴尬局面，高校舆论的传播与引导更容易被各种新媒体平台（尤其是非机构化的新媒体平台）所“控制、聚焦、扩散”。

对高校来说，目前更严峻的传播平台挑战在于：“微时代大学生思想行为研究”课题的调查显示，广东高校受访者中有超过62%的大学生表示，面对同一社会事件的各种报道来源，对各类新媒体的认可度要大于传统媒体。可以看出，伴随移动互联网以及智能手机的渗透，各类新媒体更容易给大学生的思想意识带来严重冲击，造成大学生的认知偏差和视角受限。

研究高校舆情的自身特点、演化规律和重大舆情的有效干预机制，是全国高校面临的一个紧迫的现实课题，也是创新大学生价值观教育的必经路径。当前，互联网已经成为国际国内舆论斗争的主战场，高校已经处于意识形态工作的前沿阵地，各种思想与文化交流、交融、交锋日益频繁，必须把高校舆论引导工作作为思想教育的重中之重，加大高校舆论引导传播方式的创新、平台渠道的创新、思维方式的创新，巧借各类新媒体的传播渠道，对高校舆论引导工作要做到“抢占先机、主动发声、敢于亮剑、明辨是非、弘扬主流价值观”。

大学生“圈群化”现象更突出

虚拟的网络空间呈现这样的图景：网民从各自的“小门”进入互联网世界，网络空间从一个“大”群体变成无数个“小”群体。有研究指出，网络趣缘群体是网络空间中最多的群体。上网者以各种兴趣、爱好——比如娱乐兴趣、体育兴趣、学术兴趣、职业兴趣等——相聚在虚拟空间频繁互动。以高校的微博、微信圈为例，它们都是通过“熟人关系+多重认同”链接而成的“小世界”，这样的“小”又充满了无数或交叉或无关或相对的“小圈+小群”。

在移动互联的“掌媒”时代，高校师生的“多重圈群化”现象突出，高校舆情“圈群化”现象突显，价值观认知更加多元化、分歧化，从而大大增加了高校舆情预测的难度。具体表现为：一方面，高校大学生都在选择自己感兴趣的圈子与朋友，建构着属于自己的社会交往的“多重圈子”；另一方面，“入圈”后容易排斥其他群体，往往会造成大学生信息来源单一，观点容易片面，无法多角度、全方位、辩证性地看待复杂的社会现象，对某些问题或者现象的认知更容易情绪化、固执化、极端化。

比如，笔者的课题调研发现，一名大一学生的微信群中，就拥有“师生交流群”“某社团群”“篮球队群”“高中群”“美女朋友圈”“班级群”等等不同的“小圈”“小群”。如此一来，这个同学的朋友圈就很容易形成“多重圈群化”现象。通过掌媒之上的“网上+网下”“圈（群）内+圈（群）外”等方式的互动频繁，他的线上和线下的社交都会更加“圈子化”，对社会舆情的认知会更加固守己见。由于大学生主体网络动员的活跃性与隐蔽性，他们往往更易受到某种事态“意见领袖”的影响，网络动员很可能演变为现实的群体事件，无形中放大“情感牌”“蛊惑牌”的怨恨情绪与心理；高校如果对此不加重视和引导，就容易造成高校舆情危机。

大学生价值选择“无意识”

一般而言，价值选择是人们在价值观的影响下、在价值判断的基础上做出的理性行为选择。当然，价值观会影响人们的选择，但人们在生活中会面临各种需要做出选择的情境，最终选择结果不能完全反映一个人的价值观，选择结果受到多种因素的影响，甚至可能违背个体价值观。

从某种意义上说，“掌媒”时代也被称为“指尖时代”这样的环境下，大学生几乎所有的活动权利都统统集中在手掌之上，阅读、消费、交往、娱乐乃至政治参与，都可以在指尖上轻松完成。指尖上的决策，让大学生面临着更多不可控的“情景”，更加容易导致价值选择与价值观念和价值判断不一致，价值选择表现出随意、无意识、非理性，容易导致行为的“集体无意识”。比如，在复杂的舆论环境中，大学生参与传播、互动分享的过程中，容易被潮流和热点鼓动，被群体情绪左右，不加甄别地评论、转发、点赞。“微时代大学生思想行为研究”课题调查显示，“参与微博、微信讨论，我容易情感化、情绪化”，33.7%的同学表示“完全符合”（7%）和“比较符合”（26.7%）；“对于未经证实的消息，我也会转发”，31.5%的同学表示“完全符合”（8.8%）和“比较符合”（21.7%）；“参与微博、微信讨论，我容易受到他人意见影响”，29.8%的同学表示“完全符合”（5.3%）和“比较符合”（24.5%）。上述调查表明，三分之一左右的大学生在社交媒体上容易被情绪、“意见领袖”所左右。

可以说，“手指决策”使得大学生的价值选择更加复杂，即时的、头脑一热的、非理性的价值行为选择时常发生，价值选择矛盾突出，越来越多地呈现出价值观与价值选择的分离，不一致的冲突情况。

大学生表达更易“非理性”

非理性是人类精神生活的基本现象，同时也是人类的一种认知方式。非理性主要是指一切有别于理性思维的精神因素，包括意志、欲望、情感、情绪等心理现象和直觉、灵感等认知形式，具有非逻辑性、突发性、情绪性、非自觉性等特征。

移动互联网技术的发展，为人们的价值表达提供了多元、便捷的渠道和方式。各类社交媒体的应用和推广，改变了价值表达的方式，人们的发声形式变得更加丰富，可以是一篇完整的评论文章，可以是一句话、一个短语、一串表情符号，还可以是微电影、微视频以及其他个性化的影音表现形式。同时，多元意见的充分表达和沟通成为可能，社会大众可通过微博、微信、微视频等移动媒介随时随地表达自身意见和主张，同其他用户交流社会热点，与舆论精英进行平等对话，普通人的心声被社会倾听、关注和重视。

这样的“媒介环境”，为大学生自由表达自身诉求、主张和价值提供了多元平台和自由空间，大学生可以借助各类“微平台”进行个体表达、自由言说，并且开始追求更加个性化、多元化、幽默化、形象化的表达方式。在一定程度上，这种表达彰显了他们的自由和主动；这种自由与多元，却往往容易导致价值表达的非理性。可以说，当前大学生的价值诉求与表达，始终伴随着感性与理性、狂热与温和、激情与冷静、思考与宣泄、极端与适度的矛盾斗争，存在着冲动和不成熟的诸多表现：

一方面，大学生更易受到多元价值观“左右”。作为资讯与知识获取的人生重要阶段，大学生深受多元文化、多元价值观的渗透影响，往往不够明晰自身主张和需求，不清楚自己要表达的主要目的和核心内容，不能真正表达自己的诉求、思想和观念，犹豫、游离、徘徊于无数自媒体平台的多元思想观点散播，无法真正做到对主流与多元、真实与虚假、文化自信与西方思潮的辩证认识、融会贯通，这也是目前高校学生意识形态领域思想教育的一大难题。

另一方面，大学生更易陷入“盲目跟风”。大学生利用微平台进行价值表达的时候，往往因为缺乏独立思考意识和识别能力，容易被社会潮流和热点问题激发和鼓动，同时网络意见表达的“群体极化”也影响大学生对一些事件的准确判断和理性处理，导致他们表达意见时带有情绪性和随意性，激情有余而理性不足，盲目跟风。

再一方面，大学生更易陷入“批判”境地。大学生的个体意识增强，他们往往通过指责和批评作为展示自己“独立思考”能力的主要方式，以此充分展示自己特立独行的个性，重心不再是神圣的、超越性的认知，而是世俗的、个体感受性指向，甚至“为批评而批评”，就很可能让言论的真实性及其表达的尺度出现偏差。

第五节

恶搞文化：从模仿《江南Style》说起

“今天，你恶搞了吗？”是一句风行一时的网络流行语。随着新媒介普及，“恶搞”迅速流行开来。从2006年初，网络青年胡戈的《一个馒头引发的血案》首开先河，到2012年各种版本的《江南Style》泛滥，“恶搞文化”在文化娱乐领域迎来了巅峰时刻。

恶搞文化作为一种“社会心病”，幕后代表了一种社会舆论或舆情的发酵，反映了社会公众普遍存在的一种空虚、浮躁和非理性的心理状态、社会情绪、亚文化现象。

从早先的梨花体、咆哮体、淘宝体，到时下的“元芳体”“90体”“表情包”，从芙蓉姐姐到犀利哥、凤姐，到不久前流行的“杜甫很忙”，再到时下各类“Style”，从“葛优躺”到“发际线男孩”，恶搞之风一波未平，一波再起。

全球性狂欢：恶搞《江南Style》

2012年7月以来，“oppa kangnan style……”可能是某条胡同里玩耍的小孩在随便哼唱，可能是办公室里突然响起的手机铃声，还可能是大饭店里一场发布会的热辣暖场。

朴载相（英文名PSY，人称“鸟叔”），这个身材走样、长相奇特的韩国中年男的“江南范儿”，2012年猛烈地席卷全球。截至2012年年底，地球似乎都无法阻止《江南Style》对每个人的“肆意入侵”，每个人总会在不经意间被灌输、被听到《江南Style》；从媒体铺天盖地的新闻报道中，从网友冷嘲热讽、褒贬不一的大量转发中，从各类自媒体的模仿扩散中，从网络上各种模仿《江南Style》浪潮中，你总能闻到、总能听到、总能看到各式各样《江南Style》的嘈杂、节奏、气息，这就是《江南Style》的独特魅力。

图6-1　自从2012年以来，“鸟叔”代表作《江南Style》音视频，在全球各国自发形成“病毒式”网络传播

《江南Style》不只是一首歌曲，它造就了一幕史无前例的全球模仿奇观。它掀起了骑马舞风暴，引领了“Style”流行语风潮；它激发了人们恶搞经典的冲动，制造了一场娱乐模仿狂欢盛宴。剖析《江南Style》火速而持续走红的历程，我们可以发现，它完全通过自发式“病毒传播”完成，短时间内就红遍地球村各个角落，原版基础上的山寨版《江南Style》随之狼烟四起。可以说，对《江南Style》的各种恶搞，扩散同样是病毒式、全球式的。据笔者观察，网络流传火爆的版本包括：奥巴马版Style、美海军版Style、伦敦版Style、印度Style、中国版Style、高校版Style、游戏版Style等等。

面对网络中无数山寨版《江南Style》，笔者感到疑惑的是：为何山寨版《江南Style》能够同时实现“群魔乱舞”？在自媒体时代，这反映了怎样的一种网络生态、流行文化、消费现象？或许，这是很值得深究的一大社会话题。

网络亚文化：网民的“解构时代”

自从人类社会步入自媒体时代以来，全球网民就跨入了后现代式的“解构时代”，对流行文化的解构是全球性、潮流性的。在自媒体时代，基于PS技术手段的成熟，以流行文化所代表的文化消费品，很容易被解构、被颠覆，因为这原本就是属于网民的“解构时代”。有网友说得好：“这个时代赋予我们的压力本来就大，很多人生活都很压抑，得轻松时且轻松，整天板着脸岂不是很没有意思。”

近年来，由于虚拟空间繁荣，全球逐渐兴起一种网络亚文化，类似“屌丝文化”等流行风潮显然也不为中国独有，某种程度上也是全球性的。山寨版《江南Style》流行，恰恰反映自媒体时代全球网民对热门流行文化的自嘲、解构、颠覆。面对网民大军纷纷“解构”，多少让所谓“主流文化、主流价值、主流传播”变得很难入脑入心，反倒是非主流文化、非主流价值观传播更受关注、更易被接受，“社会主流”开始走向更加分裂化、碎片化、无厘头化。

针对恶搞《江南Style》现象，张晔在论文《娱乐盛典　模仿狂欢》（2014）指出，娱乐模仿现象的风起云涌，幕后暴露出大众文化的症候：恶搞氛围泛滥之下，文化的严肃性与厚重感遗失；大众陷入审丑迷狂，主流文化被颠覆；大众文化的艺术性失落，庸俗文化盛行。总体看来，娱乐模仿现象凸显出的是“娱乐至死”趋势。媒介制造娱乐，大众痴迷娱乐，泛娱乐化过度挤占了我们的生活，公众在对娱乐的深度迷幻中淡化了思考能力。

文化类消费：娱乐日趋“狂欢化”

自从2012年7月《江南style》MV在YouTube视频网站上线分享之后，到2012年年底《江南style》在YouTube点击率接近4亿次；截至2013年5月，《江南style》MV在YouTube点击量为15亿多次；截至2017年7月，《江南style》MV在YouTube点击量已经惊人地突破28亿次。《江南style》不仅打破了没有韩国歌曲打入主流美国市场的先例，还在澳大利亚、加拿大、丹麦等多国排行榜上拿下第一，这首韩文的说唱歌曲已经被纳入吉尼斯世界纪录。

多年来，《江南Style》蹿红路径，已经被作为一个互联网经济的典型样本被观察，被称为自媒体时代的一个大事件。如果不是数字时代的到来，如果没有移动互联网，如果没有社交媒体平台，山寨版《江南Style》短期内蹿红绝对不可想象。可以说，新媒体技术助长了全球性恶搞文化泛滥，文化消费日趋潮流化、娱乐化、狂欢化。

自媒体时代社交技术的飞速发展，导致了网民表达的视觉化、漫画化，大大催生与助长了恶搞行为，让全球性恶搞文化日趋便利、偏激、泛滥，带有很强的煽动性、娱乐性、狂欢性。从中国来说，2006年《一个馒头引发的血案》视频剪辑，已经初现恶搞文化兴起迹象。从全球范围看，《江南Style》中的“骑马舞步”引发全球网民纷纷模仿、改编热潮，绝对算得上是全球恶搞文化的一场盛宴。

当然，《江南Style》发展到恶搞巅峰阶段，多少还烘托出韩国文化创意的稀缺性、爆发力、流行性，恶搞作品绝大多数是在抄袭创意。今后，留在全球流行文化史册的，无疑还是“鸟叔”原创版《江南Style》。这也恰恰表明，面对自媒体时代，文化消费品的热销，必须带有革新点、创意性以及突破性元素，才有可能得到“病毒式传播”。

互联网消费：体现“长尾效应”

全球各类山寨版《江南Style》的风起云涌，还是移动互联网消费“长尾效应”的充分体现。互联网领域“长尾理论”的意思是说，处于互联网“长尾头部”的单项热门产品一旦畅销，由于流通渠道的无限便捷化，就会带动那些不热门的、处于“长尾尾部”的产品同时创造着非凡收益，这是“长尾理论”的精髓所在。对《江南Style》的山寨者说，抄袭、模仿、改编《江南Style》，无疑会让其跟随《江南Style》一起火爆、流行，借助自媒体病毒式传播渠道，就能大大缩短出名、获利、吸引眼球的综合成本，从中获取商机。互联网时代，有关音乐、影视等文化消费品的销售中，“长尾效应”营销模式很有市场。

可以说，《江南Style》是互联网时代典型的稀缺性文化消费品。由于《江南Style》单曲火爆，从而带动印有“style”符号特征的各类衍生品——鸟叔T恤、鸟叔墨镜、鸟叔发型等等——都能够借助网络渠道得以热销。所以说，山寨版《江南Style》背后，不单纯是恶搞这么简单，同时还是各类营销团队试图从中分一杯羹。

从“长尾理论”效应的实质看，延续前期热卖品的衍生品，必须具有一定的差异性、创新性，若能从单个热卖品延伸出新创意，才能真正延续“长尾效应”。问题恰恰在于，山寨版《某某Style》多数都属于剽窃创意——缺乏创造力、抄袭原套路，变换游戏面具而已，这就使得类似“创意抄袭”泛滥，形成了衍生品传播暂时性（短期性）虚火现象。面对自媒体时代，一旦某影视、某标语、某创意火了，总会有无数“不自量力”者跟风，跟出一排排仿制品。所以，这是一个最缺少创意的模仿时代，更是一个不乏抄袭的娱乐时代。

总而言之，“恶搞文化”是借助网络发展起来的互动性强的草根文化，利用解构、反讽、模仿等表现手法，表达出一种“娱乐至死”精神，借助文化消费、商业营销、病毒式传播等途径得以泛滥化、极端化、扭曲化。从本质上说，恶搞文化其实是一种社会心病，根源在于人的心理状态。当下，我们的社会正处于一个急速变化的阶段，社会关系处于调整与规范的变动期、转型期，一些人因为生活的压力或变迁，容易产生一些空虚和无聊心理，选择“恶搞”这个非常规渠道作为宣泄的出口，幕后反映了社会公众在心理上普遍存在的一种空虚、浮躁和非理性，代表了一种社会舆论或舆情的发泄或者发酵，代表了多元文化情境下“抵抗、反叛、颠覆”为核心特征的“青年亚文化”崛起。

结 语

抬起头来，放下手机！

这是最好的时候，这是最坏的时候；

这是智慧的年代，这是愚蠢的年代；

这是信仰的时期，这是怀疑的时期；

这是光明的季节，这是黑暗的季节；

这是希望之春，这是失望之冬；

人们前面有着各样事物，人们前面一无所有……

这是查尔斯·狄更斯所著《双城记》的经典开头一段，是对当年工业革命发生后所处时代、所处情境的最浓缩描绘。时隔一个半世纪后，这段充满辩证性思维的名言，似乎有着穿越时代的经典魅力，很适合描述当下移动互联高度发达的新新媒介时代。

随着移动互联的深度渗透，新老媒介的激烈博弈，大众传播格局呈现出“百年未有之变局”，我们恰好处于一个大众传播媒介急剧更迭的时代。这是一个“人人都有麦克风”的掌媒时代，是一个最好的时候、智慧的年代——万物智能互联、社交一触即发、消费手到擒来……与此同时，这还是一个最坏的时候、愚蠢的年代——信息高度碎片化、隐私躲无可躲、手机日夜厮守……

到底应该如何看待掌媒时代“手机沉迷”这个全球性社会问题？这个看似没有答案的难题，各国或多或少都在从不同侧面进行反思。当然，笔者也认为，以下这些反思尚无法撼动“媒介之王”——手机“一统天下”的霸主地位。

公益性觉醒：《抬起头来》短视频的启示

2014年4—5月期间，我国互联网上开始流传一段片名为《抬起头来，放下手机》短视频，一时得到网友疯狂转发，这段视频配有优美的中文解说词，画面聚焦西方人的日常生活场景。流传网络的这段解说词，笔者摘录如下——①

我有好几百位手机好友，但我仍然常常感到孤独；我每天跟他们聊天，但是他们好像并不了解真正的我。我的疑问来自于人与人之间的相处方式，我究竟是想看着他们的眼睛，还是手机上的昵称？……

假如有一天，你离开了网络，你就会发现，我们生活在一个令人困惑的世界：一个我们本该主宰却被其掌控的世界；一个只顾自身利益、自身形象和自我推销的世界。在这个世界，商人兜售着我们的个人信息。我们只会分享自己最好的一面，却不带任何真实感情……

① 我国互联网上关于美文《抬起头来，放下手机》解说词，不同网络平台尽管版本有所不同，但基本大同小异，皆为视频《Look Up》视频英文旁白整体改编而来。

我们经常转发一些经过修饰和夸大的信息，只是为了得到别人的赞美。我们不停地刷新朋友圈。那些流行的文字和图片，让生活看起来似乎很精彩，好像就发生在你我身边，只是不知道是否有人真正用心去看。

远离网络吧！好好利用你的时间去看一本书，去陪一陪父母或者去旅行。活在当下，留心你身边的每一件事，把宝贵的时光放在真实和有意义的事情上，与亲朋好友在一起，和他们聊聊天、说说话，不要再一直盯着你的手机和电脑……

当我们还是孩子时，我们不会和现在的孩子一样宅在家里，我们会与小伙伴们到户外尽情玩耍，即使鞋子穿破了，膝盖受了伤，我们依然会尽情享受那些真正属于我们的欢乐时光。而现在，这一切变得少之又少，我们这代人都是只愿玩手机的“低头族”。

抬起头吧，放下手机。看看你身边的人和事，让他们成为你今天的焦点，也让自己成为他们的焦点。我们需要真实交谈……你不需要去告诉几百人你刚才做了些什么。

…………

我们的生命有限，请不要将时光浪费在虚拟网络。此刻，我们仍在不停地发送和接收无用信息。我们花上一整天时间，却没有跟亲朋好友有任何真实联系，没有什么比这更糟糕。给人们“你的爱”，不要给他们“你的赞”，不要再为没人关注而烦恼。

抬起头吧，放下手机！走出门去面对真实世界，放下令你分心的一切。

据笔者多方查证，这段视频来源于英文版《Look Up》短视频，短片作者是英国作家兼导演加里·特克（Gary Turk），视频讲述了一个关于爱情的伤感故事：一个沉迷手机的男孩，错过了一段一生挚爱。视频一开始，年轻人加里·特克面对镜头，控诉手机加重了人的孤独，“我有好几百位手机好友，但我仍然常常感到孤独；我每天跟他们聊天，但是他们好像并不了解真正的我……”这个视频以娓娓道来讲故事的方式，配有解说字幕。视频被翻译成中文旁白后，在爱奇艺等很多视频平台都有热播，成为自媒体转发、评论的焦点话题，而且当时持续得到我国传统媒体的高度关注，短视频《抬起头来》成为当时很多新闻记者采访的新闻由头与社会话题。[①]这恰恰表明，早在2014年，我国广大网民其实已经开始关注并反思“手机依赖”社会话题。

笔者认为，类似《抬起头来》这样打动人心、直触情感、故事叙事的公益传播短片，值得我们从引导国民媒介素养的高度加以借鉴，做到融会贯通，通过社交视频传播平台“借船出海”，类似短片主打触及心灵的“嵌入式”公益性传播，可能会起到事半功倍的良好引导效果，将是今后缓解整个社会陷入手机依赖（或沉迷）公益性传播的重要模式之一。

① 据笔者简单查阅，就有以下相关报道：《“低头族”请抬头做人》，可见《广州日报》（2014-5-23）；《英国作家拍短片呼吁“低头族”抬头看看现实生活》，可见《中国青年报》（2014-8-28）；《微信，怎样让我们变得“孤独”》，可见《北京日报》（2016-3-3）等等。另外，央视新闻频道在《新闻直播间》栏目中都多次有针对“低头族”的专题调查报道，呼吁大街上的人们“抬起头来”。

个体性反思：“同床共枕，却在微信道晚安”

《现代金报》曾推出一篇题为《80后夫妻同床共枕却在微信上道晚安》（2016年1月13日）专题报道，报道中提及这样一个案例——

薛先生是记者的一个朋友。他和妻子都是80后，感情很好。10年前异地恋时，网络不方便，两个人经常坐火车横跨大半个中国见面。

现在，薛先生发现，两人感情仍然很好：和老婆睡一个双人枕上，却经常在微信里留言晚安。

这篇整版篇幅的专题报道提及，自从2014年初换了苹果手机，薛先生和妻子就养成睡前玩手机的习惯。晚上关灯后，两人在被窝里背靠背玩手机，两人通过微信道一声“晚安”成为习惯。笔者观察到，此文一度在网络上与朋友圈中流传很广，一度还变成“夫妻同床共枕，最后微信道晚安”经典段子，随后各家省市包括电视台在内的很多传统媒体都给予了转载、关注、评论，纷纷介入这起现实案例的反思。

当然，最终结果如何呢？我们一方面在痛斥对智能手机的依赖，另一方面现实行动上可能依然我行我素。伴随手机越来越智能化，我们与手机也越来越亲密，正如我们经常调侃的“我可以一天不吃饭，手机不可以一天不充电”，这就是残酷的现实图景——我们生活的空间，是一个让我们便捷而舒服的“媒介环境”，是一个可以让我们的生活习惯改变、让我们的传统阅读放弃、让我们的正常交流消逝的“拟态世界”。

从我们的个体角度出发，“抬起头来，放下手机！”不仅是一个警示提醒，也是一个忠言忠告，更是一个主体自省。因此，为了避免“沉迷手机”无法自拔，要在整个媒介化的社会情境之下，做到荷花那样“出淤泥而不染”，个体意识的“自制、自觉、自省”就变得尤其关键。

社会性抵制：“抵制手机”运动零星兴起

2018年3月的一天，美国斯坦福大学的大学生有过“疯狂举动”：到苹果销售店门前举行抗议，要求苹果公司提供防沉迷功能。据美国“商业内幕”网站报道称，在位于加州帕罗奥图市的苹果专售门店前，斯坦福大学计算机专业学生牵头组织了一次“反电子设备成瘾”（简称SSAAD）运动，要求苹果公司为缓解手机上瘾问题提出更多解决方案。组织者认为，手机用户的成瘾是由苹果造成的，因为iPhone是通往上瘾服务的门户，是Facebook和Twitter等应用程序的平台，苹果公司在帮助遏制对移动设备依赖方面有“独一无二的能力”。

图7-1　2018年3月的一天，斯坦福大学的大学生到苹果销售店门前举行抗议

这群抗议的美国大学生表示，沉迷iPhone等智能手机会伤害朋友间关系、降低生产力，还会产生压力。他们想要

苹果增加新的iOS功能，能使用户方便地了解到自己一天中花了多少时间在手机上，并且都在用手机干什么；他们还提出一项颇具创意的要求，希望苹果开发一个类似“飞行模式”功能，以此缓解用户的手机沉迷现象：开启这一模式后，手机只能打电话、接发短信以及拍照片。与此同时，这些大学生还建议手机使用者规避手机成瘾的方式：关掉那些软件的提示弹窗，或者干脆把手机调成灰屏模式，尽量“减少手机刺激你的多巴胺分泌”。

对此，有人反对这样的“怪异之举”，认为这群美国大学生“脑残”，认为“手机成瘾，真不怪手机太好玩，只因你意志不够坚定”。而在笔者看来，这次“抵制手机”运动，其实反映出一个严峻现实：面对移动智能的新新媒介，人类整体已经无法摆脱对它们的深度依赖，只是依赖程度存在个体差异而已。那么，我们一个个孤单个体，在时刻面对商业巨头抛出的“诱饵”之时，显然不能完全归罪于个体“意志不够坚定”。从媒介变迁的历史看，过去人类对电视媒介低俗、暴力、血腥的批评、抵制、监管，其实一度有效解决过电视节目制作或播出的规范化问题，我们期待类似零星兴起的“抵制手机”运动，能带动商家或者国家层面正视“手机依赖”社会新病症。

规范性制约：中小学可以尝试“禁手机”

以下这样的生活场景，是令人揪心的——

一进入暑假，河北初中生杨晓龙便开启了“游戏模式”——日上三竿，还赖在床上组队“推塔”，中午匆匆扒几口饭又去

“吃鸡”，夜里两三点还在“鞍刀咆哮”……即便困得手机要砸脸上的时候，也要“血战到底”。

上述场景是2018年《中国青年报》（2018年8月6日第9版）推出的原主标题为《家庭教育缺失　留守少年陷网游漩涡》、副标题为《不能让农村孩子被游戏废掉》的开头一段。此文一经流传到网络、自媒体平台之后，标题普遍被改成耸人听闻的《农村孩子正在大批被手机游戏废掉》。抛开煽情的噱头因素，这篇报道再次触及我国存在的一个严峻社会问题：中国农村留守儿童由于缺乏管束，大批孩子整日沉溺于手机游戏，很多因此荒废掉了学业。

其实，何止是中国广大农村，中国城市孩子沉溺于电子游戏、移动设备、智能手机的现象，其实也是日趋严重，类似“人是在课堂，心在网上游荡”的情境不是少数。为此，有些家长直言：如果想毁掉一个孩子，就给他一部手机！那么，问题是怎么产生的？又该如何解决？很多人认为，孩子长期沉溺于电子虚拟世界，核心是孩子缺少与父母陪伴，缺乏与父母交流，父母自己都沉溺于手机不能自拔。这些问题的确都是存在的。除了父母率先表率、自觉抵制沉溺手机媒介以外，我国教育主管部门及其学校还应该做些什么呢？

事实上，限制或禁止中小学生使用手机逐渐成为国际趋势。目前，很多国家都在通过立法禁止在中小学使用手机。2018年7月，法国国民议会表决通过关于禁止幼儿园、小学和初中学生在校园使用手机的法案，禁令将于9月开学时生效。按照新规定，在校小学生和初中生无论在课堂上还是课外活动时均不得使用手机，除非出于教学目的，或是残疾儿童特别需要；高中学校可自愿全部或部分执行此禁令。早在2010年，韩国首尔市议会就推出相关法案，规定全市国民中小学生在校一律不准使用手机；准许中学生携带手机，到校后须将手机交给学校集中保管，放学后还给学生。同样，针对高中以下中小学生限制在校使用手机进行立法立规的国家，还有法国、意大利、德国、美国、日本等。

辩证性认知：思辨性媒介素养亟待加强

在当今整个高度媒介化的社会里，我们可能更习惯从媒介方面寻求沉迷的原因，往往忽略媒介的使用者——人的主动性因素。手机媒介对人到底会产生怎样的影响，关键在于人如何建立与手机媒介的关系，尤其需要经常审视人与手机媒介之间的关系是否协调，人们使用手机媒介的方式是否恰当，这就必然涉及各国国民不同层面的媒介素养教育问题。[①]所谓媒介素养，一般指人们面对不同媒体各种信息时，所表现出对信息的选择能力、质疑能力、理解能力、评估能力、创造与生产能力以及思辨的反应能力。随着“掌媒”时代的到来，媒介素质其实还包括网络素养

① 媒介素养教育的概念来自于英文Media Literacy Education，我国香港、台湾将其译为“传媒教育”“媒介识读教育”“媒体素养”等，其本质都是一门融新闻学、教育学、教育技术学等多种类的新学科，以此指导学生正确理解、建设性利用大众传播的资源，通过教育培养学生具有健康的媒介批评能力，使其充分利用媒介资源完善自我，参与社会发展。媒介素养教育起源于20世纪30年代的英国；20世纪六七十年代在美国、加拿大起步；90年代日本开始在亚洲开展媒介素养教育；我国台湾和大陆最近20年才开始逐步兴起与介入研究。

和信息素养，以及社会活动和交往能力。

从西方发达国家来说，媒介教育早在20世纪30年代就已经开始。学者黄旦、郭丽华在《媒介教育教什么？——20世纪西方媒介素养理念的变迁》（2008）一文中提到，西方媒介教育是因大众文化而起。当时，英国报业发展迅速，广告业蓬勃兴盛，尤其是通俗报纸“媚俗化”倾向严重。当时，列维斯和汤普森的《文化与环境:批判意识的培养》一书，就是在这种背景下首先提出把媒介教育引入课堂。在列维斯们看来，大众媒介及其传播的内容，全是一种商业性、机械性文化。这种文化与传统的精英文化背道而驰，破坏了原有社会道德和生活秩序，腐蚀着传统的人生观与价值观；他们批判性地认为：媒介是文化堕落的因子，是威胁社会文化与道德的源泉，从而认定媒介教育是为了保护孩子，好比“接种免疫”，媒介教育可以帮学生强身壮体，汲取经典传统文化的养料，抵制媒介文化的诱惑。这种一边倒倾向的媒介教育，在媒介教育历史中持续时间最长，从20世纪30年代直到20世纪60年代。

随后，电影媒介、电视媒介的先后出现，改变了原来高级与低俗、传统与反传统的二元分野的西方媒介教育，使得西方精英们开始重视媒介技术变迁带来的巨大进步，不再强调大众媒介是所谓“社会的毒瘤”。1982年，联合国教科文组织在德国慕尼黑召开国际媒介教育会议，会议公布的《媒介素养宣言》或许给了人们一个清晰答案：我们生活在一个媒介无处不在的社会，与其单纯谴责媒介的强大势力，不如接受媒介对世界产生巨大影响的现实，承认媒介作为文化要素的重要性。

伴随掌媒在中西方社会同步渗透，我国国民沉溺于移动化媒介的社会病症表现得更突出。长久以来，我国其实一直缺失系统性媒介素养教育，具体表现在以下四个层面：

1.从中小学方面看，我国中小学普遍缺乏媒介素养教育课程。伴随电子黑板、在线作业日益走进中小学生的家庭作业，绝大多数中小学接触平板电脑、智能手机等便携式移动设备的情况越来越普遍，接触电子设备各类小游戏的机会越来越多。与此同时，对于使用移动化电子设备等方面的媒介素养教育课程，其实一直尚未普遍正式纳入中小学的正规教育体系中来，与国外中小学媒介素养教育完善相比，我国还存在不小的媒介认知差距。

2.从家庭氛围看，中国儿童的电子媒介接触比较随意，中国家长对儿童平时接触平板电脑、手机等电子媒介相对放任，管控方式相对粗放或粗暴。我国家长到底如何做到对儿童媒介接触适当“赋权”？目前显然还没有达成普遍共识。正如笔者前言所述，很多家长本身就深陷新兴媒介依赖的漩涡无法自拔，自身还尚未清醒地认识到手机等新新媒介的两面性，自身都无法率先做表率，自觉摆脱或者抵制手机依赖，也就不可能对孩子的电子媒介使用提出科学管理或引导。在笔者看来，家庭对孩子接触电子媒介的“赋权”，绝对不可能做到取消儿童的电子媒介接触，更重要的是让孩子民主地参与到对媒介使用活动的自我控制、自我管理、自我约束，从最初的家庭教育这个环节开始，就让孩子初步养成对恰当使用、接触电子媒介的正确认知。

3.从高校方面看，我国高校其实一直缺乏思辨性、系统性媒介素养教育体系。当前，从整体层面看，中国高校的媒介素养教育的现状，一直存在侧重媒介技能传授、忽略媒介素养提高的实用教育倾向，更在乎的是在课程设置中传授“是什么、怎么用、如何用”最新媒介的技巧、方法与原理等实用型知识。至于如何思辨性地看待手机媒介等新兴发展起来的新新媒介，其实一直缺乏具有指导性、科学性的教育体系。从本质上说，高校媒介素养教育的初衷和终极目标，应该是媒介素养培养与提升。从今后看，培养出能够正确利用媒介、具有辩证的媒介批判意识、精准的信息判断的大学生，是我国高校教育工作的当务之急。

4.从国民素质方面看，我国国民的整体性媒介素养亟待提高。尽管在不同时期媒介素养的内涵不同，但国民媒介素养的内核始终贯穿一个核心要点：培养公众对大众媒介的批判性意识，使之能够驾驭媒介，而不是被动地接受媒介，避免使用媒介的同时被媒介绑架；只有具备与贯穿思辨性、批判性主体意识的大众媒介素养，才能培养出“媒介的真正主人”，推动人们自主使用媒介，促进自身的进步与发展。很多赴日本旅游的国人或许都对地铁与公交、咖啡馆等随处可见的读书场景印象深刻，其实这正是日本整体具备良好媒介素养的一个侧面——当然，日本年轻人越来越远离纸质阅读、越来越喜欢电子化阅读，也是当今日本令人担忧的一个社会现象。

当笔者最后梳理上述结语篇的一个多小时里，可以归于“10后”的9岁儿子，先后做了与电子媒介密不可分的三件事：一是在自己专属的平板电脑上，熟练快速地完成了学校老师布置的线上语文作业；二是顺手借用他妈妈的智能手机，熟练地登录到自己的微信个人账号，看了一会自己的微信朋友圈留言，然后扫书本上的二维码，完成学校布置的英语听力作业；三是转手拿起、打开自己的平板电脑，目不转睛、边喊边叫、忘乎所以地玩起来了《地铁跑酷》小游戏……

后 记

关注与思考多年的这部书稿，终于在2018年12月杀青付梓。至此，笔者没有感到如释重负，反倒觉得惴惴不安。本书所有论及掌媒（手机）依赖的种种社会问题，其实还处于深度影响、渗透、左右人们的“萌芽期、孕育期、培养期”。

正如本书第一章所言，笔者绝非否认“媒介革命”带来的巨大进步，而是更多关注“媒介革命”带来的无数困扰。等到二三十年之后，如今的90后、00后一代到底会拥有怎样的“媒介记忆”？蓬勃发展的新新媒介到底会对他们的学习生活、思想行为等方面产生怎样的深刻影响？笔者还真无法预测。

本书所有篇目思考都是工作之余断断续续进行的，源于平时的有感而录、有感而存、有感而发。所谓“有感”，主要指两个方面：一是自己平时对关注掌媒依赖现象资料的收集与整理；二是自己平时读到相关著作（包括论文）后只言片语“碎片化”的记录与思考。拙作多少有些“三不像”——不像学术作品、不像调查作品、不像新闻作品，更多表现为对社会热点话题与现象的记录、观察与剖析，勉力做到对重要书目、观点、数据等采取提及来源的引用方式，没有做到一一严格对照、严格引用。引用不够规范之处，皆由自己承担；观点不当之处，皆因自己思考有限所致。

本书最终能够得以出版，得到了来自两个方面的出版经费资助：一是得到了“广州市宣传文化人才培养专项经费”资助，二是得到了2014年度国家社会科学基金项目（项目号：14CKS030）经费资助。本书所有篇目涉及到的相关案例、统计、数据等事实性资料，均截至到2018年8月为止。

本书的构思过程中，合著者罗迪博士承担了本书第一章（部分篇目）、第四章以及第六章（部分篇目）的初稿写作，及其很多资料支持与指引；她的缜密学术思维逻辑，为本书的基本框架增色不少。本书结语篇中，笔者最后落笔于9岁儿子“媒介化生存”的日常生活场景，希望他健康快乐成长，不会受到无处不在的新新媒介建构的“花花世界”困扰。

在这里，诚挚感谢复旦大学新闻学院研究员、高级记者窦锋昌欣然为拙作写序。作为昔日相处多年的领导、同事与老乡，他具有丰富的传媒实践经验与理论洞察视野，一直让自己深感敬佩。近年来，作为融通传媒学界与业界的佼佼者，窦锋昌研究员聚焦中国媒体生态的研究课题与论著颇丰。他曾是新闻一线的“老兵”，从事新闻实践18年，敬业、敢为、有激情；2016年3月，他辞去《南风窗》社长之职、加入复旦新闻学院一事，一度引发传媒界广泛关注。

在这里，诚挚感谢北京大学国际关系学院教授、博士生导师、自己求学时的恩师刘金质老师、罗艳华老师，诚挚感谢曾在赴韩交流期间相识结缘的长江日报高级记者、国际文化交流活动家余熙老师，诚挚感谢广州日报高级编辑、两次获中国新闻奖一等奖、著名漫画家张滨老师。你们各自的隆重推荐，给予了自己莫大的鼓舞、激励与鞭策。

数年前，本报漫画家张滨老师曾在《广州日报》开设国际漫画专栏，作品多次夺得权威国际漫画大赛金奖或第一名；他的漫画寥寥数笔，胜似千言万语；惟妙惟肖、幽默诙谐背后，力透纸背、寓意深远，社会百态活灵活现。笔者斗胆向张滨老师求教，张老师欣然同意并授权使用他的漫画大作，这让拙作增添了轻松愉悦、意趣盎然之息，构成了本书的一大亮点。当然，在这些精品漫画面前，枯燥的文字多少就变得“黯然失色、索然无味”。

长久以来，有关传媒领域的图书策划，南方日报出版社一直享有声誉。拙作被纳入出版，笔者深感荣幸。最后定稿前后的几个月期间，南方日报出版社社长助理刘志一博士从其专业的审视视角，对书稿架构、篇目以及书名都提出过颇有见地的修改意见，责任编辑李沁以其专业细致的态度校正了不少难察之误，在此表示诚挚感谢。

在这里，还要诚挚感谢广州日报报业集团的各级领导与同事，你们在各自领域的宽容、厚爱、博学、敬业都一直深深地感染着我，从不同方面都让我获益匪浅、受益终生，让我对所从事的传统媒体一直充满激情与信心。2018年12月1日，《广州日报》迎来创刊66周年社庆，同时迎来乔迁之喜：从越秀区同乐路的“西瓜园”，搬入海珠区阅江路的“广报中心”——琶洲互联网创新集聚区的龙头位置，诚挚祝愿集团事业蒸蒸日上。

由于17年来一直从事纸媒采编工作，笔者多少沾染上了喜欢

“磨”标题、“琢”字句、“恨”长句等把玩文字的职业癖好，总是希望自己笔下的文字简明扼要、表达通俗易懂、观点透彻直白。至于是否如己所愿，还请广大读者给予批评与指正——交流邮箱12349923@qq.com；个人微信annis12349923。

是为后记。

2018年10月初稿

2018年12月修改